中国-东盟法律研究中心 ——— 重庆市人文社会科学重点研究基地

最高人民法院东盟国家法律研究基地

>> 本书是中国-东盟法律研究中心规划课题成果

中国法学会法治研究基地

China Law Society Research Institute for Rule of Law

"一带一路"倡议下大湄公河次区域交通运输合作法律与机制研究

齐虹丽　张　强　金　霞　著

厦门大学出版社
XIAMEN UNIVERSITY PRESS

国家一级出版社
全国百佳图书出版单位

图书在版编目(CIP)数据

"一带一路"倡议下大湄公河次区域交通运输合作法律与机制研究/齐虹丽，张强，金霞著.—厦门:厦门大学出版社,2018.6

(中国-东盟法律研究中心文库)

ISBN 978-7-5615-6974-0

Ⅰ.①一… Ⅱ.①齐… ②张… ③金… Ⅲ.①湄公河-流域-交通运输管理-行政执法-国际合作-研究 Ⅳ.①D922.14 ②D933.0214

中国版本图书馆 CIP 数据核字(2018)第 103924 号

出 版 人　郑文礼
责任编辑　邓 臻　李 宁
封面设计　蒋卓群
技术编辑　许克华

出版发行　**厦门大学出版社**
社　　址　厦门市软件园二期望海路 39 号
邮政编码　361008
总 编 办　0592-2182177　0592-2181406(传真)
营销中心　0592-2184458　0592-2181365
网　　址　http://www.xmupress.com
邮　　箱　xmup@xmupress.com
印　　刷　厦门集大印刷厂

开本　720 mm×1 000 mm　1/16
印张　12.25
插页　2
字数　208 千字
版次　2018 年 6 月第 1 版
印次　2018 年 6 月第 1 次印刷
定价　58.00 元

厦门大学出版社
微信二维码

厦门大学出版社
微博二维码

总序一

　　中国与东盟的关系是中国实施周边外交战略的重要内容。在 2003 年 10 月第七次中国—东盟领导人会议上,时任中国国务院总理温家宝与东盟领导人签署了《面向和平与繁荣的战略伙伴关系联合宣言》,至此中国正式加入《东南亚友好合作条约》。2013 年 10 月,在印尼国会发表的演讲中,国家主席习近平首次提出"携手建设更为紧密的中国—东盟命运共同体"的倡议,标志着将中国与东盟国家合作推动至更高的阶段,预示着再创中国和东盟合作黄金十年的辉煌前景。

　　2013 年恰逢中国与东盟建立战略伙伴关系 10 周年。回首过去展望未来,正如国务院总理李克强在第十届中国—东盟博览会开幕式所指出的,中国与东盟携手开创了合作的"黄金十年",必将创造新的"钻石十年"。为此李总理提出开创未来宏伟蓝图的五点倡议:打造自贸区升级版,推动互联互通,加强金融合作,开展海上合作,增进人文交流。这进一步表明,中国未来仍将坚定不移地把东盟国家作为周边外交的优先方向,坚定不移地深化同东盟的战略伙伴关系,坚定不移地与东盟携手,共同维护本地区的和平与稳定。"中国—东盟法律研究中心文库"正是在这样政策指引与时代背景下出版问世的。

　　作为文库编辑单位的中国法学会中国—东盟法律研究中心,是由中国法学会在 2010 年第四届"中国—东盟法律合作与发展高层论坛"期间创设,依托西南政法大学建设的专门从事中国与东盟法律法学界交流合作的重要平台。"中国—东盟法律研究中心文库"是中心规划课题成果,聚集中心研究员的最新研究成果,围绕本区域的法律变革、合作与发展的问题,整合中国与东盟法律法学界的专家学者,以突出现实问题为导向、服务国家战略为根本,开展对中国与东盟法律的系统性、基础性和前瞻性的研究。文库已成为展示研究中国与东盟法律制度的最新成果平台,也将为政府、社会组织、商业团体和其他机构提供基础性资料参考与前沿性理论分析。

　　"中国—东盟法律研究中心文库"的出版,为中国—东盟法律研究中心的实体化建设及其目标的实现书写了浓墨重彩的新篇章。我期盼并相信"中国—东盟法律研究中心文库"能够助推中国—东盟法律研究中心在开展中国与东盟法律法学交流中发挥领军作用,为促进本地区的法律交流与合作繁荣,为中国实施周边外交战略提供重要的智力支持。

全国人大法律委员会副主任

中国法学会副会长　　　　　　　张鸣起

中国—东盟法律研究中心理事长

2014 年 6 月

总序二

自 2013 年 10 月，习近平主席提出"携手建设更为紧密的中国—东盟命运共同体"倡议以来，中国与东盟及各成员国的合作发展进入一个崭新的历史时期，由中国—东盟法律研究中心规划的"中国—东盟法律研究中心文库"，正是在主动呼应这一时代背景和现实需要的条件下出版的。

中国—东盟法律研究中心是中国法学会依托西南政法大学于 2010 年成立的智库型研究机构。2012 年，中国法学会又将"中国—东盟高端法律人才培养基地"落户西南政法大学，依托西南政法大学开展对东盟法律人才的学历和非学历教育培养活动。中国—东盟法律研究中心始终以"问题导向、紧贴地气、协同创新、引领前沿"为理念指引，以国家战略需求为指针，以国内国际协同创新机制为重要平台，以期成为国家推进周边安全与外交战略和"一带一路"建设的重要智库机构。

2013 年，中国—东盟法律研究中心被评定为重庆市人文社科重点研究基地，2016 年被评定为中国法学会首批重点法治研究基地。中心自成立以来，着力从科学研究、人才培养、社会服务三个方面开展工作，整合中国与东盟法学界法律界资源，打造中国和东盟国家学术界和实务界专家合作交流的重大平台，逐渐形成鲜明的"东盟军团"特色。中心围绕东盟区域的法律变革、合作与发展问题，以突出解决现实问题为导向、以服务国家和区域战略为根本，广泛开展对中国与东盟法律的系统性、基础性和前瞻性研究。"中国—东盟法律研究中心文库"是中心规划课题成果，集中体现了中心研究员的最新研究成果，亦是教育部国别和区域研究中心——东盟研究中心的成果。

作为中国—东盟法律研究中心和中国法学会首批重点法治研究基地的重要依托，西南政法大学是新中国最早建立的高等政法学府之一，被称为中国法学教育的"黄埔军校"。在新时期，西南政法大学正全面开展"双一流"建设工作，中国—东盟法律研究中心的建设将突出特色、中国立场和国际视野，提升研究水平和平台集聚功能，为促进区域法律交流与合作繁荣，服务国家"一带一路"建设提供重要的智力支持。

中国—东盟法律研究中心秘书长
西南政法大学国际法学院院长、教授 　　张晓君

2016 年 3 月

前　　言

  本书以"一带一路"倡议为背景,以大湄公河次区域交通运输活动为对象,以规范这一具有"跨国"特质的交通运输活动的法律与机制为中心,通过对该区域现实中的制度合作与机制运行的认识与考察,提出随着"一带一路"倡议的推进与实施,必将给这一区域的交通运输合作带来新的契机,给保障这一区域交通运输活动的制度建设与机制的完善带来现实的可能性。

  "一带一路"倡议与大湄公河次区域合作,以及交通运输问题的研究既是理论焦点,同时也是现实问题,相关研究成果丰富多彩,如体系庞大的交通经济学理论、国际政治与国际关系,以及国际经济法理论中的基本原理,成为我们直接运用的分析工具,是我们认识现实问题的标尺。多年来关于对大湄公河次区域合作现实问题的研究成果,无论是时代气息,还是鲜活的实证,都给我们从实施"一带一路"倡议的视角,聚焦大湄公河次区域合作中的交通运输活动及制度与机制问题,提供了丰富的素材,弥补了我们没能作系统地实地调研的缺陷。在此我们向所有作者表示最真诚的感谢!

  就研究对象而言,涉及交通经济学、国际政治学与法学三个领域,这对我们三位法学工作者来说,无疑是一个挑战。但是,由于我们工作在云南,不断来自大湄公河区域的合作信息、存在的问题,尤其是国家"一带一路"倡议的实施给大湄公河次区域的合作带来的变化,时时牵动着我们的神经,成为一种应当去完成的责任。于是,我们尝试着一边读书、一边思考、一边写作,历经两年,完成书稿。

  我们认为,本书的重要创新与价值体现在以法学专业的视角,分析了目前大湄公河次区域内交通运输合作的法律制度和运行机制的现状,以此为前提来讨论"新澜湄机制"框架下建立起普惠强效、避免以邻为壑的次区域内交通运输合作新机制的必要性与可能性。我们在写作中尽量选取较新的资料和信息,但是,依然难以避免挂一漏万带来的问题,同时,由于澜湄机制启动不久,其未来的各种可能性使得我们的研究把握难度很大,不断地修正和学习是我们在这一研究中前进的唯一方向。

本书由齐虹丽教授设计了总体写作框架与主要观点,并进行最后的统稿和修定,其中的第一章与第二章由张强副教授执笔,第三章和第五章由金霞副教授执笔,绪论与结束语由齐虹丽教授与张强副教授合作完成,第四章由张强副教授与金霞副教授合作完成。

目　　录

绪　　论

一、研究对象与研究意义

1. 研究对象

自 2013 年习近平总书记提出"一带一路"倡议构想以来,我国党和政府积极通过政治、外交、经济等各种途径,力图在沿线构建起"利益共同体、命运共同体和责任共同体"。空间上,交通设施的互联互通必将成为共同体建设的基础和先导性产业。但实践中,跨境交通运输不畅已成为"一带一路"建设中的重要阻滞因素,原因有二:其一,交通运输基础设施建设未能跟上国际经济合作需求的脚步;其二,在已经具备的交通运输基础设施的情况下,法律、政策等制度合作与建设缺位或不够。

本课题立足于这一实践中的问题,以"一带一路"倡议中的大湄公河次区域交通运输活动为对象,以活跃在大湄公河次区域的多重合作机制、合作制度环境以及抑制性因素对交通运输合作的影响为重点,在考察大湄公河次区域各国的交通运输基建设施与管理状况的基础上,立足大湄公河次区域交通运输合作中的问题,依据国际合作原理、制度变迁与路径依赖理论,提出在澜湄国家共同体的框架下,强化大湄公河次区域交通运输合作的设想。为此,本书所讨论的"合作",既有交通运输活动中的合作现状之意,也包含规范交通运输活动的制度合作与推动交通运输的合作机制,并从这三个合作层面展开。此外,本书还将"交通"与"运输"作为两种社会经济活动,将它们放在区域合作制度与合作机制的框架下来作分别的考察。

"大湄公河次区域"的英文是"GREAT MEKONG SUBREGION(缩写为GMS)"。但是,在现有的文献中也有将"GMS"用于英文 GREAT MEKONG SUBREGION COOPERATION 的缩写,中文意思"大湄公河次区域经济合作"。本书的"大湄公河次区域"是一个地域概念,可称"澜沧江——湄公河流域",是指发源于中国青海省的唐古拉山,流经西藏自治区,由云南省南部西双版纳傣族自治州出境,流经缅甸、老挝、越南、泰国、柬埔寨、越南五个国家,于越南胡志明市附近注入南中国海的这一流域。

除特别指出外,本书在采用英文的 GMS 时,应为地域而不含经济合作等义。此外,由于历史的原因,"GMS"多被用于 1992 年由亚洲开发银行发起,中、柬、老、缅、泰、越六国参加的湄公河次区域合作机制的英文缩写,但是,在现有的文献中,"GMS"在地域名称与合作机制名称间混用的情况比较普遍。本书在第三章关于"GMS 合作机制下的交通运输合作"中所采用的"GMS"多为"GMS 合作机制"。

2. 研究意义

本书研究有着具体的时代背景与国情考虑,因为区域合作升级在我国对外倡议中的价值,所以研究大湄公河次区域的交通运输无论从理论还是实践都极具意义:

第一,"一带一路"倡议的实施是其研究的大背景。

从时代背景看,"一带一路"的提出是经济全球化以及区域经济一体化加快推进的必然趋势。各种经济数据告诉我们,全球经济增长和贸易、投资格局正在发生深刻调整,世界经济到了转型升级的关键阶段,需要进一步激发区域内发展活力与合作潜力;与此同时,面对中国的和平崛起,西方国家尤其是美国刻意孤立和遏制中国,与中国在亚太地区形成竞争关系。为了团结世界上的其他国家,中国需要用实际行动昭示天下,向世界宣告中国的和平崛起,中国崛起不以损害别国的利益为代价,不构成对任何国家的威胁,"一带一路"建设其实也是中国和平建设世界的行动宣示。

第二,大湄公河次区域的合作升级迫切需求交通合作与良好法律环境的建立。

大湄公河次区域合作历史悠久,较为成功的 GMS 经济合作机制的运行也已进入了第三个十年。然而,在不断取得成果和进步的同时,次区域的发展正在发生着变化:区域各国既有深化合作的共同愿望,同时也面临非常具体的挑战,包括各个国家利益诉求的不同、发展水平的差距、域外势力的影响以及文化障碍的阻隔等,依然在短期内不能得到有效的解决。但是,随着中国"一带一路"倡议的稳步推进,次区域内各国对在此背景下的深化合作,表现出了强烈的新期望。2015 年 11 月 12 日的澜沧江——湄公河合作机制(简称"澜湄合作机制")首次外长会议正式启动澜湄合作机制,这是大湄公河次区域合作的再次升级①,将补充现有的次区域合作机制,成为"一带一路"建设在中南半岛国家间合作的重要推动力。

中国一直致力于积极参和推动大湄公河次区域的合作,《推动共建丝绸之路经济带和 21 世纪海上丝绸之路的愿景与行动》要求"发挥广西与东盟国家陆海相邻的独特优势,加快北部湾经济区和珠江—西江经济带开放发展,构建面向东盟区域的国际通道,打造西南、中南地区开放发展新的倡议支点,形成 21 世纪海上丝绸之路与丝绸之路经济带有机衔接的重要门户。发挥云南区位优势,推进与周边国家的国际运输通道建设,打造大湄公河次区域经济合作新高地,建设成为面向南亚、东南亚的辐射中心。因此,深化 GMS 合作是 GMS 自身升级建设,更重要的是,因为 GMS 合作的深化,对'一带一路'倡议在中亚、南亚、西亚推进具有示范和借鉴的作用"。在共同愿望与不同诉求并存的条件下,国际通道作为连接次区域内国家的桥梁和纽带,既可以带动双边经济发展,又可以增进双边互信往来,支撑双边边境的稳定。所以,习近平主席在 2014 年 APEC 会议上指出:互连互通不仅是修路架桥,不只是平面化和单线条的联通,而应该是基础设施、制度规章、人员交流的"三位一体"。对于大湄公河次区域的未来合作而言,在基础设施互连互通中,我们应努力把交通基础设施互连互通建设不断推进,同时更重要的是加强制度合作,从而达到次区域国家间的合作深化,实现更加便利的资源流通,这也正是我们所关注的问题。

二、文献综述

本书的论证体系与主要观点,是在充分阅读、理解"一带一路"倡议的指导

---

① 澜沧江—湄公河合作机制(The Lancang-Mekong Cooperation mechanism).有时也简称为澜湄合作(Lancang—Mekong Cooperation,LMC),即中国、柬埔寨、老挝、缅甸、泰国、越南 6 国围绕澜沧江—湄公河流域实施可持续开发和开展互惠务实的对话合作机制。澜湄合作机制是李克强总理在 2014 年第 17 次中国—东盟领导人会议上提出的重要倡议,得到湄公河国家积极响应.2015 年 11 月 12 日,澜沧江—湄公河合作首次外长会在云南景洪举行,标志该机制的正式建立。2016 年 3 月 23 日在海南三亚以"同饮一江水,命运紧相连"(Shared River,Shared Future)为主题举行首次领导人会议。由于澜湄合作是单纯由澜湄流域六国自己构成的平等合作机制,是一个新的合作模式,也是大湄公河次区域合作的升级。

思想、交通运输经济学的原理、国际法的基本原则的基础上形成的,具体涉及以下的研究成果:

(一)大湄公河次区域的交通运输与"一带一路"的关系

大湄公河次区域的交通运输与"一带一路"的关系,是本书研究的起因,如何理解"一带一路"、"一带一路"与大湄公河次区域的关系,以及交通运输活动在两者中的地位与作用,是我们首先要阐述清楚的问题。

1. "一带一路"倡议的内涵与价值

关于"一带一路"倡议的内涵,学者们多有探讨。有学者结合时空背景,从宏观的维度为"一带一路"倡议下定义。李向阳这样界定"一带一路":以运输通道为纽带,以互联互通为基础,以多元化合作机制为特征,以打造命运共同体为目标的新型区域合作机制。① 何茂春等人认为,"一带一路"是中国经济对外开放的倡议规划,中国将通过与"一带一路"上的有关国家展开密切的经贸合作,通过交通和通信互联互通、贸易自由化、投资便利化、双边和多边建立自由贸易区,扩大经贸和人文沟通,搭建跨地区的国际合作大平台来带动地区经济的发展,并为中国企业走出国门在全球范围内寻找商机提供指引。② 此外,由于学者们分析的角度和侧重点不同,因而对"一带一路"的内涵形成了一个多角度、多含义的认知。有学者归纳为三个层面的理解:一是文化内涵;二是理念内涵;三是空间内涵。③

"一带一路"倡议不仅致力于谋求中国自身发展,同时也旨在推动与沿线各国家合作,实现互利共赢。因此,这项倡议的提出与实施具有重大的意义。学者们主要从国内层面以及国际区域合作层面这两大层面来阐述"一带一路"倡议的重大意义。

仅从国际区域合作发展层面看,张蕴岭认为,"一带一路"倡议不是一项仅仅着眼于中国自身发展的倡议,而是以中国的发展为契机,实现地区和世界和平发展的倡议。通过推进"一带一路"建设,可以扩大对外开放,拓展发展空

---

① 李向阳:《论海上丝绸之路的多元化合作机制》,载《世界经济与政治》2013年第11期。

② 何茂春,张冀兵:《"一带一路"战略面临的障碍与对策》,载《新疆师范大学学报(哲学社会科学版)》2015年第3期。

③ 揭锡捷:《"一带一路"战略几个基本问题研究综述》,载《南方论刊》2016年第4期。

间,加快实现中国发展的转型与升级,通过合作共建,让其他国家从中国的发展和合作中获得发展的新动力。① 卫志民指出,"一带一路"倡议有利于推动沿线发展中国家的现代化进程,顺应了沿线国家的内在需求,为促进沿线区域生产要素自由流动、优化资源配置、降低贸易投资成本以及边远地区开发提供了新的发展机遇。② 李德锋认为,"一带一路"倡议顺应了世界贸易机制转变的需要。③ 韩文宁撰文认为,"一带一路"将中亚、南亚、东南亚、西亚等区域连接,以利于互通有无、优势互补,建立和健全亚洲供应链、产业链和价值链,使泛亚和亚欧区域合作良性互动,从而迈上一个新台阶,为所有参与者开启新的机遇之窗,以创造一个良好的"筑梦空间"。④

2."一带一路"倡议所面对的挑战

习近平主席在中英工商峰会上指出,2000 多年前,正是丝绸之路将中国和遥远欧洲连接起来,2000 多年后,"一带一路"建设将为中国和沿线国家共同发展带来巨大机遇。⑤ 但与此同时,由于"一带一路"沿线国家较多,各国国情迥异,导致"一带一路"倡议的推进和实施不可避免地遇到一系列的风险和挑战。

关于倡议面临的一系列挑战,学者们普遍从政治、安全、经济等不同侧面进行了分析与阐述,普遍认为,"一带一路"面临的政治风险主要是中国与其他大国间的倡议冲突和博弈。如田惠敏等人认为,美国、俄罗斯、印度是"一带一路"倡议在区域经济合作沿途中最具有影响力的大国,在中国加紧推进"一带一路"实施的进程中,势必与上述三个大国之间产生利益上的牵连。⑥ "一带一路"倡议将面临美国的倡议围堵、俄罗斯的倡议猜疑、印度的倡议不合作和

①　张蕴岭:《聚焦一带一路大战略》,载《大陆桥视野》2014 年第 8 期。
②　卫志民:《"一带一路"战略:内在逻辑、难点突破与路径选择》,载《学术交流》2015年第 8 期。
③　李德锋:《"一带一路"战略的时代价值与外部挑战》,载《长春理工大学学报(社会科学版)》2015 年第 7 期。
④　韩文宁:《"一带一路"历史文化遗产及其当下意义》,载《唯实》2015 年第 4 期。
⑤　习近平:《"一带一路"建设将为中国和沿线国家共同发展带来巨大机遇》,新华网:http://news.xinhuanet.com/politics/2015-10/22/c_128343816.htm.最后访问日期:2018 年 5 月 6 日.
⑥　田惠敏,田天,曾琬云:《中国"一带一路"战略研究》,载《中国市场》2015 年第21 期。

日本的倡议搅局等政治风险。① 而安全风险方面,主要是沿线地区的政治不稳定、地区冲突和动荡不断、国别差异以及恐怖主义和极端主义盛行等。"一带一路"倡议由于其涉及地域之广、内容繁复,尤其路经中亚等动乱地区,加之"一带一路"建设与途径地区既定存在的倡议,诸如美国的"新丝绸之路计划",存在一定程度的交织、竞争关系。此外,由于信息的不对称与西方媒体对"一带一路"的歪曲报道,使大众的认知存在偏差,还有不得不提及的生态担忧,这均使"一带一路"前进之路异常艰辛。②

3."一带一路"倡议对大湄公河次区域的影响

根据《推动共建丝绸之路经济带和 21 世纪海上丝绸之路的愿景与行动》,大湄公河次区域既是"中国至东南亚、南亚、印度洋"方向丝绸之路经济带的桥梁,也是南下连接 21 世纪海上丝绸之路的纽带,地处"一带一路"建设陆海交汇的倡议支点,是"一带一路"建设的重要组成部分。对此,学者们已作了以下充分的论证:

20 世纪 90 年代,在 GMS 经济合作开展后不久,云南社科院出版了《东方多瑙河——澜沧江—湄公河流域开发研究》一书,在其研究成果中,详细分析了 GMS 合作开发的有利条件和不利因素,并提出了中国参与合作的建议。③ 而由李义敢编著的《大西南与澜沧江—湄公河次区域合作开发》一书,展示了我国参与澜沧江——湄公河次区域合作及西南六省区市七方经济合作的情况,指出新世纪大西南参与澜沧江——湄公河次区域合作开发的倡议意义、机遇和前景、有关政策措施及合作开发机制等。④ 张良民认为中国参与大湄公河次区域合作具有重要的倡议意义和巨大的经济价值,因为"湄公河国家是我国东南亚方向不可或缺的一道安全屏障,同时对于中国西南开发和经济腾飞具有重大的推动作用"。⑤

云南大学国际关系研究院在大湄公河次区域研究上一直处于国内的前

---

① 王义桅:《绸缪一带一路风险》,载《中国投资》2015 年第 2 期。

② 杨文亮:《"一带一路"战略:愿景、挑战及未来》,载《未来与发展》2016 年第 6 期。

③ 马树洪:《东方多瑙河—澜沧江—湄公河流域开发研究》,云南人民出版社 1995 年版。

④ 李义敢:《大西南与澜沧江—湄公河次区域合作开发》,云南民族出版社 2001 年版。

⑤ 张良民:《试析中国参与大湄公河次区域合作的意义》,载《国际论坛》2005 年第 2 期。

列。近年来,由研究员刘稚主编的蓝皮书系列《大湄公河次区域合作发展报告》,在国内的影响都较为巨大,该蓝皮书追踪分析大湄公河次区域合作的进展和趋势,并对新形势下我国进一步推进次区域合作深入发展提出相关对策和建议。《大湄公河次区域合作发展报告》(2015)[①]在"专题篇"中,以论文的形式阐述了"一带一路"倡议与这一区域经济发展的相互联系,尤其讨论了中国参与大湄公河次区域合作所取得的新进展与新挑战。其中,《"一带一路"框架下打造大湄公河次区域合作新高地的若干思考》提出在结合云南独特的区位优势和"一带一路"倡议打造大湄公河次区域合作新高地的一些总体思路、倡议定位和主要任务;而《"一带一路"框架下大湄公河次区域经济走廊建设的进展与方向》一文对 GMS 经济走廊的概念由来、合作机制、建设成效等进行系统梳理和深入分析的基础上,提出 GMS 经济走廊在互联互通以及与"一带一路"实现倡议对接等方面的发展方向和对策思考。此外,卢光盛教授还另有相关专论,比如《"一带一路"框架下大湄公河次区域合作升级版》[②]、《升级GMS 合作推进"一带一路"在东南亚中路突破》[③],都从不同的视角探讨了在"一带一路"倡议的当前环境下,建设大湄公河次区域合作升级的实现路径。

4. 交通运输与"一带一路"倡议的实施

诚如《推动共建丝绸之路经济带和 21 世纪海上丝绸之路的愿景与行动》在"设施联通"中,提出"共同推进国际骨干通道建设,逐步形成连接亚洲各次区域以及亚欧非之间的基础设施网络","抓住交通基础设施的关键通道、关键节点和重点工程,优先打通缺失路段,畅通瓶颈路段,配套完善道路安全防护设施和交通管理设施设备,提升道路通达水平以及推动口岸基础设施建设,畅通陆水联运通道,推进港口合作建设,增加海上航线和班次,加强海上物流信息化合作"等重点合作内容。国家政策设计中已经把交通运输放在"一带一路"建设中的基础地位,之后我国各省份几乎都明确了各自在"一带一路"倡议中的定位及发展重点,主动融入"一带一路"建设,使之进入到了实质操作阶段。

---

① 刘稚:《大湄公河次区域合作发展报告(2015)》,社会科学文献出版社 2015 年版。

② 卢光盛、金珍:《"一带一路"框架下大湄公河次区域合作升级版》,载《国际展望》2015 年第 5 期。

③ 卢光盛:《升级 GMS 合作推进"一带一路"在东南亚中路突破》,载《世界知识》2015年第 5 期。

毋庸置疑,如今交通运输的重要性在"一带一路"背景下更加突出,国家加快推动同周边国家互联互通,提高我国开放型经济水平,是党的十九大提出的明确要求,更体现了我国"周边是首要"的对外开放新方针。严捷凯在《以交通先行推进"一带一路"倡议》一文中认为,"在倡议推进中,应借鉴境内外发展经验,优先发展以交通为主的基础设施互联互通,带动经贸投资大发展,促进社会人文大交流,推动新一轮经济全球化平衡发展"①;卢朋认为"交通运输、能源、通信等基础设施行业在'一带一路'建设中担负着开路先锋的重任"②;邹磊通过研究,在专著《中国"一带一路"战略的政治经济学》中谈道:这不仅有助于欧亚之间海陆贸易路线的贯通,促进中国贸易通道和能源通道的多元化,也将给沿线发展中国家的共同发展带来巨大的契机。③

5. 大湄公河次区域是"一带一路"倡议中的交通节点

长期以来,交通运输的地位与作用,已在大湄公河次区域的各国间达了共识,这就是通过加强交通基础设施建设、实现互联互通,可以改变区域的可达性及降低运输成本,从而促进生产要素在各区域之间的流动,最终促进区域经济共同发展。

所谓交通节点,即位于几条运输干线的交叉点,是交通运输基础设施的重要组成部分,有大量客货流集散,因而具有优越的地理位置和方便的交通运输条件。研究者古龙高等提出的"交汇点"近似节点的意思,他们认为在"一带一路"倡议中,交汇点的最直接含义,指丝绸之路经济带与海上丝绸之路交汇的地点。交汇点对于经济带的形成地位无可替代。而经济带的发展需要依托一定的交通运输干线,并以其为发展轴,以轴上经济发达的一个和几个大城市作为核心,发挥经济集聚和辐射功能,联结带动周围不同等级规模城市的经济发展。总体上,经济带的干线仍需以铁路交通为主,其次才是公路和石油管道,最后是其他配套设施。④

---

① 严捷凯:《以交通先行推进"一带一路"战略》,载《中国发展观察》2015 年第 7 期。

② 卢朋:《在"走出去"建设中当先锋》,载《企业文化》2015 年第 8 期。

③ 邹磊:《中国"一带一路"战略的政治经济学》,上海人民出版社 2015 年版。

④ 古龙高、古璇、赵巍:《"一带一路"交汇点的理论阐释与路径探索——基于连云港丝绸之路经济带陆桥通道视角的研究》,载《城市观察》2015 年第 1 期。

交通节点的理论研究也印证了我国目前对"一带一路"核心区域的设计与划定①,这些区域的城市就成为互联互通中的交通节点。有人指出,云南的省会城市昆明得益于"面向南亚东南亚辐射中心"的定位,未来对外开放的倡议定位是建设成为面向南亚东南亚辐射中心的核心区,"一带一路"和长江经济带倡议的重要支点,带动滇中城市经济圈一体化发展的中央处理器"。② 东盟元素深厚的南宁处在海上丝绸之路经济带的重要节点上,"一带一路"建设是新一轮的发展良机,南宁有望成为沟通南北的新国际通道。云桂铁路全线建成通车后,以南宁为支点,经广西沿海高铁进入北部湾沿海港口连通"海上丝绸之路"构成西南地区、泛珠三角和环北部湾的快速出海大通道。③ 与省会城市相比,云南保山与西双版纳、广西的防城港与钦州等虽然地位略逊,但因邻壤中南半岛国家,同样是大湄公河次区域交通通道上的重要节点。

在城市节点的基础上形成经济走廊,从而带动走廊沿线的国家地区经济提升,是一带一路建设的重要目标。梁双陆以产业分工理论及通道经济点轴理论为基础,研究孟中印缅经济走廊上产业的国际分工及布局,发现密集的跨境交通基础设施、节点中心城市要素聚集力、区域间产业的关联性及互补性对于形成产业国际分工与布局的基础和条件具有重要意义。④ 陈利君则基于孟中印缅经济走廊重要性,以交通为重点加快推进走廊的互联互通建设。⑤ 林智荣对中国—新加坡经济走廊的交通基础设施进行了全方位的总结介绍,目前中国—新加坡经济走廊的公路线路基本实现全线贯通,但铁路还存在许多

---

① "一带一路"的核心区域重点圈定 18 个省份,其中"丝绸之路经济带"圈定:新疆、重庆、陕西、甘肃、宁夏、青海、内蒙古、黑龙江、吉林、辽宁、广西、云南、西藏 13 省(直辖市);"21 世纪海上丝绸之路"圈定:上海、福建、广东、浙江、海南 5 省(直辖市),从区位看,西北为新疆、陕西、甘肃、宁夏、青海、内蒙古等 6 省;东北为黑龙江、吉林、辽宁 3 省等;西南为广西、云南、西藏等 3 省;沿海省区为上海、福建、广东、浙江、海南等 5 省;内陆地区则是重庆。

② 熹微:《开放云南迎来新契机》,载《创造》2015 年第 5 期。

③ 夏文斌:《南宁搭建"一带一路"国家合作平台》,载《大陆桥视野》2015 第 17 期。

④ 梁双陆、梁巧玲:《"一带一路"新常态下如何加快孟中印缅经济走廊建设——基于产业国际分工与布局的研究》,载《天府新论》,2015 年第 5 期。

⑤ 陈利君:《孟中印缅经济走廊与"一带一路"建设》,载《东南亚南亚研究》2015 第 4 期。

缺失路段。①

(二)关于交通运输与社会经济关系

区域之间的联系包括政治、经济、社会、文化等诸多方面,其中经济联系是最基本的。交通运输之于一个国家乃至一个区域,其意义和价值也是多重的,但最为显性的,无疑是交通运输对于经济增长的重要性。而对此命题的理解,需要从交通运输的本质特征入手。

1. 对交通运输含义的解析

从文义上看,"交通运输"是一个固定词组,在回答"交通运输"是什么时,第一是语言辞典对其所作的解释②,第二是交通运输业的研究者们③,根据自身研究的目标来阐述交通运输的本质特征。但其共同点都是将"交通"与"运输"分开来回答。2005 年出版的《交通大词典》对交通和运输分别定义为:交通是指人、物和信息在两地之间的往来、传递和输送,包括运输和通信两个方面,是国民经济活动的主要环节之一,在国民经济发展中起先行作用;狭义的交通专指运输。运输,又称交通运输,指使用运输工具和设备,运送人和物的生产活动。④该词典基本包括了交通运输领域的所有相关术语,也代表了大多数业内人士的观点。

通过理解上述的各种解释,我们认为:尽管"交通"和"运输"有所区别,但作为一项社会活动,交通运输前者侧重关心的是运载工具的流动情况,比如畅通与拥挤程度;而后者关心的是运载工具的运载情况,比如运载数量、运载距

---

① 林智荣、覃娟:《中国—新加坡经济走廊交通基础设施建设探析》,载《东南亚纵横》,载 2015 年第 1 期。

② 主要参考的是中国社会科学院语言研究所词典编辑室所编的《现代汉语词典》(商务印书馆 1992 年版)的解释及《不列颠百科全书》,中国大百科全书出版社 1999 年版,第 17 卷第 181 页)的解释。

③ 如胡思继认为:交通运输是"运载工具在交通线网上流动和运载工具上运载人员与物资在两地之间位移这一经济活动和社会活动的总称。"(胡思继,邵春福:《交通运输学》,《人民交通出版社》2014 年版,第 4 页);郑国华认为"交通运输是人和物借助交通工具的载运,在一定范围内产生有目的的空间位移。"(郑国华:《交通运输法概论》,中南大学出版社 2015 年版,第 1 页);更简单的如"用交通工具将物资或人从一个地方运送到另一个地方"(张晓永等:《交通运输法》,清华大学出版社、北京交通大学出版社 2008 年版,第 13 页)

④ 《交通大辞典》编辑委员会:《交通大辞典》,上海交通大学出版社 2005 年版。

离,但二者更像同一过程的两个侧面,统一性更强。在此认识下,本书中对"交通运输"含义的解释是:交通运输是指人类依靠交通运输基础设施,通过运输管理,运用载运工具,将旅客和货物送达目的地,使其位置发生位移的活动。为此,我们可以把交通运输理解为交通运输事业①,因为借助交通运输活动,实现国家、地区在经济、政治、文化等目标,尤其在"一带一路"倡议下,更需要借助交通运输活动来建立起经济走廊,形成利益共同体。

鉴于以上对"交通运输"含义的界定,我们在"一带一路"倡议中大湄公河次区域交通运输合作法律与机制研究这一主题下所强调的是:

第一,大湄公河次区域的交通运输是一项国际合作的社会活动;

第二,这一具有国际合作特性的交通运输活动需要有统一的制度与合作机制来保证其效率与目的。

2.交通运输与区域经济的相关理论

关于交通运输对地区经济的影响,一般认为,早期交通运输发展受自身技术进步的制约非常大,因而局部地区的交通运输改善对该国家和地区所带来的收益和影响往往会很大,而这一命题的原理,可溯源到早期的古典和新古典经济学亚当·斯密、约翰·穆勒、弗里德里希·李斯特等经济学家。他们初步建立了交通运输与经济发展的分析框架,对于交通发展与经济发展的先后关系的问题有初步论述,工业的发展所带来的对良好交通运输体系的需求催生了对交通运输工具的改进和交通基础设施的建设,而良好的交通运输条件又为工业的发展和市场规模的扩大提供了保障。②

经济学家对运输与区域问题的真正研究是从区位论开始的,以运输成本来体现区位距离,对运输成本的差异所导致的产业在空间上分布的规律性进行总结和归纳。区位理论有四个代表性理论,即杜能的农业区位论、韦伯的工业区位论、克里斯塔勒中心地理论和廖什的市场区位理论,这些理论在对区位进行分析论证的过程中,都肯定了交通运输在区域经济发展中的地位和作用,

---

① 根据《现代汉语词典》,"事业"一词有四个含义,我们这里指"人们所从事的,具有一定目标、规模和系统的对社会发展有影响的经常活动"。

② 具体可参见亚当·斯密的《国富论》、约翰·穆勒的《政治经济学原理及其在社会哲学上的若干应用》以及弗里德里希·李斯特的《政治经济学的国民体系》等经济学著作。

把运输条件归结为区位发展的重要因素之一。①

20世纪40年代开始,发展经济学在经济学的体系中逐渐形成的一门新兴学科,该学科是主要研究贫困落后的农业国家或发展中国家如何实现工业化、摆脱贫困、走向富裕的经济学②。发展经济学家对基础设施作用研究的贡献主要体现在"基础设施发展倡议"方面,其代表人物罗森斯坦·罗丹1943年在其著名论文《东欧和东南欧国家的工业化问题》中,提出"大推进理论",认为应对"工业或整个国民经济经济的各个产业部门同时进行大规模投资,使工业或国民经济各部门按同一比率或不同比率全面得到发展。"他在该倡议的研究中首次提出并充分肯定了社会先行资本(基础设施)在工业化过程中所起的决定性作用③。罗森斯坦·罗丹还首先提出了"社会先行资本"的概念,他认为:"在一般的产业投资之前,一个社会应具备的在基础设施方面的积累。"④

我国国内的运输经济理论经历了从无到有、多次变革的发展过程。我国最初的交通运输经济理论体系没有根据我国自己的国情来制定,而是受苏联的影响,确立的是交通运输发展大布局的思想。因此,早期国内的交通运输理论研究与实践,大多遵循着先布局、后优化的思路,其早期研究也是侧重于某一种运输工具的效益性。进入20世纪80年代后,交通运输基础设施提供初具规模,在此基础上,理论研究开始广泛借鉴先进理论并加以创新,对交通运输与经济发展的研究逐渐兴起。如:

关于交通运输的定性研究,陆大道在20世纪80年代以增长极理论和生长轴理论为基础,提出了"点—轴空间结构系统理论"。他认为,在不同区域的经济社会发展过程中,轴与点是同等重要的,始终影响着区域空间结构最重要的是交通线路的发展。他还提出,增长极是交通线上的枢纽城市,发展轴线是

---

① 详细请参考:屠能的《孤立国对农业及国民经济之关系》是农业区位论的代表作,韦伯《工业区位论》一书,为工业区位理论建立了完整的理论体系,并提出了严密的研究方法,克里斯塔勒于1933年发表了《德国南部的中心地》一书,系统地阐明了中心地的数量、规模和分布模式,建立起了中心地理论,德国经济学家廖什在1940年出版《经济空间秩序》,独立提出了与中心地理论相似的市场区位理论。

② 发展经济学的创始人张培刚对发展经济学的概念理解。

③ Rosenstein Rodan. : Problems of Industrialization in Eastern and South-Eastern Europe, Economic Journal 1943.

④ Rosenstein Rodan. : Problems of Industrialization in Eastern and South-Eastern Europe, Economic Journal 1943.

交通线,由点到线,最终由线及面的"点—轴"系统开发,这样就构成了整个区域开发的最优的一个模式。[①] 荣朝和 1990 年提出,而后又在《论运输化》等论著中详细论证了运输化理论,从长期变化的角度刻画交通运输与社会经济发展之间的关系。他进而指出:中国的运输化仍旧处于需要迅速扩大运输能力的初级阶段,运输化对我们不仅仅是一个经济发展所不能逾越的阶段,它同时也是一项非常艰巨,然而却必须完成的任务。石京等认为交通运输在社会经济活动中具有双重功能,一方面它从属于经济系统,为区域经济发展服务,强化区域内外的经济联系,促进区域经济系统内的分工协作;另一方面,它又对区域经济结构、规模和空间布局具有反馈作用。[②]

3. 大湄公河次区域的交通运输方式

对于大湄公河次区域而言,交通运输方式的变化、变革将会影响到区域合作的广度与深度,交通运输方式的现状与未来是我们讨论建立区域交通运输合作制度与机制的客观基础。目前大湄公河次区域地区的交通运输方式主要有铁路、航运、公路、航空等。公路和航运以及航空承担的运载量较大,铁路在中南半岛的网络分布少,运输能力受限,中缅油气管道是管道运输的主要通道。

大湄公河次区域铁路联盟于 2014 年成立,在"一带一路"规划中,我国西南方向重点规划与东南亚地区、南亚地区的互联互通。所以,大湄公河次区域铁路联盟对推进 GMS 经济走廊建设和加快我国"一带一路"发展倡议实施都具有深远的现实意义。为了更好地发挥其功能与定位,有必要借鉴国际铁路合作组织和国际铁路联盟的经验,制定运输政策、统一运输规则、协调互联互通中的问题,从而以促进区域内铁路互联互通和联运。[③]

近年来,中国高铁的建设发展有目共睹,特别是随着高铁"走出去"步伐的加快,充分利用中国的高铁优势建构连接丝绸之路经济带的交通运输网络,将有利于促进国家丝绸之路经济带倡议构想的早日实现。泛亚高铁的建设将成为与海上丝绸之路连接的一条与东南亚国家沟通的交流渠道,是东盟铁路升

---

① 陆大道:《区域发展及其空间结构》,科学出版社 1998 年版。

② 石京、张丹、吴照章:《区域协调发展与交通体系之间互动关系的考察与借鉴》,载《铁道工程学报》2009 年第 11 期。

③ 崔艳平、马欣然:《大湄公河次区域铁路联盟发展的探讨》,载《铁道运输与经济》2015 年第 8 期。

级换代和区域互联互通的最佳选项,把中国东盟倡议伙伴关系以及中国东盟自贸区带进一个崭新的新时代。[①]

陆上交通中除铁路之外,公路交通基础设施也是经济社会发展的重要命脉。覃夏媛、谭湘叶早在 2007 年就关注过公路建设问题,介绍了缅甸、老挝、柬埔寨的公路建设情况,分析了中国与几国合作的可能性和存在的问题。[②]郭元丽《昆曼公路贸易运输的一站式服务模式研究》中,回顾了昆曼公路发展历程和现状,以及昆明公路运输中存在的问题。[③]

关于湄公河次区域的水上运输,孟慧与刘润华在《澜沧江—湄公河国际航运发展研究》中,曾介绍了澜沧江—湄公河国际航运在运量、航道、港口、船舶等方面的发展现状,认为湄公河具有特殊的、重要的地理位置,这一流域的国际航运发展可以快速推动云南省的经济发展,加强我国和东盟国家的经济合作关系。但由于其航运发展起步较晚,限制因素较多,航运完成的运载量在社会总运输量中所占分量较低,需要各国有关政府及部门共同协商合作来破解困局,包括"统一航道规划和整治、加强港口基础设施建设、统一国际航运管理、建立国际航运网络信息系统、加强各国安全联动协调"。[④] 这些存在的问题和解决途径,在更早时候也有论者谈及[⑤],说明跨国河流航运的运输管理在各国间的协调是一件极其困难的事情。

大湄公河次区域的航空运输发展起步较晚,限制因素较多,航运完成的运载量在社会总运输量中所占分量较低,需要各国有关政府及部门共同协商合作来破解困局,包括统一航道规划和整治、加强港口基础设施建设、统一国际航运管理、建立国际航运网络信息系统、加强各国安全联动协调。

航空运输在我国与中南半岛国家间所承担的运输角色也极为重要。整个

---

① 陈安娜:《中国高铁对实现国家"一带一路"战略构想的作用》,载《商业经济研究》2015 年第 9 期。

② 覃夏媛、谭湘叶:《中国与大湄公河次区域缅甸、老挝、柬埔寨的公路建设关系》,载《科技咨询》2007 年第 29 期。

③ 郭元丽:《昆曼公路贸易运输一站式服务模式研究》,载《中国市场》2015 年第 11 期。

④ 孟慧、刘润华:《澜沧江—湄公河国际航运发展研究》,载《现代工业经济和信息化》2015 年第 6 期。

⑤ 彭智辉:《澜沧江—湄公河国际航运的合作与发展》,载《云南交通科技》2003 年第 12 期。

东南亚的航空运输的"市场容量巨大,并保持高速增长"。中南半岛区域因为据我国较近,主要为中短程航线,并以泰国曼谷、柬埔寨金边为主要枢纽。但是各国适航管理能力有待提高、航空基础设施建设面临挑战。比如,越南的航空物流体系不发达,缺少信息化的体系构建,没有配套的地面服务管理系统,对客运飞机还很依赖,缺少独立的货运机队,员工的素质也无法与发达国家相比,特别是缺少具有国际航空物流管理经验的高级人才。[①] 柬埔寨因为其丰富的旅游资源,近几年成了东南亚航空业增长最迅速的国家,并在 2014 年创下了 13% 的乘客增长率[②],但其基础设施依然不够完善。

3. 交通运输对大湄公河经济的影响研究

关于交通运输对大湄公河次区域经济发展的影响,梳理此类文献的目的在于加深对交通运输与区域经济发展理论的理解,同时证明"一带一路"倡议将给这一地区交通运输建设带来新的机遇。

泛亚高铁对于沿线国家的经济促进众所期待,其中中线的中老泰高铁尤为瞩目。因为随着中国—东盟自贸区的全面建成,中国与东南亚地区间的贸易往来不断扩大,中泰高速铁路的修建将促进中泰两国人民的关系更加密切、经贸往来更加便利。近年来,泰国经济发展速度缓慢,GDP 年增长率仅维持在 1% 至 3% 之间,促进泰国经济发展的三大支柱产业,即外来投资、出口和旅游业,都有不同程度的下滑,民众对经济发展的低迷状态表现出失望的情绪。[③] 泛亚铁路能够"为企业合作拓宽物流通道,降低运输成本,促进外贸型企业更好的发展。优化连线各国的产业结构,更好的提质增效,促进产业结构的优化升级"。[④] 这是因为泛亚高铁修建后,在区域内各中心城市之间形成了较为明显的轴线,其分别为沿着泛亚高铁西线的昆明—大理—曼德勒—奈比多—仰光轴线,沿着泛亚高铁中线的昆明—万象—曼谷轴线,沿着泛亚高铁西线的昆明—河内—胡志明市—金边—曼谷轴线,并且在中南半岛南部,形成了

① 阮德山:《越南航空物流现状及其存在问题与对策分析》,对外经济贸易大学 2010 年硕士论文。

② 安邦咨询:《柬埔寨成为东南亚航空业增长最快国家》,载《时代金融》2015 年第 4 期。

③ 余海秋:《中泰铁路合作项目构建中南半岛交通新格局》,载《社会主义论坛》2015 年第 6 期。

④ 周路菡:《泛亚铁路,力促亚洲经济一体化进程》,载《新经济导刊》2015 年第 10 期。

曼谷—吉隆坡—新加坡轴线。整体来看,泛亚高铁修建后,区域内初步形成了以各中心城市为节点,以泛亚高铁为轴线的点轴式经济空间结构。① 这样的结构容易形成一个大经济圈。虽然目前我们还不能从实际经济效果上去印证这些观点。但是,同为陆上道路交通的公路运输可以让我们得窥端倪。作为例证,有研究者通过对昆曼公路的实证研究发现,自 2008 年昆曼公路实现通车,中国昆明至泰国曼谷的国际大通道基本建成。交通的便捷对贸易量及贸易额的增长也作出了积极贡献。早期湄公河国际航运开通,为云南与泰国双边贸易奠定了坚实的基础,昆曼公路的开通解决了以往受季节性枯水影响而无法通航、逆水行船耗时长等因素的制约,从而使贸易量和贸易额实现了突飞猛进地增长。此外,这条公路为泰国、老挝和中国南方的旅游业做出了贡献,减少了行程时间和交通费用,游客从昆明直达曼谷,可以实现便利的通关,这意味着这条公路带来更多的旅游者,同时也带动了沿线旅游经济的发展。②张若英在《昆曼公路贯通对中泰贸易的影响》研究发现,昆曼公路对于中泰之间运输方式、时间成本,尤其对于鲜活农产品贸易的促进作用非常明显,此外,对于边境上的经济开发区建设也有重大意义。③

(三)支撑大湄公河次区域交通运输合作的国际法原理

基于"大湄公河次区域的交通运输"是一项国际合作的社会活动这一特征,统一完善的制度合作与合作机制,是保证其效率与目的的前提。运用国际法原则与国际合作机制理论,证明大湄公河次区域的交通运输活动,通过制度的合作与机制的合作的可能性与必要性,是本书的第二个重要观点。为此,我们主要运用了以下的研究成果

1. 大湄公河次区域合作中的原则

次区域国家间的合作虽然发生在某一领域的事务或者更具体的某一事项,但往往也必须遵循国家间活动的原则,这些原则体现制度的本质与根本价

---

① 赵亚甫:《泛亚高铁建设对云南省与中南半岛经济联系影响的情景分析》,南京师范大学 2014 年硕士论文。

② 王沙娜:《大湄公河次区域合作中昆曼公路对中泰经济交往的影响研究》,广西大学 2014 年硕士论文。

③ 张若英:《昆曼公路贯通对中泰贸易的影响》,对外经济贸易大学 2011 年硕士论文。

值,乃整个国家间活动的指导思想与出发点,构成一个制度体系的灵魂,决定其内在统一性和稳定性。

联合国大会在 1970 年全体一致通过了《关于各国联合国宪章建立友好关系及合作之国际法原则之宣言》(以下简称《国际法原则宣言》),将国际合作原则作为国际法的基本原则之一。① 《国际法原则宣言》不仅强调了各国有"依照宪章彼此合作之义务",还进一步规定了国际合作的具体要求和合作基础:"各国不问在政治、经济及社会制度上有何差异均有义务在国际关系之各方面彼此合作,以期维持国际和平与安全,并增进国际经济安定与进步、各国之一般福利及不受此种差异所生歧视之国际合作。"

根据《国际法原则宣言》精神,罗伯特·基欧汉与约瑟夫·奈合著的《权力与相互依赖》中关于"相互依赖、国际机制"等国际合作理论的核心概念是本书认识、分析大湄公河次区域交通运输活动中的制度合作与合作机制性质与作用的基础。作者认为:"我们将对相互依赖关系产生影响的一系列控制性安排(governing arrangements)称为国际机制(international regimes)","国际机制可由国家之间的协议或条约组成"。② 根据这一认识,我们选择了从制度的合作——"国家间的协议或条约"入手,来观察这些制度对合作机制运作的影响。即通过梳理为协调大湄公河次区域交通运输活动所达成的各种规范性法律文件,来分析现实中的、大湄公河次区域各类合作机制的不同状态。

在认识国际制度与国际机制的关系问题上,王杰主编的《国际机制论》中的相关理论,给本书思考在规范不够整备与明确的情况下,如何推动国际合作

---

① 《国际法原则宣言》规定的七项基本原则:

一、各国在其国际关系上应避免为侵害任何国家领土完整或政治独立之目的或以与联合国宗旨不符之任何其他方式使用威胁或武力之原则;

二、各国应以和平方法解决其国际争端避免危及国际和平、安全及正义之原则;

三、依照宪章不干涉任何国家国内管辖事件之义务;

四、各国依照宪章彼此合作之义务;

五、各民族享有平等权利与自决权之原则;

六、各国主权平等之原则;

七、各国应一秉诚意履行其依宪章所负义务之原则,以确保其在国际社会上更有效之实施,将促进联合国宗旨之实现,业已审议关于各国建立友好关系及合作之国际法原则。

② 〔美〕罗伯特·基欧汉、约瑟夫·奈:《权力与相互依赖》,门洪华译,北京大学出版社 2017 年版,第 19、20 页。

机制的问题,提供了重要的依据。尽管在内容上,"国际机制是一整套明示或默示的原则、规范、规则以及决策程序,这一系列的内容可表现为明确的国际条约,也可以是纯粹主观的方式存在","而国际法的基本内容具有更为强烈的规范性倾向,而不同于国际机制则更多的是反映国际政治的现实状况"。但是两者"都是国际政治规范体系的组成部分",共同具有"主观性、广泛性、系统性与权威性特征","在国际政治的实践中扮演着相互支持的不同角色"。[①]

2."相互依赖理论"下的大湄公河次区域国际合作机制

合作是世界经济相互依赖的本质,本书依然是运用罗伯特·基欧汉与约瑟夫·奈的"相互依赖理论"来认识现实中的大湄公河次区域各类合作机制。因为我们生活在一个相互依赖的时代,这些"依赖(dependence)指的是外力所支配或受其巨大影响的一种状态,简而言之,相互依赖(inter dependence)即彼此相依赖(mutual dependence)。世界政治中的相互依赖,指的是以国家之间或不同国家的行为体之间相互影响为特征的情形"。"这些影响往往源自国际交往——跨越国界的货币、商品、人员和信息流动","当交往产生需要有关各方付出代价的相互影响时(这些影响并不必然是对等的),相互依赖便出现了。如果交往并没有带来显著的需要各方都付出代价的结果,则它不过是相互联系而已"。[②] 活跃在大湄公河次区域的各类合作制度与合作机制,都是因为客观上具有一定的地缘优势而形成的"交往"关系,并在此产生了"需要有关各方付出代价的相互影响"。

此外,罗伯特·艾克斯罗德在《对策中的制胜之道——合作的进化》一书中,通过计算机的实验分析,关于合作中"一报还一报"的逻辑,为我们认识现实中的国际合作机制提供了判断方法。罗伯特·艾克斯罗德认为,"一报还一报",赢得竞赛不是靠打击对方,而是靠从对方引出使双方有好处的行为。坚持引出双方有利的后果,从而使它获得比其他任何策略更高的总数。[③] 关于"如何促进合作",罗伯特·艾克斯罗德强调:增大未来的影响,是促进合作的

---

① 王杰:《国际机制论》,新华出版社 2002 年出版,第 17、19、20 页。

② [美]罗伯特·基欧汉、约瑟夫·奈:《权力与相互依赖》,门洪华译,北京大学出版社 2017 年版,第 9 页。

③ [美]罗伯特·艾克斯罗德:《对策中的制胜之道——合作的进化》,吴坚忠译、张文芝校,上海人民出版社 1996 年版,第 87 页。

第一个重要方法,要使相互的作用更加持久,相互的作用更加频繁。①

　　根据以上原理与方法,我们有理由认为:尽管因诸多的原因,现实中的合作机制还存在着这样与那样的问题,但随着这一区域政治、经济的发展而形成的"相互依赖"性,终究会得到改进与完善。尤其是"一带一路"倡议的实施,增大对了这一区域未来性的影响,而且鉴于交通运输在区域经济合作中的地位,在中国主导下的"澜湄合作"中,推动这一区域交通运输合作的制度建设与机制完善,具有十分显著的现实可能性。因此我们提出:"澜湄国家共同体"的建设,将成为大湄公河次区域交通运输合作的新起点。在此,云南大学的卢光盛与金珍的研究成果《"澜湄机制":湄公河次区域合作的新尝试》,给了我们关于"现实可能性"结论的有力支撑。该研究成果主张:"在策略层面,一是应明确澜湄机制是中国在现有次区域合作机制之外的一个新选项,但并非抛弃 GMS等合作机制另起炉灶";"合作原则方面,除了在经济领域继续提升相互依存度之外,还要不断开拓合作新领域,争取在政治互信、功能领域合作等方面获得更多成果";"合作内容上,首先是深化经济交融……其次是不断加强政治互信……最后是增进人文交流与合作";"推进步骤方面,一是着重推进一批早期收获项目,争取率先取得实质性和有影响的成果……二是重点推进对老挝的各方面工作"。②

　　3.对现实中大湄公河次区域各类合作机制的评价

　　大湄公河次区域的合作中的成效以及各种问题都与合作机制有关。所以,关注大湄公河次区域合作机制的研究者殊为不少。

　　吴世韶的《中国—东盟次区域经济合作机制的现状与展望》,向我们介绍了中国与东盟国家间已形成的包括 GMS、"黄金四角"、"湄委会"、中国—东盟东部增长三角、东盟—湄公河流域开发合作、泛北部湾区域经济合作、中印孟缅区域经济合作等众多合作机制。③ 任娜与郭延军把众多的合作机制分为四类:(1)国际组织推动的合作,如亚行主导的 GMS 经济合作机制;(2)次区域国家间的合作,如湄公河委员会;(3)区域外国家主导或参与的合作,如美国的

---

① 　[美]罗伯特·艾克斯罗德:《对策中的制胜之道——合作的进化》,吴坚忠译、张文芝校,上海人民出版社 1996 年版,第 100 页。

② 　卢光盛,金珍:《"澜湄机制":湄公河次区域合作的新尝试》,载《世界知识》2015 年第 22 期。

③ 　吴世韶:《中国—东盟次区域经济合作机制的现状与展望》,载《社会主义研究》2011 年第 5 期。

湄公河下游行动计划;(4)国际非政府组织参与的合作,如东南亚河流网络。①

(四)大湄公河次区域交通运输合作制约因素与问题解决

根据文献分析研究方法的要求,我们是通过以下资料的阅读与分析,来认识大湄公河次区域交通运输合作制约因素等问题的。

1. 大湄公河次区域交通运输合作制约因素

当前学术界从经济、民族、主权、外交等多个角度对这一问题进行分析。张一峰根据经济发展水平把澜沧江—大湄公河次区域各国大体分为三个层次,第一层次是中国和泰国,已经步入新型国内工业化国家的行列;第二层次是越南,属于一般发展国家;第三层次是缅甸、老挝和柬埔寨,属于不发达国家。所以各国间发展水平差异大,导致合作的经济基础差②。郭平认为大湄公河次区域内民族众多,民族文化多样性以及由此带来的民族主义政治是交通不畅的主要原因。③黎尔平通过研究得出,"湄公河流域国家间的合作并不乐观"的结论。他认为,国内学术界大都是从区域经济的角度寻找问题的症结所在。事实上,合作各方在政治上缺乏信任是妨碍 GMS 顺利发展的重要因素之一。④也有研究者从国际形势角度认为,美国、日本、印度等区域外大国对大湄公河次区域介入力度空前加大。⑤陆颖彤以桂越为例,指出原因在于陆路交通设施不发达,发展历史基础比较薄弱,广西经济中心发展不突出,以及管理和技术的高层次人才的缺乏等,成为制约桂越陆路交通经济带发展的主要因素。⑥杨倩则将论述焦点对准 GMS 合作机制的松散性上,认为合作机制的松散是造成《大湄公河次区域客货跨境运输协定》一直无法深化的制度性因素。⑦云南省交通厅课题组 2011 年曾做过大湄公河次区域客货便利化问题的课题研究,技术标准难能统一也是现实困难之一。

---

① 任娜、郭延军:《大湄公河次区域合作机制:问题与对策》,载《战略决策研究》2012年第2期。

② 张一峰:《GMS 的发展困境浅析》,载《现代商业》2009 年第 9 期。

③ 郭平:《从文化视角看大湄公河次区域合作》,载《东南亚南亚研究》2011 年第 2 期。

④ 黎尔平:《大湄公河次区域合作政治信任度研究》,载《东南亚纵横》2006 年第 5 期。

⑤ 叶贵:《大湄公河次区域安全合作机制研究》,载《东南亚纵横》2009 年第 6 期。

⑥ 陆颖彤:《桂越铁路交通经济带发展对策研究》,广西大学 2016 年硕士论文。

⑦ 杨倩:《大湄公河次区域经济合作的制度化问题研究》,载《现代经济信息》2012 年第 7 期。

2. 大湄公河次区域陆上交通合作中的问题解决之研究

关于陆上交通问题的解决,有的学者谈得比较宏观,户英杰认为各国间虽然有意见分歧,但应该求同存异,增加相互信任,深化彼此合作,共同努力解决面对的问题。[①] 有的解决思路明确有针对,如赵明龙认为,在 GMS 一体化合作中,应充分发挥交通一体化的功能和作用,建设互联互通的区域交通网络,通过陆路交通一体化来带动区域经济一体化,促进区域少数民族的繁荣发展。[②]

通观众多研究成果,大湄公河次区域合作中的障碍几乎都需要通过合作机制来解决。这在贺圣达、王士录、柴瑜、陆建人等众专家的专门或者相关著述有体现。前文所提及李玫教授也在其专著中的"交通"一部分有此观点。

滇桂地为中国与次区域其他国的壤接之地,地位显著。有学者撰文分别就各自省区的策略提出看法。王劲惠等围绕云南国际道路运输便利化合作、云南实施"GMS 便利运输协定"评估、实施"GMS 便利运输协定"存在的问题、云南进一步实施"GMS 便利运输协定"对策四个方面开展调查与研究。[③] 颜艳(2015)就广西在 GMS 交通合作中的应对策略进行了论述。[④]

三、主要研究内容

(一)研究内容

大湄公河次区域合作是"一带一路"倡议的重要组成部分,也是经济全球化和区域化在这个时代的符号之一。在此背景下,本书讨论了交通运输与经济发展的关系、大湄公河次区域多重合作机制对交通运输合作的影响与意义、大湄公河次区域交通运输合作规范性法律文件及实现等内容,通过实证分析,

---

① 户英杰:《湄公河委员会的发展与作用研究》,云南大学 2015 年硕士论文。

② 赵明龙:《基于 GMS 陆路交通一体化的族群发展研究》,载《改革与战略》2010 年第 5 期。

③ 王劲惠等:《云南国际公路跨进运输便利化对策研究》,载《综合运输》2015 年第 8 期。

④ 颜艳:《"一带一路"战略下广西参与大湄公河次区域经济走廊建设的思考》,载《市场论坛》,2015 年第 6 期。

指出问题,并针对这些问题,根据国际合作等原理,依此提出各国应当在共同利益基础上从法律制度建设、提高合作机制层次等方面来改善次区域(GMS)交通运输合作法律环境,在"澜湄机制"的框架下,构建这一区域的交通运输合作的新机制,为"一带一路"倡议的实现发挥其应有的作用。

具体研究内容包括:

第一章,交通运输:"一带一路"倡议下大湄公河次区域合作的先行者。

本章是本书的起点,围绕着关键词"交通运输",包括从交通运输学的角度来解释其含义及"一带一路"对"交通运输"的界定,并将"交通"与"运输"分开来考察它们在社会经济活动中的不同作用,在管理与规制方面的不同特征。同时,本章还分析了交通运输对"一带一路"在政治、经济、文化等方面的意义。由于大湄公河次区域是"一带一路"倡议的重要组成部分,所以本章通过特别分析大湄公河次区域的交通运输对于"一带一路"倡议的重要性与特殊性,从而印证在"一带一路"倡议下,交通是大湄公河次区域合作的先行者。

第二章,起步与腾飞:大湄公河次区域交通运输的现状与愿景。

本章从"一带一路"倡议的视角,首先观察交通运输对大湄公河次区域的价值与意义,从理论上、实证上讨论该区域的经济合作成效,从而证明:交通运输在大湄公河次区域推进"一带一路"建设中的优先地位。其次,根据交通运输学的原理,主要从水运、陆上通道建设、航空运输以及管道运输等方面全面梳理大湄公河次区域目前交通运输的互联互通现状。最后,通过对大湄公河次区域交通合作的展望,指出现有交通设施的短板所在,提出未来在"一带一路"倡议、中国—东盟"10+1"合作框架、大湄公河次区域合作前景与规划中,交通运输应当得到多大的改善以及发展预期。

第三章,交通运输合作:大湄公河次区域多重合作机制中的主角。

本章第一根据国际合作原则,提出了合作中机制存在的天然性,并对活跃在次区域内的主要合作机制进行梳理,指出:这些合作机制都程度不一的对大湄公河次区域的合作发生作用。第二从历史的角度,分析这些合作机制所产生的背景、目标与作用,我们认为,虽然目前大湄公河次区域还没有专门的、单独的交通运输合作机制,有关该区域的交通运输合作是在各个层级、不同范围的区域性经济合作机制的平台上完成的。但是,交通运输合作是大湄公河次区域多重合作机制中的主角,这是由交通运输在国民经济中的地位所决定。因为国际区域性的交通运输合作必须面对跨越国境的问题,主权国家往往对此心存疑虑。所以,为了最大限度趋利避害,次区域的交通运输合作需要建立有效的合作机制以协调各国之间、各国工作部门间的工作与配合。但是,现有合作机制在运行效力等方面依然存在着很大的问题。

第四章,交通运输合作制度:大湄公河次区域交通运输合作规范性法律文件及实现。

本章从交通运输法律制度的特征、价值入手,系统地整理了大湄公河次区域在交通运输合作中适用的现行法律制度,包括次区域各国国内法、惯例法、双多边条约、相关国际条约(包括 WTO 中的交通规范)等。我们认为:大湄公河次区域多重合作机制下所形成的错综复杂的交通运输合作法律渊源,在内容与体系上,涵盖了次区域合作对交通运输便利化的要求,交通运输的联系和一体化需求已经越来越成为共识。但是,因多种因素的存在与影响而使制度的实施缺乏应有的效力与效率。所以,本章从制度变迁理论(路径依赖)的角度,对次区域交通运输合作艰难进展的深层次原因作出了说明。

第五章,展望:大湄公河次区域交通运输合作的新起点——澜湄国家共同体。

本章致力于问题的解决,同时也是问题讨论的深化。继第四章对大湄公河次区域交通合作的制度现状描述以及原因剖析之后,本章着手于"立新"的规划与设计。所以,本章重点分析了澜湄合作机制的生成与发展,尤其是澜湄机制与"一带一路"对接之后的内容设计。其中重点分析在澜湄机制下如何真正意义上利用好现有的交通运输基础设施,推动交通运输设施的建设,以及如何协调与其他机制之间的关系,使众多的机制既能够互相配合,又能够避免机制拥堵。

(二)主要观点

本课题的行文思路建立在以下几个相互联系的观点基础上:

1. "一带一路"倡议是中国积极参与 21 世纪全球治理和区域治理的顶层设计,对于我国构建开放型经济新体制、形成全方位对外开放新格局有着重要意义。大湄公河次区域是"一带一路"的重要组成部分,从地域空间看尽管只涉及湄公河流域的几个国家,但有了"一带一路"的大构想后,可给该区域合作提供一个更加广泛的背景和支持。大湄公河次区域的合作能够把"一带"和"一路"实现无缝对接。

2.《愿景与行动》明确基础设施互联互通的地位,是"一带一路"建设的优先领域。作为主要基础设施的交通运输对次区域经济规模、结构和空间布局具有促进作用,早日促进次区域交通优势的形成,就能够在一定条件下转化为经济优势,交通干线沿线地区就能够发展成为至关重要的经济发达地带。因此,只有在大湄公河次区域建立起发达畅通的交通网络,才可能促进中国—中南半岛等国际经济合作走廊、孟中印缅经济走廊等经济带的形成,打造出大湄公河次区域经济合作新高地。

3.在经济全球化、区域经济一体化的大潮下,大湄公河次区域的合作层次必将不断提升,无论是历史还是现在,无论是理论还是现实,都证明了这一点。鉴于交通运输在社会经济发展中的地位与它自身所具有的流动性特征,交通运输领域的合作成为次区域各时期、各种合作机制的主角,在不同层次的合作机制下形成了在内容与体系上,涵盖了次区域合作对交通运输便利化的多重要求的法律渊源。但是,因多种复杂的原因,这些法律规范的效力与机制运行的效率,均不能满足现实合作的需求,即交通运输的软件建设速度远远跟不上硬件的建设速度。根据制度变迁与路径依赖原理,借"澜湄机制"的东风,来搭建大湄公河次区域交通运输合作的起新起点,应当是一个"最优"发展路径。全方位建设好"澜湄国家共同体",是我们所面临的重要任务,也是不可多得的重要时机!

总之,一方面,交通运输产业作为基础性产业,它在社会经济中的作用毋庸置疑,但是,科技进步与制度设计对它的影响,也同样毋庸置疑;另一方面,区域性国际合作是时代发展的必然结果,有效的区域性国际合作需要制度的规范与组织的协调。基于这样的逻辑,我们努力在本书的写作过程中,力求做到一定的创新:以法学专业的视角,分析目前大湄公河次区域内交通运输合作的法律制度和运行机制的现状,以此为前提来讨论"新澜湄机制"框架下建立起普惠强效、避免以邻为壑的次区域内交通运输合作新机制的必要性与可能性。

第一章

交通运输:"一带一路"倡议下大湄公河次区域合作的先行者

"一带一路"建设是一个全方面多维度的系统工程,从提出伊始到实施再到作用初显,是一个持续的过程。如果把"一带一路"的建设比喻为一场旷日持久的行军,交通运输的建设与实施就是这场行军的先行者,其成效是整个系统工程的基础和前提。

一、交通运输在"一带一路"倡议中的地位

交通运输使区域封闭性以及空间差异性带来的问题得到缓解,并且交通运输既是一个国家经济发展的必要条件,也是其对外关系以及跨国人文交流的基础和先决条件。对于"一带一路"沿线上的各个国家,优越的交通条件可以为"一带一路"倡议中的各个国家的共同发展创造条件。

(一)交通运输与"一带一路"倡议

1. 交通运输的基本含义

从文义看,"交通运输"是一个固定词组,由"交通"和"运输"两个词组合而成。

　　"交通"古义为"交错相通",《现代汉语词典》①对"交通"的解释多达五个,其基本意义是"往来通达",现在多指运输和邮电事业的总称。《辞海》对交通的解释是,各种运输和邮电通信的总称,即人和物的转运和输送,语言、文字、符号、图像等传递和播送。胡思继的《综合运输工程学》把交通界定为:交通是指通过一定的组织管理技术,实现运载工具在公共交通网络上流动的一种经济活动和社会活动。交通作为一项经济活动和社会活动的三要素是公共交通网络及其设施、运载工具和组织管理技术。②

　　"运输"一词,根据《现代汉语词典》指:用交通工具把物资或人从一个地方运到另一个地方。《不列颠百科全书》③的运输英文单词是 transportation,将之定义为:将物品与人员从一地运送到另一地及完成这类运送的各种手段。显然,《不列颠百科全书》的含义广于《现代汉语词典》。2005 年出版的《交通大词典》对交通和运输分别定义为:交通是指人、物和信息在两地之间的往来、传递和输送,包括运输和通信两个方面,是国民经济活动的主要环节之一,在国民经济发展中起先行作用;狭义的交通专指运输。运输,又称交通运输,指使用运输工具和设备,运送人和物的生产活动。④ 该词典基本包括了交通运输领域的所有相关术语,也代表了大多数业内人士的观点。"邮电"包括邮政和电信两类活动,前者的业务包括信件和包裹的寄递,后者是通过有线或无线的电磁系统传递信息的活动。虽然邮电的开展无可避免要依赖运输活动,但其主要目的在于提供"信息"与"情感"的交流,显然不在我们研究范围之内。

　　通过对交通与运输的辨析,可以总结出:第一,交通概念分狭义和广义。广义的交通包括运输和通信,是指人、物和信息在两地之间的往来、传递和输送;狭义的交通专指运输。第二,运输所涵盖的内容较为明确,指使用运输工具和设备运送物品或人员从一地到另一地的过程,故而不包括邮电。

　　尽管"交通"和"运输"有所区别,前者侧重关心的是运载工具的流动情况,比如畅通与拥挤程度;而后者关心的是运载工具的运载情况,比如运载数量、运载距离,但二者更像同一过程的两个侧面,统一性更强。故,我们在本课题

---

　　① 中国社会科学院语言研究所词典编辑室编:《现代汉语词典》,商务印书馆 1992 年版。

　　② 胡思继:《综合运输工程学》,清华大学出版社 2005 年版。

　　③ 《不列颠百科全书》,中国大百科全书出版社 1999 年版,第 17 卷第 181 页。

　　④ 《交通大辞典》编辑委员会:《交通大辞典》,上海交通大学出版社 2005 年版。

中采用的是"交通"的狭义理解。基于此,"交通运输"包含意义中更多的是"运输"这一核心内容。对于"交通运输"的概念,也有不同表达方式的定义。如胡思继认为交通运输是"运载工具在交通线网上流动和运载工具上运载人员与物资在两地之间位移这一经济活动和社会活动的总称"。[①] 以及郑国华认为"交通运输是人和物借助交通工具的载运,在一定范围内产生有目的的空间位移"。[②] 更简单的如"用交通工具将物资或人从一个地方运送到另一个地方"。[③] 这些定义虽然表述方式各异,但在本质性的归结上基本是一致的,都突出了运载工具的重要性以及位移的外在特征。

尽管现代交通运输中包括了水路运输、公路运输、铁路运输、航空运输和管道运输等多种运输方式,但实际上,发展到这样一个交通运输方式多样化阶段经历了漫长的历史时期。人类早期的交通运输方式是步行和畜力交通,后来借助风力、人力、水力有了水路运输。蒸汽机的发明和铁轨的出现,促进了铁路运输的迅速发展,极大地改变了陆上交通面貌,为工农业的发展提供了新的、强有力的交通方式,摆脱了对水路运输的依赖。汽车发明在19世纪后期获得专利并投入生产。20世纪30年代开始被大量生产。20世纪的30—50年代,民用航空、道路、管道等运输方式都得到推进。时至今日,前述五种主要的交通运输方式都不可或缺,在人类社会生产、经济、生活中发挥着重要的作用。

一般认为,交通运输具有以下几个特点[④]:

第一,交通运输的产品具有无形性。

从生产形式来看,交通运输过程不像采掘业、种植业、加工制造行业等工农业生产那样改变劳动对象的属性和数量,交通运输所改变的仅仅是运输对象的空间位置,它不创造新的产品。但是,它的作用就在于:对于被运输的人而言,交通运输直接被人所消费,满足其对于空间位置改变的需求;对于运输的货物而言,交通运输追加了价值,并使得使用价值被实现。正是由于交通运输生产的产品不具备实体形态、交通运输的生产消费过程在时间和空间上的

---

① 胡思继,邵春福:《交通运输学》,人民交通出版社2014年版,第4页。

② 郑国华:《交通运输法概论》,中南大学出版社2015年版,第1页。

③ 张晓永等:《交通运输法》,清华大学出版社、北京交通大学出版社2008年版,第13页。

④ 部分观点参阅王润琪主编:《交通运输工程概论》,中国林业出版社2012年版。

同时进行,以及产品本身不能存储之特点,所以关于交通运输的供需矛盾不能用通常意义上的库存来调节,供求关系往往表现为运输能力与运输手段的不足或者过剩。

第二,交通运输的生产行为本身具有一定的依附性。

交通运输服务于社会经济,可以刺激和促进社会经济的发展,但却无法脱离社会经济而独立存在与发展,它必须依附于社会和经济的发展这一基础。正是基于这种相互的关系,联合国教科文组织将其作为社会经济与国民生活和文化水平的指标之一,并常用来考察一个国家或地区人均年活动范围的大小。但是,交通运输并不是简单消极地依附社会经济的发展,它们是相生相成的关系。长久以来的历史让我们明白:交通运输业的发展如果落后于国民经济水平,将阻碍经济活动的发展,而交通运输业本身的高速进步,又会正向反作用于经济。这种依附特点和促动能力,也是交通运输活动的与经济社会水平之间矛盾统一关系的体现。

第三,生产过程具有流动性。

交通运输过程是把产品(和旅客)从一个地方转移到另一个地方,从整个社会生产过程来看,交通运输就是在流通领域内继续进行的生产过程,其活动不能局限于某一狭窄的地域,而是分布在有运输联系的广阔空间里。而且,随着市场商品流通量和运输能力的不断提高,流通地域也会不断扩展,交通运输受到的地理限制也将越来越小。所以,交通运输这一分散和流动的生产经营特性,有别于一般工厂企业的生产活动,是没有围墙的企业。

第四,交通运输活动具有较明显的时代性

交通运输是人类的活动,其内容与具体方式与每个时代相关,它有着属于时代的特征或特性。具体而言,第一,它受交通运输科技发展的影响。以火车为例,1804年,英国的矿山技师德里维斯克利用瓦特的蒸汽机造出了世界上第一台蒸汽机车,这是一台单一汽缸蒸汽机,能牵引5节车厢,它的时速为5至6公里。其后,在技术不断进步的推动下,20世纪60年代以来,各国先后发展高速列车,技术也日趋成熟,我国的磁悬浮列车时速甚至高达400—500公里。第二,是受人类需求的影响。传统社会中,运输对象以货运为主,但随着人类物质需求和精神需求的多元化,很多人愿意出行并且追求出行的舒适快捷,所以,现在交通运输是货运与客运并重。

第五,交通运输活动具有规范性。

规范性强调交通运输活动需要遵循一定的行为模式。由于交通运输活动在国民经济中的地位及时代特征,这就要求无论是交通道路的建设与交通工具的生产活动,还是多样性的运输经营活动,都需要一定的技术规范与行为规范。第一,交通运输是一个竞争性激烈的行业,包括运输方式之间、运输主体之间,甚至运输行业与非运输行业之间都有竞争,为了提高交通运输的效率性,避免竞争的过度或者不足带来低效率,就需要从制度化、规范化的角度对其进行管理。第二,交通运输涉及运输工具、机械设备、筑路材料、检测仪器,以及运输服务等全方位的规范性操作,因此,标准化建设是交通运输活动不可缺少的重要内容,虽然交通运输领域的各种标准与一般意义的国家法有所区别,但其规范意义和规范效力则是客观存在的。

2. 本课题对交通运输的理解与限定

基于交通运输的基本含义与上述特征,结合本课题的研究对象与研究目的,我们认为:交通运输是指人类依靠交通运输基础设施,通过运输管理,运用载运工具,将旅客和货物送达目的地,使其位置发生位移的活动。为此,我们可以把交通运输理解为交通运输事业[①],因为借助交通运输活动,可以实现国家、地区组织与个人在经济、政治、文化等目标,尤其在"一带一路"倡议下,更需要借助交通运输活动建立起经济走廊,形成利益共同体。

从交通运输业的角度讲,要构成完整的现代交通运输活动,应当具备这样的要素:其一,交通运输的硬件设施,包括交通通道与网络、运载的工具;其二,交通运输活动中的参与主体;其三,交通活动的管理行为。为此,我们需要从以下方面来讨论大湄公河次区域中的交通运输活动中的制度与规范、合作与机制等问题:其一,交通运输活动中合作机制,它是在交通运输主体所实施的帮助人、物发生位移的过程中产生的,在现代社会,交通运输活动具有集中性和规模性的特点;其二,交通运输中的主体的规范与合作,即交通运输活动的组织者和实施者,由国家(机关)、运输组织、个人所构成,这些主体的身份识别认证以及管理;其三,交通运输的物理设施的管理,物理设施是运输活动开展的物质基础,包括交通通道和运输工具,前者如铁路、公路、港口、机场、航线管道,后者则是在通道上位移的运载工具。

　　[①]　根据《现代汉语词典》,"事业"一词有四个含义,我们这里指"人们所从事的,具有一定目标、规模和系统的对社会发展有影响的经常活动"。

3.“一带一路”倡议中的交通运输

(1)“一带一路”倡议的提出

2013年9月7日，习近平在哈萨克斯坦纳扎尔巴耶夫大学发表演讲时提出，“为了使我们欧亚各国经济联系更加紧密、相互合作更加深入、发展空间更加广阔，我们可以用创新的合作模式，共同建设‘丝绸之路经济带’。这是一项造福沿途各国人民的大事业”。当年10月3日，习近平在印尼国会发表演讲时又提出，东南亚地区自古以来就是“海上丝绸之路”的重要枢纽，中国愿同东盟国家加强海上合作，使用好中国政府设立的中国—东盟海上合作基金①，发展好海洋合作伙伴关系，共同建设21世纪“海上丝绸之路”。“一带一路”建设因为其立意高、格局大、利益长远、共频性强等特点得到国内外的鼓呼和回应。在我国，这一倡议很快得到正式的论证与确认，实现了从“写意”到“工笔”的嬗变。

(2)“一带一路”倡议中国家的交通运输政策

交通运输的基础地位自“一带一路”提出伊始，就在党和国家的政策中得到确认。

2013年11月12日中国共产党第十八届中央委员会第三次全体会议通过了《十八届三中全会关于全面深化改革若干重大问题的决定》，提出构建开放型经济新体制，扩大内陆沿边开放。为了推进丝绸之路经济带、海上丝绸之路建设，形成全方位开放新格局，必须通过两大举措，其一，建立开发性金融机构；其二，加快同周边国家和区域基础设施互联互通建设。2015年10月26日至29日，中国共产党第十八届中央委员会第五次全体会议审议通过了《中共中央关于制定国民经济和社会发展第十三个五年规划的建议》，提出通过原则与机制、基础设施互联互通和国际大通道建设、对外金融合作三方面来推进“一带一路”建设，作为执政党的相关政策无疑具有最高的指导意义。

国务院的《政府工作报告》在回顾并总结前一年的政府工作情况的同时，也会对目标和事项进行规划。近几年来，李克强总理在做《政府工作报告》时

---

① 在2011年的中国—东盟领导人峰会上，时任中国总理温家宝提出要加强中国—东盟双方战略沟通与互信，把促进经济发展和社会进步作为第一要务，在多边领域维护共同利益，为推动建立公平合理的政治经济新秩序而努力。为此，中方提出开拓双方海上务实合作.宣布设立30亿元人民币中国—东盟海上合作基金，推动双方在海洋科研与环保、互联互通、航行安全与搜救以及打击海上跨国犯罪等领域的合作。

都对"一带一路"的交通运输地位予以高度肯定,并认真部署实施。2014 年 3 月,国务院总理李克强在《政府工作报告》中介绍 2014 年工作重点时提出,"抓紧规划建设丝绸之路经济带、21 世纪海上丝绸之路",需要"推出一批重大支撑项目,加快基础设施互联互通,拓展国际经济技术合作新空间"。2015 年,李克强总理在《政府工作报告》中指出,要推进丝绸之路经济带和 21 世纪海上丝绸之路合作建设,加快互联互通、大通关和国际物流大通道建设。2016 年,李克强总理在《政府工作报告》中,依然把扎实推进"一带一路"建设作为工作重点,并且从四个方面来保障"一带一路"的推进:第一,统筹国内区域开发开放与国际经济合作,共同打造陆上经济走廊和海上合作支点,推动互联互通、经贸合作、人文交流。第二,构建沿线大通关合作机制,建设国际物流大通道。第三,推进边境经济合作区、跨境经济合作区、境外经贸合作区建设。第四,坚持共商共建共享。

为了配合党中央和国务院的"一带一路"倡议建设,国家发展改革委、外交部、商务部于 2015 年 3 月 28 日联合发布了《推动共建丝绸之路经济带和 21 世纪海上丝绸之路的愿景与行动》(以下简称《愿景与行动》),作为我国适用的"一路一带"专门性政策文件,提出了"一带一路"建设中的工作重点"五通"(政策沟通、设施联通、贸易畅通、资金融通、民心相通)。其中,设施联通是"一带一路"建设的优先领域,具体内容包括:共同推进国际骨干通道建设,逐步形成连接亚洲各次区域以及亚欧非之间的基础设施网络;强化基础设施绿色低碳化建设和运营管理;抓住交通基础设施的关键通道、关键节点和重点工程;推进建立统一的全程运输协调机制;推动口岸基础设施建设,畅通陆水联运通道;拓展建立民航全面合作的平台和机制;加强能源基础设施互联互通合作;推进跨境光缆等通信干线网络建设。《愿景与行动》对我国参与"一带一路"建设的地区和省份、城市都有交通运输的规划。西北的新疆要成为丝绸之路经济带上重要的交通枢纽,陕甘宁青要建设成为面向中亚、南亚、西亚国家的通道。在东北地区,完善黑龙江对俄铁路通道和区域铁路网,以及黑龙江、吉林、辽宁与俄远东地区陆海联运合作,推进构建北京—莫斯科欧亚高速运输走廊。在西南,构建广西面向东盟区域的国际通道,推进云南与周边国家的国际运输通道建设。在沿海和港澳台地区,加强上海、天津、宁波—舟山、广州、深圳、湛江、汕头、青岛、烟台、大连、福州、厦门、泉州、海口、三亚等沿海城市港口建设,强化上海、广州等国际枢纽机场功能。即使在内陆地区,也不能落下交通运输的建设,比如建立中欧通道铁路运输、口岸通关协调机制,打造"中欧班列"品牌,建设沟通境内外、连接东中西的运输通道,支持郑州、西安等内陆城市建设航空港、国际陆港,加强内陆口岸与沿海、沿边口岸通关合作等等。可以说,《愿景与行动》不仅作了"一路一带"的全景描绘,同时也在交通运输的建设上给了重点的关注与规划。此外,国务院的组成部门和直属机构也针对"一带一路"制定了实施方案。主管交通运输的交通运输部在 2015 年上半年就完成了《交通运输部落实"一带一路"倡议规划实施方案》,这也是全国交通管理部门和交通运输行业的指导性文件。

(3)"一带一路"倡议中地方政府的交通运输政策

"一带一路"是一项恢宏的系统工程,涉及方方面面、国内国外,开展的部门工作也是从中央到地方,自《推动共建丝绸之路经济带和 21 世纪海上丝绸之路的愿景与行动》颁布以后,各省、自治区、直辖市也积极行动,根据自己各自的优势和特点,研究制定怎么参与"一带一路"建设的实施方案,截至目前,全国 31 个省区市和新疆生产建设兵团"一带一路"建设实施方案衔接工作已基本完成。① 这些实施方案都是全方位部署安排本省本地区的"一带一路"的建设规划,但是不约而同地都把交通运输等基础设施的建设作为基础和重点。

广东在全国率先发布《广东省参与建设"一带一路"的实施方案》,成为全国首个上报实施方案、完成与国家"一带一路"倡议规划衔接并印发实施方案的省份。广东省的实施方案包括指导思想、倡议定位、发展目标、倡议布局、重点任务、保障机制等 6 章,广东省的实施方案共提出了 9 项重点任务,排在首位的是"促进重要基础设施互联互通",为与其实施方案配套还有方案实施。广东制定了《广东省参与"一带一路"建设重点工作方案(2015—2017 年)》,梳理形成了《广东省参与"一带一路"建设实施方案优先推进项目清单》。

作为面向东南亚国家和泛北部湾经济区组成部分的广西于 2015 年 12月,印发了《广西参与建设丝绸之路经济带和 21 世纪海上丝绸之路实施方案》,成为指导广西参与建设"一带一路"、加快全方位对外开放的行动纲领。该围绕建设"一带一路"有机衔接的重要门户这一定位要求,提出八个方面的合作重点:一是推进互联互通合作,打造"一枢纽一中心五通道六张网",即建设南宁区域性国际综合交通枢纽、北部湾区域性国际航运中心,海上东盟、陆

---

① 申文静:《全国 31 个省区市"一带一路"建设实施方案衔接工作基本完成》,载《中国矿业报》2015 年 11 月 24 日。

路东盟、衔接"一带一路"、连接西南中南、对接粤港澳"五大通道",促进现代港口网、高速公路网、高速铁路网、密集航空网、光纤通信网、油气管道网"六网"同建,优先推进南北陆路新通道,即向北的兰海(兰州—南宁—北海)、南新(南宁—新加坡)两大倡议通道;二是推进商贸物流合作;三是构建跨境产业链;四是推进跨境金融合作;五是密切人文交流;六是开展海上合作;七是加强生态环保合作;八是构建重大合作平台。

即使不是《愿景与行动》中国家所圈定的18个省份,很多地区也积极争取融入"一带一路"建设中去。2015年5月15日,江西省人民政府发布《江西省参与丝绸之路经济带和21世纪海上丝绸之路建设实施方案》。纵观整个实施方案,江西省在谋篇布局上首先也是打通对外开放的倡议通道,向西北、向西南、向东南三个方向开拓交通通道,形成陆上、海上、空中的走廊或者通道。江苏省着力建设新亚欧大陆桥经济走廊重要组成部分、综合交通枢纽和国际商贸物流中心、产业合作创新区、人文交流深度融合区。

综上,我们可以知道:党和国家政府都关注交通通道的建设规划,但党中央和国务院更多是在其重要性和方向性定下基调,而具体负责的部委局就有了《愿景与规划》这类既全面又详细的政策规定,相对而言,各省、自治区、直辖市的实施方案地域色彩更明显。但无论是中央还是地方,都开始在"一带一路"的互联互通建设上发力,这也间接反映了当下交通运输的基础设施的缺乏与不足。作为研究者,我们不仅需要从这些政策认识中感受到党与政府在推动与他国共同发展中的责任感以及决心,而且更重要的是我们应该寻找到背后深层次的意义、价值。

(二)交通运输对"一路一带"倡议的经济意义

"一路一带"要达到理想的目的,必须让所串接起来的各个国家从"一带一路"建设中分享到经济收益。如果仅仅是通过简单的支援基础设施建设把财富从中国转移到欠发达国家或者地区,"一带一路"建设就失去意义,更非可持续的。但是互联互通及其建设可以形成经济造血功能使每个国家的经济增长成为可能,发掘每个区域内市场的潜力,促进投资和消费,创造需求和就业。

尽管有学者认为交通投资在有些情况下与经济增长具有弱正相关性[①],但从交通运输的作用与自身的特性来看,可以认为,在现代社会,社会经济的发展与否、人民生活水平的提高与否,一个地区乃至国家的富裕与否,皆取决于是否建设健全了一个高度发达的交通运输枢纽系统。交通运输对于经济发展的重要性几乎是所有研究者的共识。因此我们通过运用相关的交通运输理论,来认识我国提出的"一带一路"倡议在该区域经济发展与经济合作中的重要作用。

1. 交通基础设施投资对经济增长具有推动作用

罗森斯坦·罗丹的"大推进理论"表明[②]:应对"工业或整个国民经济经济的各个产业部门同时进行大规模投资,使工业或国民经济各部门按同一比率或不同比率全面得到发展"。他在该倡议的研究中首次提出并充分肯定了社会先行资本(基础设施)在工业化过程中所起的决定性作用。作为基础设施的重要构成部分,交通基础设施在投资建设时,政府投资或者银行融资或者为其主要资金来源,该部分资金为资本形成总额的重要构成部分。作为劳动密集型产业,交通基础设施投资建设需大量施工人员,这也可对劳动就业起到直接促进作用。另外,从产业链关系分析,作为推动经济增长的重要动力,交通基础设施投资乘数效应会带动其他生产部门,提升国民收入增长水平。如增加交通基础设施投资,先直接消耗大量交通基础设施资本物品,如水泥、钢材等,这将增加此类资本物品生产量,进而增加此类资本物品生产部门的就业、收入,以此类推,对整个社会资本物品生产行业经济水平进行有效提升。

2. 交通运输系统促进经济要素的流动

亚当·斯密曾指出:"良好的道路、运河或可通航河流,由于减少运输费用,使偏远地方与都市附近地方,更接近于同一水平。所以,一切改良中,以交通改良为最有实效。"[③]经济发展的要素包括人、物、资金、信息、技术等,而健全的交通运输系统可以缩短这些经济要素的流动时间和交通成本,加快这些要素的流动,为经济发展提供坚实的基础,促进区域经济的发展。可以说经济

---

① 刘海洲、周涛、张石石:《交通投资与经济发展弱正相关性原因探析》,载《交通企业管理》2008 第 3 期。

② 《经济学知识》栏目:《大推进理论和不平衡发展理论》,载《发展研究》1994 年第 4 期。

③ 亚当·斯密:《国富论》第十一章《论地租》,第一节。

要素的流动直接与交通运输密切相关。如果能够减少交通运输成本和运输时间,那么经济要素的流动一定能够得到促进,如果我们根据"可达性"①这一概念,用通行时间作为指标,可达性越高意味着交通运输成本和通行时间越低,经济要素流通性越高。这也是中国不断在国内和国外退出高铁技术的根本原因,因为高铁意味着时间成本的大幅度降低,是经济要素流动性提高的重要体现。

3.交通运输有利于区域产业结构的优化

杜能在1826出版的《孤立国同农业和国民经济的关系》中提出了农业区位论,指出由于距离城市远近而产生了区位地租,这是决定农业土地利用方式和农作物布局的关键因素。② 韦伯也在其著作《工业区位论》中指出,"运输系统的类型和使用范围不同使得运输系统间及其不同部分的使用强度不同,造成一定重量的产品在相同的距离上具有不同的运输成本,最终导致工业在空间上的分布不同"。③ 所以,交通对于区域产业结构的影响是巨大的。区域产业结构是区域经济中各类产业的构成和各产业间量的比例和质的联系等关系的综合,同样的生产要素在各产业间的分配比例不同,经济效率存在较大的差异。交通运输条件是影响区域产业结构诸多条件之一,交通运输条件的变化直接影响产业布局的变化,进而影响区域产业结构的变化。换而言之,交通运输系统的高速发展促进了经济全球一体化的进程,使得国际合作变得更加密切,这有利于发展中国家实现产业结构的升级。而产业结构的升级,必然能够带动经济结构、生产结构、产品结构的升级。所以,随着运输条件的提高,区域产业结构的层次也随着提高,一般来说,交通运输条件优越的区域,其产业结构的层次比较高。

4.交通运输有利于开阔国际性市场

自给自足的自然经济在经济半径上较小,覆盖面狭窄,其原因是因为交通运输的落后。随着交通科技的逐渐发达,贸易半径也越来越大。要开拓国际

---

① 可达性"简单地说"指从一个地方到另一个地方的容易程度。对于个人而言,可达性已经成为决定个人生活方式一个关键性的因素;对地区而言而,可达性的改变将直接影响到区域经济的发展。

② [德]杜能著,吴衡康译:《孤立国同农业和国民经济的关系》,商务印书馆1986年版,第一卷第一章第五节。

③ 张文忠:《经济区位论》,经济科学出版社2000年版,第7~17页。

性市场,更是离不开交通运输在技术、管理等综合能力的大幅提升。国际性市场是指在一定的国家、区域分工基础上,以地理空间为依托,以各国中心城市为核心,以诸多城市为节点,促进各国各区域内资源配置,发展国际性的生产和流通协作,调节商品、劳务、金融、产权以及供求关系的市场空间组织形式。公路、铁路、航空、水运等交通运输线路主要提供国际市场"有形交易"的联系通道,和提供"无形交易"的通讯线一起构成国际市场的内在通道。实际上,国际市场一般建立在跨国交通、通讯和综合口岸的基础上,通过大力发展商品贸易、旅游服务、投资、金融等行业性市场,从而实现各国经济的繁荣。

5.交通运输促进城市化和经济带的进程

城镇是伴随着交通运输条件的改变产生发展起来的,交通运输的发展对现代工业、资金和人口具有诱入、产生和凝聚的作用。交通运输通过提高城镇间人流、物流、信息流的运转速度及其相互作用。随着交通运输的发展,交通形成网络,网路交叉形成节点,节点形成枢纽,通过交通改变原有地点的经济地理位置,使原有地点的发展环境得以改善,区域经济要素开始集聚,一些重要的交通枢纽和节点及其周围地域的大城市开始出现。大城市具有小城镇无法比拟的集聚效益和规模效益.在区域经济发展中具有重要的指挥协调的综合优势。多个城市在公路网的串联下,使大城市在一个更广阔的社会环境空间中取得更高的效益。总结而言,城市的集聚效应、产业配套和便捷交通,使城市具有了区位竞争优势,会吸引更多人口和产业进入,城市的规模会进一步扩大,产生更高的交通运输需求,促使交通运输改进提高。随着经济活动空间范围的扩展、运输通道的不断完善,区域经济系统的空间演化与交通运输线的联系不断密切,逐步形成以交通干线或运输通道为发展轴的产业和城市高度发达的经济集聚带,它是运输通道与经济活动在空间上长期相互作用的结果。在经济带中会形成新的城市。所以从古至今,城市都是形成于水陆交汇的港口或枢纽,区域交通促进区域城市的形成和发展。[①]

6.交通运输带来生活质量的提高

生活质量的提高是多种因素的综合作用结果,最直接的影响因素是经济发展水平。比如人均国内生产总值、人均可支配收入和消费结构都可以作为一个衡量的指标,一定程度上标志着人们生活需求的满足程度。从前面的论

---

① 张文尝、金凤军、樊杰:《交通经济带》,科学出版社 2002 年版。

证中,交通运输学理上的经济效益其实最后就是体现为人均国内生产总值的提高、人均可支配收入的增加及消费结构的多元等。但是,生活质量又不囿于经济发展水平这一指标,也包括生活改善、环境美化、福利增长、风尚良好、教育发展等。联合国计划开发署在1990年的《人类发展报告》中指出,人类的发展不应局限于国民生产总值、收入、财富的增长,而是需要更多方面的提高,包括健康、教育、资源、自由、人权等。这些生活质量的重要因素可以通过交通运输更加快速有效地得到改善,从而实现区域内人民生活质量的和谐和提升。

(三)交通运输对"一带一路"倡议的政治意义

如果说"要想富,先修路"这一说法反映了交通的发展与经济发展息息相关,那么交通运输对政治是否有所干系呢? 实际上,交通在政治中的重要地位也是不容忽视的,"一个民族本身的整个内部结构都取决于它的生产以及内部和外部的交往的发展程度"[①],一直以来,国家的内部政治问题和国家关系因为地缘因素受交通运输能力影响颇大。

关于政治,在西欧的语言中源于希腊文的polis,polis在西方各语言中都译为城邦或城邦之事。与之相似,孙中山在阐述其民权主义时说:"政治两个字的意思,浅而言之,政就是众人之事,治就是管理,管理众人之事便是政治。有管理众人之事的力量,便是政权。"[②]到现在,越来越多的研究者对政治有了多角度、更精密的界定。总结起来,理解政治有这样的视点:第一,政治是经济的集中体现,是建立在经济基础上的上层建筑,政治现象背后的决定性因素是经济利益。第二,认为政治的核心是权力,主要指公共权力、政治权力或国家权力。第三,政治也是一种社会关系或者社会活动。所以,我们可以认为,政治是有关政府权威性决策及权力执行中的社会活动及社会关系。那么,在政府权力运作和决策开展中,交通到底起到何种作用呢?

1.良好的交通格局有利于政治目的的实现

从古至今,良好的交通状况不仅有利于经济发展,更有利于国家正常运转。

第一,好的交通有利于政治过程的顺畅。在古代,一切政令的下达都必须

---

① 中共中央马克思恩格斯列宁斯大林著作编译局:《马克思恩格斯选集》(第1卷),人民出版社2012年版,第257页。

② 孙中山:《孙中山选集》,人民出版社1981版。

依靠良好的道路交通网。著名学者温铁军提出的经典命题"皇权不下县"①，很大一部分原因是中央政权的实施受制于当时落后的交通运输。中央的政令只有快速传达到地方，才能确保政策的落实与贯彻。而地方的信息反馈也是十分重要的，只有迅速了解地方具体信息，中央才能更好地制定政策。在政令上传下达的过程中，以都城为中心的道路交通网发挥了十分重要的作用，不仅缩短了政令上传下达所需要的时间，而且促进了中央对地方政府的控制，加强了中央集权。到现代社会，交通运输得到极大改善，很多的政府过程诸如计划、组织、指挥、协调等都必须依赖交通运输来实施。在民主化发展的当下，政治民主过程的效率更是与交通运输密切关联。

第二，良好的交通有利于维持国家安全。在生产力并不发达的古代，开发陆路交通是十分耗费人力、物力与财力的，相比之下，发展水路交通则更经济、方便一些，而且处于枢纽地位，能进一步维持国家稳定。我国自春秋战国开始，统治者就借助水路交通将粮食等物资集中到中央或军事要地，这一经济制度被称为"漕运"。漕运关系着都城的经济命脉和王朝的兴衰成败，所以统治者都非常重视。在现代，几乎每一个国家或地区都十分重视交通网的建设与完善，只有拥有完善的交通网，才能对各种突发事件快速反应，从而维护国家安全。拿破仑有句名言："整个战争艺术的秘密，就是使自己成为交通线的主人。"可见，良好的交通对于维护国家安全的作用是不可替代的，在战争时期，完善的交通是取得战争胜利的重要条件。

2. 交通运输是"一带一路"建设中国际关系的基础

传统意义上，国家与国家之间的关系在于对空间权力的角逐。"一带一路"倡议的开展，重点从中国的周边国家的通道建设开始，这其实也是地缘政治所决定的。对地缘政治的思考是源于这样的事实：地表存在陆地和海洋两类地缘空间的差异，而权力依托的是地理环境的存在。国家的政治需要是在

---

① 1993年，以研究"三农问题"著称的温铁军首次针对历史时期国家基层治理策略提出"皇权不下县"的主张，并在1999、2000年发表的《半个世纪的农村制度变迁》和《中国农村基本经济制度研究—"三农"问题的世纪反思》中，重申"皇权不下县"这一概念。"皇权不下县"具体体现在中央所派遣的官员到知县为止，县以下没有任何行政单位。中央所做的事情是极有限的，地方上的公益不受中央干涉，由自治团体进行管理，实际上就以县为界将中国的政治结构划分为县以上的"中央集权"和县以下的"自治体制"。他认为"皇权不下县"原因是小农经济高度分散，政府直接面对小农的交易成本过高。不过，学界一般认为，20世纪以来，国家在强化自身权力，逐渐推进向基层摄取资源的过程。

地球表面上点与点之间的地理空间中实现的[①]。从而造就了世界地缘政治系统中海权与陆权对立统一的事实。海权是一个国家拥有或享有对海洋或大海的控制权和利用权,陆权指一个国家在特定的交通技术水平下,对陆地自然空间内的疆域、人口、资源的支配能力,从而获得生存和发展的能力。无论是海权还是陆权,都是国家间在疆域上进行的权力角逐,这就是一种地缘政治关系。地缘政治的本质是行为体通过控制空间而获得权力和利益竞争,常表现为对空间的争夺。交通运输增强人类在地理中的行动能力以及改变地理空间的性质,政治经济意义将与权力紧密联系,从而成为直接影响甚至决定国际政治行为主体在空间控制能力竞争中的地位的关键因素。不同行为主体由于掌握交通技术和管理的能力具有差异而存在空间控制大小的不同,在地缘政治空间权力争夺中所占据的位置也不相同。

现当代,和平与发展成为时代的主题,"一带一路"更是致力于把全球形成一个共同体,海权与陆权的发展从注重海军或陆军的武装力量对比转变为追求军事力量、经济力量、科技力量、软实力等结合的综合力量。国家间对海权与陆权的争夺转变为互相合作,实现共赢的国际关系,并且随着交通技术与管理水平的发展使合作获得了新的意义和发展阶段。当代交通技术不仅将空间对人类的限制性降低,带来活动范围的进一步拓宽,而且使不同空间的界限趋向模糊,陆地、海洋统一为一个地缘政治空间。

在我国陆上交通迅猛发展的背景以及"一带一路"政策支持下,中国积极推动陆上,包括与俄罗斯、中亚各国、东南亚各国、欧洲、蒙古等邻国的友好合作,而海上丝绸之路的推动,则必须是努力建设海洋强国,"国家海权在一定程度上标志着一个国家的经济和军事实力,因而也确定这个国家在世界舞台上的地位和作用"。[②] 中国要领衔"一带一路",实现和平崛起,陆上交通运输和海洋交通运输的基础能力必须保证。以高铁为例,近两年中国通过外交加快推动中国与周边国家"互联互通"方面,高铁建设是主要推动目标。当然,"高铁外交"不仅仅关注周边,如前所述,拉美、非洲和欧洲都在"高铁外交"的视野之内。根据规划,中国高铁将把亚欧与中国连接起来,从欧亚大陆角度看,"一带一路"倡议通过国际高铁网实现区域和跨区域的互联互通,有助于形成中国

---

① H. and M. Sprout: Geography and International Relation in an Era of Revolutionary Change, Journal of Conflict Resolution, 1960.

② S. G. Gorchakov: The SeaPower of the State, Pergamon Press, 1979.

经济与外部经济体的融合,对中国周边乃至欧亚大陆形势的总体稳定都有很大的推动作用,传统的竞争对抗性的地缘政治思维就会逐渐失去了市场。此外,"高铁外交"有助于改善我国与周边邻国的安全关系,提高包括我国自身在内的各国的安全度。

(四)交通运输对"一带一路"倡议的文化意义

文化之于人类就如同水之于鱼类,时时涵养其中却未能知其然。但研究者们总是比较敏锐,所以就从不同的角度去发掘文化的深义。视角一认为:文化是人类创造的成果,是作为成果的物质和精神实体。《现代汉语词典》[①]关于文化的第一个定义就是:人类在社会历史发展过程中所创造的物质财富和精神财富的总和,特指精神财富,如文学、艺术、教育、科学等。《中国大百科全书》[②]对文化的第三个定义:广义的文化总括人类物质生产和精神生产的能力、物质的和精神的全部产品,视角二认为:文化是人所特有的生活、生存方式,包括民族生活的具体样态。其中最著名的定义来自英国的泰勒,1871年他发表的《原始文化》一书中,给文化作这样的定义:"所谓文化或文明乃是包括知识、信仰、艺术、道德、法律、习俗,以及包括作为社会成员的个人而获得的其他任何能力、习惯在内的一种综合体。"[③]我国著名学者梁漱溟认为文化"不过是那一民族生活的样法罢了"。[④] 难怪有学者说:"文化,从根本上说是人类创造的精神成果的结晶,"[⑤]视角三认为:文化指运用文字的能力及一般知识[⑥],人在后天的教育和学习后获得的基本素质。我们现在仍说读书学习是"学文化",受过教育后才"有文化",视角四认为:文化是人类创造的一套符号系统。人为了交往和交流,发明和运用各种"符号",这些有意义的符号,构成了文化的多个切面。

虽然文化的定义纷繁复杂,但是这四个视角的理解其是互相联系、互为推衍解释的,所区别其实是来自使用时的语言环境和使用者的强调意图。所以,根据本

① 中国社会科学院语言研究所词典编辑室编:《现代汉语词典》,商务印书馆1992年版。

② 《中国大百科全书》,中国大百科全书出版社2009年版。

③ 泰勒:《原始文化》,蔡江浓编译,浙江人民出版社1988年版,第1页。

④ 梁漱溟:《东西文化及其哲学》,载《梁漱溟学术论著自选集》,首都师范大学出版社1992年版。

⑤ 李述一、李小兵:《文化的冲突与抉择》,人民出版社1987年版,第192页。

⑥ 中国社会科学院语言研究所词典编辑室编:《现代汉语词典》,商务印书馆1992年版。

书讨论来看,武断地选取某一理解也会显得偏狭。全面的理解文化,也是"一带一路"倡议宏大立意的内在需求。

1. 文化交融是"一带一路"的灵魂

民心相通是"一带一路"建设的社会根基,不同国家、不同民族要实现民心相通,除了经济上的互惠共赢,还必须要有文化的交流与认同。因此,"一带一路"不仅仅是一个空间概念和经济合作倡议,它更是一个建立在历史文化概念影响基础之上的文化影响力范畴,是用文化将历史、现实与未来连接在一起而成为中国面向全球化的倡议架构。由于"一带一路"沿线各国历史、文化、宗教不同,只有通过文化交流与合作,才能让各国人民产生共同语言、增强相互信任、加深彼此感情。目前,"一带一路"主要依靠中国与沿途沿线国家和地区既有的双边、多边合作机制,充分研究论证各种可行性和风险预测,唱好经济发展互惠共赢这出戏,这是显性的、眼前的。但从长远计,"国之交在于民相亲"这一说法,从跨文化交流看,"地区合作不仅是集经济合作、社会合作、社会规范合作的过程,也是整合不同民族文化,共建地区共同文化和价值参照体系的过程,是地区内成员国对地区合作形成跨文化认同的过程"①。所以,我们更需要着力搭建文化认同共融这座平台,这虽是隐性的但却是深层次的,比如中国与沿线大部分国家签署了政府间文化交流合作协定及执行计划,高层交往密切,民间交流频繁,合作内容丰富,与不少沿线国家互办过文化年、艺术节、博览会、电影周和旅游推介活动等,在不同国家多次举办了以"丝绸之路"为主题的文化交流与合作项目。这些文化性的活动,能够加强国外人民对中国文化的认识、了解一带一路的重要性,进而推动我国与沿途各国的全方位、多领域的交流与合作。文化的濡染与传播功能是单纯的顶层设计和交流不能替代的,其影响力超越时空,跨越国界。

2. 交通运输促进文化交融

在人类的发展过程中,因人类科技进步缓慢,使人类跨越空间的速度不能取得根本的跃进,个体跨越空间或者受生理条件的束缚,或者简单地取决于家畜的驮运拉动。此时,所谓的"交通"不仅传输货物的数量有限,而且并不能在速度上实现空间的大跨越,因而地域成为个体长期生活的封闭环境。② 在这样封闭的空间和环境中,文化文明本身的扩散能力并不强,文化可能会长久地孤立存在,一般很

① 刘昌明、宋超:《区域合作中文化因素的建构主义分析》,载《当代世界社会主义问题》2007年第3期。

② 王健:《跨文化传播实践中的地域、种族和语言分隔》,载《东南传播》2012年第4期。

难被外界了解和接受。反过来,在闭塞环境下的人类族群对于外界文化的接受也比较难。因为,大脑需要秩序,而秩序是通过区分并观察每一件事物,将大脑意识到的每样东西置于一个能被重新找到的安全的地方,并且为了使构成环境的物体容易辨认而为其分配特定的角色这些方式来实现的。① 个体长期生活所习惯的文化模式为其带来秩序感,但接触不同文化时,大脑就会删减不相"融洽"的内容。所以,一般而言,不同文化的相互接触,可能会产生某种程度的文化冲突,但在冲突之后常常是文化的适应,即不同文化的相互接触、相互影响,在相互吸收对方文化的某种要素的同时,在一定程度上改变了自己原有的文化模式。

交通运输在促进文化交融的功能举足轻重,"从文化史、社会史的角度来看,交通网的布局、密度及其通行效率,决定了文化圈的范围和规模,甚至交通的速度也对社会生产和生活的节奏有重要的影响"②。随着交通的发展,人们与外界的接触和联系越来越频繁,人见多识广,因信息灵通,而变得聪明敏感,不仅有助于各种务实活动的开展,而且促使人的思想和观念发生根本性的转变。与之相应的是,心灵也变得越来越宽容、开放,心理承受能力增强,对自己和社会有了更多的认识和理解,对异质文化的相容性变大。交通对于文化的意义,有很多历史事实予以佐证,有学者认为没有秦直道的修建,就没有秦王朝的大一统和"车同轨、书同文"的实现;没有丝绸之路的开辟,中原大地就不可能"胡风吹拂",葡萄、胡萝卜等就无法来到中原。③ 交通的进步对于我国汉文化共同体的形成和发展有重要的影响,而秦汉交通状况的迅速改观,特别是汉武帝时代交通的发展,为新的文化共同体的形成创造了条件。事实上,在秦始皇时代之后,各地区间文化的进一步融合,是在再一次出现交通建设高潮的汉武帝时代实现的。正是在汉武帝时代,起源不同而风格各异的楚文化、秦文化和齐鲁文化大体完成了合流的历史过程,汉文化已经初步形成。④

在我国与中南半岛的交往中,我国与越南的交往也比较典型,在中越交通上,古今先后存在马援故道、滇越铁路、睦南关至越南河内的铁路等通道,这些历史上

---

① 萨义德:《东方学》,王宇根译,三联书店 2007 年版,第 67 页。
② 王子今:《秦汉交通史稿》,中共中央党校出版社 1994 年版,第 5 页。
③ 徐行:《陕西秦汉时期道路交通发展与文化传播》,载《西安航空技术高等专科学校学报》,2004 年第 2 期。
④ 徐行:《陕西秦汉时期道路交通发展与文化传播》,载《西安航空技术高等专科学校学报》,2004 年第 2 期。

的通道,既是一条贸易通道,又是一条传播中国文化的通道,中国的医学、数学、印刷术都通过这些通道传入越南,越南的很多饮食文化也流传到中国。我们有理由相信,随着泛亚铁路的建设,将更大程度促进中国和中南半岛以及南亚国家的文化文明的交流。

总结而言,交通运输在"一带一路"倡议中承载了厚重的经济、政治、文化等意蕴。党和国家政府在全面规划"一带一路"沿线的基础设施建设的同时,更是把注意的目光放在大湄公河次区域、中亚、南亚等我国的邻接地域的交通基础设施建设上。

二、"一带一路"倡议中的大湄公河次区域交通运输

如前所述,"一带一路"倡议的实施是立体综合的,是政治、经济以及文化等各方面的合作共赢,交通运输的畅达使得国家与地区的政治更稳定、经济更发达、文化更繁荣。大湄公河次区域作为"一带"和"一路"的交汇区域,把中南半岛国家和中国版图结成一个"合体",对于交通运输联通的需求几乎是内生和自发的。交通运输的通道既像血管一样输送着这一区域各国的经济养分,又像是加速器一样推动国家间的政治与文化交流。

(一)大湄公河次区域在"一带一路"中的地位

1. 大湄公河次区域的自然与现状

大湄公河次区域(GMS)总面积 256.86 万平方公里,总人口约 3.2 亿。[1] 大湄公河又称为澜沧江——湄公河,发源于中国青海省的唐古拉山,流经西藏自治区,由云南省南部西双版纳傣族自治州出境,流经缅甸、老挝、越南、泰国、柬埔寨、越南五个国家,于越南胡志明市附近注入南中国海,在中国境内被称为澜沧江,在中国境外段被称为湄公河。澜沧江—湄公河全长 4909 公里,总流域面积 81 万平方公里,它被誉为"东方多瑙河"。[2]

我国云南省是大湄公河次区域的组成部分之一,地处中国西南边陲,西部与

---

[1] 何胜、李霞:《大湄公河次区域经济合作态势及面临问题》,载《亚非纵横》2008 年第5 期。

[2] 澜沧江源:360 百科,https://baike.so.com/doc/9341738-9678795.html,最后访问日期:2018 年 5 月 6 日。

缅甸接壤,南部与老挝、越南毗连,边界线长达4060公里。面积39万平方公里,总人口4596.68万,①少数民族约占全省人口的1/3。云南省境内澜沧江流域蕴藏着丰富的水及水能资源,仅澜沧江水资源量就达517.6亿立方米,占云南省水资源总量的23.3%;水能资源可开发量达2250万千瓦,约占该省可开发容量的25%,但目前的开发利用率很低,尚不到12%;开展国际水运也有良好的条件。此外,云南与东南亚国家之间的交通有铁路、公路、海路、航空、管道等。

广西壮族自治区是中国五大少数民族自治区之一。全区陆地面积23.666万平方公里,常住人口4768万,②区内聚居着壮、汉、瑶、苗、侗等民族。广西是GMS经济合作主体之一,地处中国中南地区西部,广西南临北部湾,背靠大西南,毗邻粤港澳,面向东南亚,地处华南经济圈、西南经济圈与东盟经济圈的结合部,是联结粤港澳与西部地区、中国与东盟的重要通道,区内海航、铁路、公路、航空等交通基础设施建设处于全国中等水平。广西正是凭借其丰富的资源、优越的地理位置,在大湄公河次区域合作中发挥重要的作用。

大湄公河次区域的缅甸、老挝、越南、柬埔寨、泰国是中国的友好邻居。这五个国家地处热带和亚热带,地下矿藏、水资源丰富,发展农业,自然条件好,具有广阔的发展前景。深厚的文化底蕴,丰富多彩的自然景观成为世界上重要的特色旅游区。正是由于良好的自然条件和巨大的开发潜力,不仅为各国的发展提供了优越的条件,同时也渐渐引起了有关国家和国际组织的关注,它们以多种形式力图介入到次区域的开发中。该区域内除泰国经济比较发达外,其他四个国家经济近些年来才有较快发展,原有经济模式也受到挑战,面临经济转型问题。各国如何调整经济结构,推行市场经济体制,改善、加强基础设施,吸引外来资金,推进对外贸易,发展壮大各自的综合实力,已成为次区域内各国面临的共同课题。

2. "一带一路"中的大湄公河次区域

"一带一路"建设是一个引领历史的工程,贯穿亚欧非大陆,连接东亚经济圈和欧洲经济圈这两个活跃的经济板块。根据《愿景与行动》,"一带一路"建设是一个长期性的倡议,所以必须依靠沿线国家区域、次区域的建设。2015年4月27日,中共中央政治局常委、国务院副总理张高丽在重庆出席亚欧互联互通产业对话会

---

① 《云南省16个州市几线城市图曝光》:载《云南日报》2018年3月13日。

② 广西壮族自治区统计局,国家统计局广西调查总队. 2015年广西经济运行总体平稳、稳中求进 http://www.gxzf.gov.cn/zjgx/jjfz/tjsj/jjyx/201602/t20160203_483811.htm 登录日期:2016.6.20.

开幕式并发表主旨演讲,在演讲中首次明确宣布中国与"一带一路"沿线国家合作积极规划的六大经济走廊建设:中蒙俄、新亚欧大陆桥、中国—中亚—西亚、中国—中南半岛、中巴、孟中印缅六大经济走廊,六大经济走廊成为丝绸之路经济带的物质载体。这些经济走廊所串起来的都是区域、次区域。针对这一点,学者们提出了相对应的看法,"一带一路"自提出以来,很多学者针对建设的重点也阐发了不同的理解。张蕴岭教授主张"一带一路"倡议的实质是周边命运共同体的建设,他认为"一带一路"是开放平台,应该包括韩国和日本。[①] 在这个大周边的视野之下,外交学院江瑞平教授主张东南亚为"一路"的核心区。[②] 尽管认识各不相同,但是大湄公河次区域诸国家在"一带一路"建设中作为交汇区域的地位与关键作用是不容否认的。

3.大湄公河次区域地理区位优势明显

(1)中南半岛的区位优势

大湄公河次区域覆盖了中南半岛的主体区域以及由中国向中南半岛过渡的云南和广西两省区。中南半岛的地理优势是很多内陆型国家所不能比拟的。中南半岛因位于中国以南而得名,包括越南、老挝、柬埔寨、缅甸、泰国五国以及马来西亚西部,是世界上国家第二多的半岛,拥有世界上的重要港湾。如果从地理单元和地域文化来观察,不包括南部延伸的马来半岛,中南半岛可以划分为差异比较大的中西部地区与东部地区。中南半岛西临孟加拉湾、安达曼海,南临马来半岛、马六甲海峡,东临太平洋的南海,北临中国大陆,是贯通太平洋与印度洋的桥梁。中南半岛地势北高南低,北部多为山地和高原(掸邦高原)。除柬埔寨和泰国与中国间接接壤外,越南、老挝和缅甸直接与中国接壤。

中南半岛具有如美国地缘倡议学家斯皮克曼所描述的显著的边缘地带特征,他认为世界上最具其权力潜质的场所是欧亚大陆的边缘地区,这不仅因为世界上的人口和资源主要集中在这里,且由于"东半球的权力冲突向来同心脏地带和边缘地区的关系有关,与边缘地区内的权力分布有关,与海上势力对大陆沿岸的压迫有关,最后,与西半球参与这种压迫有关"。[③] 值得注意的是,在所有的这些互动形式中,"边缘地带"都处于一种核心地位,即它并非一个完全处于被动地位的区域,它

---

① 张蕴岭:《"聚焦一带一路大战略"》,载《大陆桥视野》2014 年第 8 期。

② 江瑞平:《共建 21 世纪海上丝绸之路——走出东亚格局中的二元困境》,载《东南亚纵横》2014 年第 10 期。

③ 斯皮克曼:《和平地理学》,商务印书馆 1965 年版,第 96 页。

同样是一个权势争斗发源地。[①] 它背靠纵深广阔的亚欧大陆,濒临太平洋和印度洋,成为欧亚"大陆心脏"和海洋上"海权中心"之间的缓冲地带。加上中南半岛与印度、中国两个大国相邻,这就为中南半岛具有重要的政治意义添加了很重要的一笔。

中南半岛是一个地缘政治与地缘经济相叠加的热点地区。中南半岛上的国家都是小国,经济水平不高,并且政治形态多样化,虽无法成为倡议棋手,却因为重要的地理位置成了世界棋盘上很重要的一颗棋子。即便在和平与发展作为主题的今天,中南半岛依然是中国西南部地区打通南太平洋和印度洋出海口的必经之地,战略位置十分重要。独特而重要的地理位置和通往南海和印度洋的地理空间及其特殊的缓冲作用,承载着中南半岛现实的和潜在的地缘政治与经济价值,特别是在世界能源危机日益紧迫的情况下,中南半岛所拥有通往波斯湾的捷径和可开发的南海能源,成为最具战略意义的地缘要素。

(2)滇桂的区位优势

我国同中南半岛国家山水相连,民族相融,尤其是广西和云南这两个省区直接邻接中南半岛国家。《推动共建丝绸之路和21世纪海上丝绸之路的愿景与行动》所规划的"一带一路"沿线国家规划建设的六大经济走廊之一———中国—中南半岛经济走廊,是以中国广西南宁和云南昆明为起点,以新加坡为终点,纵贯中南半岛的越南、老挝、柬埔寨、泰国、马来西亚等国家,是中国连接中南半岛的大陆桥,也是中国与东盟合作的跨国经济走廊,东线以中国南宁为主接口,西线以中国昆明为主接口。所以云南与广西的地理位置都极其优越。

"一带一路"建设的纲领性文件《推动共建丝绸之路经济带和21世纪海上丝绸之路的愿景与行动》对云南的定位是:"发挥云南区位优势,推进与周边国家的国际运输通道建设,打造大湄公河次区域经济合作新高地,建设成为面向南亚、东南亚的辐射中心。"因为从地理位置来说,云南地处古代南方丝绸之路要道,拥有面向三亚(东南亚、南亚、西亚)、肩挑两洋(太平洋、印度洋)、通三江(长江、珠江、澜沧江—湄公河)的独特区位优势,向北连接陆上丝绸之路经济带,往南连接海上丝绸之路,是中国唯一可以同时从陆上沟通东南亚、南亚的省份,具有"东连黔桂通沿海,北经川渝进中原,南下越老达泰柬,西接缅甸连印孟"的独特区位优势,是中国面向西南开放的前沿地带,是"一带一路"建设的连接交汇战略支点。由于云南在

---

① Donald W. Meinig: Heartland and Rimland in Eurasian History, Western Political Quarterly,1956.

南方丝绸之路的重要地位,就使得云南在"一带一路"建设中具有重要的作用。2015 年初,习近平总书记考察云南时也强调云南的三个定位:民族团结进步示范区、生态文明建设排头兵、面向南亚东南亚辐射中心。

《推动共建丝绸之路经济带和 21 世纪海上丝绸之路的愿景与行动》对广西的定位是:"发挥广西与东盟国家陆海相邻的独特优势,加快北部湾经济区和珠江—西江经济带开放发展,构建面向东盟区域的国际通道,打造西南、中南地区开放发展新的战略支点,形成 21 世纪海上丝绸之路与丝绸之路经济带有机衔接的重要门户。"从地理区位上看,广西地处我国南部,北靠中国内陆广大腹地,东邻粤港澳,与海南省隔海相望,东北接湖南,西北靠贵州,西邻云南,西南与越南毗邻,是中国与东南亚国家真正意义上山水相连的省区,与越南的陆地边界长达 637 公里①,具有背靠大西南,而向东南亚,沿海、沿江、沿边的独特的区位优势,是大西南经由北部湾走向东南亚的便捷通道,也是连接国际、国内市场的交通枢纽。从大湄公河次区域的地理区位来看,广西只能通过越南间接地参与湄公河经济区的建设和竞争,但从直接拥有北部湾出海口的地理位置看,广西在参与东盟、参与湄公河次区域的经济开发合作中,一直有合作基础,因此,广西与次区域国家合作以及中国—中南半岛经济走廊建设的前景良好。

3.大湄公河次区域在一带一路建设中具有"比较优势"②

"一带一路"路线走向分别由"一带"和"一路"组成,"一带"有三个走向,从中国出发:一是经中亚、俄罗斯到达欧洲;二是经中亚、西亚至波斯湾、地中海;三是中国到东南亚、南亚、印度洋。"一路"重点方向是两条:一是从中国沿海港口过南海到印度洋,延伸至欧洲;二是从中国沿海港口过南海到南太平洋。

在一带一路的倡议走向中,中蒙俄方向受地域限制较大,因此,通过西北的新疆连接中亚、西亚与通过西南连接东南亚是两个主要的方向。就目前的具体政治形势与经济形势来看,开拓西北面临更大的不确定性。

其一,从地区政治稳定性来看,除了缅甸的改革还存在一定变数,以及与越南的南海主权争端之外,东南亚诸国虽然在其政治过程当中不乏混乱,但是已经基本实现了稳定,而中亚地区因为目前的老人政治使未来局势充满变数。

---

① 《2014 年广西海运发展情况报告》,http://www.gxghj.cn/t_showpage11_9148.html . 登录日期 2016 年 9 月 20 日。

② "比较优势"的观点具体解析,我们参考了储殷、高远:《中国"一带一路"战略定位的三个问题.》,载《国际经济评论》2015 年第 2 期。

其二,东南亚的整体性更好,更有利于跨区域多边整合机制的建立。相比于上海合作组织,东南亚的一体化进程也取得了更多的成果,并建立了较为有效的冲突解决机制。

其三,从外部影响因素来看,东南亚地区比中亚方向更易于推行"一带一路"倡议。近年来东盟自主性提高,东盟诸国对华相对熟悉友善。相比较而言,中亚问题更为复杂,俄罗斯的割据心理多少会对中亚国家带来影响

其四,东南亚地区比中亚他区更安全。东南亚诸国虽然在司法环境上存在许多弊病,但是其中央政权对于全国的控制仍然是较为有效的,通过双边或多边的谈判,建立政府间的合作,对于中资企业与人员的基本安全还是可以保障的。中亚各国长期受困于地方势力、分离主义、极端主义,其社会安全情况相对严峻。

其五,东南亚地区的经济环境更有利于中国进行整合。中国目前的资本输出,基本上还是以基础建设、基础工程为主,比如铁路、港口、矿山的建设。在中亚地区,因为人口稀少、经济水平相对落后,这种大型基础建设的盈利前景是不明朗的。反观东南亚地区,已经比较适合国家大型基础建设与民间资本的结合性进入,这也是"一带一路"倡议成功实施的重要因素。

通过比较中国与次区域内其他国家的关系,可以发现中国历来重视参与大湄公河次区域合作,倡导并推动"大湄公河次区域核心环境与生物多样性走廊计划"(CEP—BCI)项目的开发实施,积极参与大湄公河次区域环境合作,不断推进与次区域各国的睦邻友好关系,从而为"一带一路"倡议提供环保支撑。

综上所述,大湄公河次区域在陆上连接东北亚、东南亚和南亚地区,海上则连通太平洋和印度洋,战略位置非常重要。也正是由于其独特的地缘环境,不仅为流域各国所关注,也是区域外的大国争取经济、政治利益的目标。新时期,经受时间考验的中国与次区域各国友好合作关系继续深入发展,各领域交流与合作不断扩大。尤其是在交通运输领域,各方已开展了一系列重大的工程合作项目,包括昆曼公路、会晒—清孔大桥以及上湄公河航道改善工程。此外,各方在中国—东盟交通部长会议机制以及大湄公河次区域(GMS)经济合作机制下,合作十分默契,相互支持,有力地推动了上述两个机制下的各项活动。

(二)大湄公河次区域交通运输是"一带一路"的重要关节与枢纽

这里的"关节",就是指在交通运输中起关键作用的环节。而此枢纽也相应地解释为大湄公河次区域形成综合运输网的重要格局。由于交通的基础性与先导性作用,"一带一路"的几个走向都必须依靠国际大通道的输血管作用,逐步连接起

亚洲各次区域以及亚欧非从而形成一体。抓住交通基础设施的关键通道、关键节点和重点工程,优先打通缺失路段,畅通瓶颈路段,配套完善道路安全防护设施和交通管理设施设备,提升道路通达水平;推动口岸基础设施建设,畅通水陆联运通道,推进港口合作建设,增加海上航线和班次,加强海上物流信息化合作。结合《愿景与行动》以及大湄公河次区域的区位优势,我们不难理解大湄公河次区域的交通运输在"一带一路"建设中的重要关节枢纽作用。

1. 昆曼公路、泛亚铁路是中国—中南半岛经济走廊的重要交通线路

中国与中南半岛在地理上具有整体性的特点,所以,陆上交通对于经济走廊的形成和推动作用最为显著。其中昆明到曼谷国际高速公路于 2008 年正式通车,这对推进 GMS 合作意义重大。据泰国国家旅游局昆明办事处数据显示:2011 年从云南出境前往泰国的游客大约有 6 万人左右,这一数据并不包括在机场办理落地签证的游客,这充分证明昆曼公路已成为中泰旅游的一条重要通道。[1] 2012 年,云南省与次区域五国进出口总额为 42.9 亿美元。[2] 2014 年与次区域五国的贸易额增加到 110.7 亿美元。[3] 2013 年清孔—会晒大桥贯通,昆曼公路作用更为突出,我国境内磨憨口岸于 2014 年进出口货运量完成 223 万吨、货值 181 亿元、出入境人员 100 万人次、出入境车辆 52 万辆次,总体增幅 30％以上。[4] "中泰昆明农产品物流中心""老挝商贸物流中心"均于 2012 年落户昆明。

泛亚铁路一直以来虽未完全建成,但从规划看,建成后将是重要的国际通道,是连接中国与东盟国家尤其是大湄公河次区域国家的"黄金走廊"。泛亚铁路过去泛指连接欧亚大陆的货运铁路网,现在主要是指连接中国(广西、云南)与东南亚国家(老挝、越南、缅甸、柬埔寨、泰国、马来西亚、新加坡)的铁路网。具体又分为东线、中线和西线三条线路。一是东线方案,由新加坡经吉隆坡、曼谷、金边、胡志明市、河内到昆明;二是中线方案,由新加坡经吉隆坡、曼谷、万象、尚勇、玉溪到昆明;三是西线方案,由新加坡经吉隆坡、曼谷、仰光、瑞丽到昆明。

---

① 中新社:《中泰共推昆曼公路黄金旅游线自驾游泰国渐成气候》,http://news. sina. com. cn/o/2012-03-11/194924097079. shtml ,最后访问日期:2018 年 5 月 6 日。

② 《GMS 国家已成云南主要贸易伙伴》:http://www. ectpa. org/article/zx/gnzx/201306/20130600026391. shtml,最后访问日期:2018 年 5 月 6 日。

③ 《云南 2014 年与 GMS 合作国贸易额达 100 多亿美元》:http://yn. people. cn/news/yunnan/n/2015/0610/c228496-25193071. html 登录日期:2018 年 5 月 6 日.

④ 《昆曼公路畅通推进云南与老挝双边口岸的全面繁荣发展》:http://finance. sina. com. cn/roll/20150909/114823198426. shtml,最后访问日期:2018 年 5 月 6 日。

早在 1960 年,联合国在一项区域合作计划中就提出修建一条从新加坡经孟加拉国、印度、巴基斯坦、伊朗、土耳其至欧洲及非洲铁路的宏大设想,这是泛亚铁路的历史渊源。后来,由于越南战争、地区冲突及冷战等因素被搁置。1996 年,包括中国在内的 18 个成员方签署《泛亚铁路网政府间协议》,泛亚铁路合作计划正式启动。之后,虽然泛亚铁路建设一直持续,但波折不断。

自"一带一路"构想提出,泛亚铁路成为"一带一路"的"旗舰项目"被强力推进。泛亚铁路对于"一带一路"意义极其重大,它贯通大湄公河次区域国家,是中国与东盟经济一体化的基础和突破口。其作用在于,一是有利于中国与东盟各国的国家经济腾飞和一体化发展;二是打通中国陆上直入印度洋的战略大通道,提升国家能源战略安全;三是有利于大湄公河次区域的示范区建设,提高"一带一路"吸引力,降低对其他线路的依赖程度和建设压力;四是与 21 世纪海上丝绸之路形成交汇。

昆明是昆曼公路、泛亚铁路等大通道的端点,同时,昆明又是泛亚大通道接入我国交通网络的端口。我国《中长期铁路网规划》(2008 年调整)主要规划了"四纵四横"等客运专线以及经济发达和人口稠密地区城际客运系统。四纵为京沪高速铁路、京港高速铁路、京哈高速铁路、杭福深客运专线(东南沿海客运专线),四横为徐兰客运专线(含徐连客运专线)、沪昆高速铁路、青太客运专线、沪汉蓉高速铁路,沪昆高铁直达昆明,把昆明纳入到中国的高铁网络中,已开始运营的云桂高铁把滇桂两个国内最重要的大湄公河次区域地区连接起来。另外,根据《中长期铁路网规划》,为完善路网局和西部开发性新线,拟规划建设新线路,比如及郑州—重庆—昆明线,昭通—攀枝花—丽江、昆明—百色等线路。在民航方面,昆明长水国际机场投入运营后,开通了连接 71 个国内城市的 159 条国内航线,连接 23 个国际城市的 24 条国际航线和连接中国香港、澳门、台北的 3 条地区航线。[①] 昆明长水国际机场已发展成国内最具发展潜力的机场之一。

2. 广西交通运输对"一路"与"一带"的衔接

21 世纪海上丝绸之路和丝绸之路经济带同时涵盖了东盟地区,因此,有人认为东盟是"一带一路"建设中我国重点开放合作区域。[②] 外交学院江瑞平教授也主

---

① 李晨阳、杨祥章:《桥头堡建设背景下云南与周边国家的互连互通》,载《云南蓝皮书——中国面向西南开放重要桥头堡建设发展报告(2011—2012)》,社会科学文献出版社 2012 年版,第 32 页。

② 张家寿:《创新开发模式培育带动区域发展的开放高地》,载《南宁日报》2014 年 3 月 12 日。

张东南亚为"一路"的核心区。[①] 广西作为与中南半岛国家海陆相连的省区,其北部湾港是我国丝绸之路经济带的陆路通道在北部湾的入海交汇点,其交通枢纽作用不言而喻。而广西联通我国国内交通方面,也有高铁动车通达全国广西地级市,有高速公路连接各市、连通周边省和出海出边[②];在国际联通方面,广西与东盟间现代交通网络已经初具雏形。中国内陆经广西直通东盟的陆上通道基本打通;航空方面,广西通往东盟地区的航线有 10 多条。海运方面,北部湾港(钦州、防城港、北海三港)与东盟地区的马来西亚、新加坡、越南等多国建立了海上运输往来,完全足够承担起对丝绸之路经济带与 21 世纪海上丝绸之路的支点作用与衔接功能。

　　千百年来,云桂地区集边、荒于一体,唐诗人刘湾一首《云南曲》道尽天高路远、交通不便的叹谓:白门太和城,来去一万里。所幸,科技日益发达、人类超越自身眼界和见识的需要、国家之间面对的共同问题,使交通运输所扮演的角色和承载的使命越来越关键。交通运输在一国一地区以及国家之间、地区之间有全面的政治、经济、文化的价值意义。当"一带一路"在我国逐渐成形,并被众多国家接受的时候,我国与大湄公河次区域各国的互联互通既是中国—东盟合作的内容之一,更是"一带一路"建设的关节点与枢纽区域。这一地位与其说是"一带一路"倡议的总体规划赋予的,毋宁说是大湄公河次区域的特殊地理区位决定的,而我国的云南、广西则将在新的时代发展中分担起更有分量的任务。

---

　　① 江瑞平:《共建 21 世纪海上丝绸之路——走出东亚格局中的二元困境》,载《东南亚纵横》2014 年第 10 期。

　　② 曹丽:《广西建设"一带一路"有机衔接重要门户研究》,载《创新》2015 年第 5 期。

第二章

起步与腾飞:大湄公河次区域交通运输的现状与愿景

如前一章所述,大湄公河次区域的交通运输基础设施及其运行对于该地区各国的经济发展、国家间的和谐关系、文化交流作用显著,推而言之,大湄公河次区域的交通是"一带一路"倡议中走廊建设的基础和重要内容。从纵向历史阶段看,大湄公河次区域的交通基础设施与运行多年来都在不断推进,也给这一区域在未来的设施升级提供了更好的平台。

一、大湄公河次区域的经济合作成效与交通运输

大湄公河次区域内较为正式的合作,如果从1957年成立的湄公河下游调查协调委员会(老湄公河委员会)时起算,已经经历了半个多世纪的时间段,从20世纪90年代初开始,区域内各国的合作进程加快,迄今为止,大湄公河次区域在各个领域的合作都取得了较为丰硕的成果。

(一)大湄公河次区域合作的成效

大湄公河次区域各国资源丰富,因一江流水相连,利益休戚与共,次区域内的合作已经从经济领域拓展到社会、非传统安全等多个领域,合作深度不断加强,已经成为全球经济发展最快和东亚一体化速度最快的地区之一,并成为亚洲区域经济合作及南南合作的一个成功范例。

1. 贸易与投资稳步增长

随着中国与大湄公河次区域国家间经济外交的不断深入与扩大，双方贸易总体发展迅速。如下表所示的十二年来的双边贸易情况，除受金融危机或者政治局势等影响，2009、2015 年等个别年份有所下降之外，各年双方贸易总额大多保持快速增长；且中国与 GMS 国家的贸易在整体趋势上是持续上升的。在中国与湄公河国家的贸易中，中越、中泰贸易发展最快，中国是其最大贸易伙伴。虽然中缅、中老和中柬贸易规模比较小，但中国一直是缅甸、老挝、柬埔寨三国的最主要贸易伙伴。

2006—2017 年中国与大湄公河次区域国家贸易

（单位：亿美元、％）

年	中泰		中越		中缅		中老		中柬	
	金额	增长率	金额	增长率	金额	增长率	金额	增长率	金额	增长率
2006	277.27	27.11	99.51	21.4	14.60	20.7	2.18	69.4	7.33	30.1
2007	346.38	24.9	151.15	51.9	20.6	40.9	2.49	14.2	9.33	27.3
2008	412.53	18.9	194.64	28.8	26.26	26.4	4.16	57.5	11.30	21.1
2009	382.04	−7.5	210.47	8.2	29.07	10.7	7.44	78.8	9.44	−16.8
2010	584.60	53.0	300.86	42.9	55.26	90.1	10.85	45.8	14.41	52.6
2011	647.34	10.7	513.23	70.6	65.01	17.6	13.06	20.4	24.99	73.4
2012	697.47	7.7	504.42	−1.7	69.72	7.2	17.25	32.1	29.23	17.0
2013	712.41	2.1	654.78	29.8	101.95	46.2	27.33	58.4	37.73	29.1
2014	726.73	2.0	836.40	27.7	249.72	144.9	36.17	32.3	37.57	−0.4
2015	754.6	3.8	959.7	14.7	152.8	−38.8	27.80	−23.1	44.3	17.95
2016	758.7	0.5	982.3	2.5	122.8	−18.6	23.4	−15.7	47.6	7.4
2017	802.9	6.0	1213.2	23.5	135.4	10.2	30.2	28.6	57.9	21.7

资料来源：根据中国海关和商务部历年统计数据整理。

在直接投资方面，中国与大湄公河次区域国家的投资关系在 2002 年之前侧重于泰国等国的对华投资，而 2002 年之后，随着中国"走出去"战略的实施以及 CAFTA（中国—东盟自由贸易区）建设的正式启动，中国在大湄公河次区域（泰国除外）直接投资中的地位明显提高，并成为他们外资来源的重要组成部分，此后双方的投资关系更侧重于中国对后者的直接投资。

截至 2013 年底,中国累计对柬埔寨协议投资超过 96 亿美元,占柬埔寨吸引外资总额的 34%,是柬埔寨最大的外资来源国;[1]中国在老挝累计投资项目815 个,累计投资额 50.85 亿美元,是老挝最大的外来投资国;[2]中国在缅甸累计协议投资额 14.7 亿美元,占缅甸吸引外国投资总额的 32.4%,中国保持缅甸第一大外资来源地位。[3]

2013 年中国在泰国投资额达到 13.7 亿美元,占泰国同年外商投资总额的 8.1%,中国成为泰国第三大投资来源地。[4]

截至 2014 年上半年,中国在越南累计直接投资项目 1037 个,协议金额78.5 亿美元。[5]

2.基础设施建设与能源合作全面展开

基础设施建设项目方面的成就表现为显著增强的物理联通,包括大湄公河次区域三大走廊:北—南、东—西、南部经济走廊。[6] 这些走廊通过二级公路的连接和促进运输、贸易走廊沿线综合方案的制订而加强,综合方案包括交换航权的扩大、边境管理的协调等内容。其中泛亚铁路(昆明至新加坡)和昆曼公路(昆明至曼谷)构筑了中国西南与东南亚以及南亚联通的交通动脉。

---

① 商务部国际贸易经济合作研究院、商务部投资促进事务局、中国驻柬埔寨大使馆经济商务参赞处:《对外投资合作国别(地区)指南—柬埔寨》,商务部 2014 年版。

② 商务部国际贸易经济合作研究院、商务部投资促进事务局、中国驻柬埔寨大使馆经济商务参赞处:《对外投资合作国别(地区)指南—老挝》,商务部 2014 年版。

③ 商务部国际贸易经济合作研究院、商务部投资促进事务局、中国驻柬埔寨大使馆经济商务参赞处:《对外投资合作国别(地区)指南—缅甸》,2014 年版。

④ 商务部国际贸易经济合作研究院、商务部投资促进事务局、中国驻柬埔寨大使馆经济商务参赞处:《对外投资合作国别(地区)指南—泰国》,商务部 2014 年版。

⑤ 商务部国际贸易经济合作研究院、商务部投资促进事务局、中国驻柬埔寨大使馆经济商务参赞处:《对外投资合作国别(地区)指南—越南》,商务部 2014 年版。

⑥ 南北经济走廊包括昆明—曼谷经济走廊、昆明—河内经济走廊、昆明—南宁—河内经济走廊、昆明—仰光经济走廊、昆明—加尔各答经济走廊;东西经济走廊覆盖缅甸毛淡棉至泰国中部、越南中部地区;南部经济走廊覆盖泰国曼谷至柬埔寨金边及越南南部地区。

GMS次区域交通运输商协会①已在 GMS 次区域工商论坛中成立,旨在加强交通运输业的专业化和协调,并给予私营部门在地区运输和贸易便利化措施方面的设计和实施。

在能源项目的合作方面,大湄公河次区域电力联网项目是大湄公河区域经济合作的重要内容,旨在通过各国基础电网联网和私营部门介入水电项目的建设来形成大湄公河次区域电力贸易系统。次区域的能源协作主要体现在电力贸易方面。老挝和缅甸为东南亚的净电力出口国家,电力贸易收入是其国民收入的主要组成部分。

3.资源保护及其他项目方面的合作

农业和自然资源保护方面,核心项目包括农产品的次区域贸易、使用气候友好和促进两性平等的生物能源技术、农业信息网络服务、健康和安全的食品交易平台建设、生物多样性走廊规划等项目。此外,大湄公河区域经济合作的重点合作领域还包括边境和重点地域的水供给,其他市政设施和服务、教育、健康和社会安全及产业和贸易方面。这些领域既有亚行直接贷款的项目,也有政策、技术支持的非贷款项目。

(二)经济成就与交通的相关性

过去,在大湄公河次区域合作中,中国昆明和泰国清孔之间的贸易往来多是通过湄公河上的船只实现的。1998 年 9 月,由亚洲开发银行主导的大湄公河次区域经济合作第八次部长级会议,提出了建设"三纵两横"②经济走廊③的战略构想。在国家的支持下云南加大工作力度,加快三条纵向经济走廊的建设,即昆仰经济走廊、昆河经济走廊和昆曼经济走廊。其中昆曼经济走廊与其

---

① 2012 年 10 月 29 日,GMS 工商论坛主办了"大湄公河次区域运输商协会第一次会员代表大会及理事会会议",标志着运输商协会的正式成立,协会主要参与、帮助、支持GMS 国家完善交通运输基础设施,推动互联互通,为次区域政府部门提供智力支持,开展国际公益活动。

② 三纵为:云南昆明—云南大理—云南德宏—缅甸曼德勒—缅甸仰光;云南昆明—云南西双版纳—老挝—泰国曼谷;云南昆明—云南红河—越南河内—越南海防。两横为:缅甸毛淡棉—泰国彭世洛—老挝沙湾拿吉—越南岘港;缅甸仰光—泰国曼谷—柬埔寨金边—越南胡志明市。

③ 1998 年举行的 GMS 经济合作第八次部长级会议提出了经济走廊的概念,经济走廊的发展分为交通走廊建设阶段、物流走廊建设阶段、经济走廊建设阶段。

他经济走廊相比,辐射广泛,它不仅可以连接次区域各国,还因为能辐射到新加坡和马来西亚等国家而具有重要战略意义。鉴于昆曼经济走廊的重要地位,昆曼公路建设项目便因此而成形。昆曼公路是我国第一条国际高速公路,2008 年 12 月正式通车,但直到 2013 年随着会晒—清孔大桥合龙才算全线贯通。近年来,研究者们对昆曼公路通车后带来的经济效益进行了研究。清孔边境海关是昆曼公路进入泰国的海关,清孔海关在昆曼公路贯通前只有跟老挝做进出口小额贸易,每年的边境贸易额仅几十百万泰铢。昆曼公路正式通车后,中泰两国仅从清孔口岸的贸易额就呈现出了成倍增长的趋势。自昆曼公路建成通车后,中泰的进出口贸易商们越来越多地使用公路运输,从而也带动了进出口产品种类的现多样化。以前中泰直接边境贸易的物流运输 95%以上是通过湄公河的船运,由于湄公河受自然条件影响大,若遇到干旱期或自然灾害,就会导致湄公河全年不能随时放行,使中泰间的贸易运输往来受到影响。昆曼公路正式通车后,越来越多的中泰进出口商转向对昆曼公路的利用。据清孔海关网的进出口贸易统计,该地区进出口贸易额从 2007 年的50781042美元上升到 2008 年的 71192477 美元。在此后的 2009 年、2010 年、2011 年和 2012 年,贸易额分别上升到 91347554 美元、153334121 美元、232556521 美元和 242093406 美元,这巨量的增长凸显了昆曼公路对湄公河航运的比较优势(据清空海关网的统计数据)。

昆曼公路贯通后不仅进出口产品结构显然改变,产品也呈现了多样化。之前,泰国通过清孔海关进出口的主要是褐煤、木材制成品、内衣内裤、床上用品、衣服等,之后便增加了进口云南的新鲜蔬菜、水果、鲜花等时令强的货物。昆曼公路的建成,同时还带动了该区域旅游业的发展。根据清孔口岸出入境报告,从 2006 年之后,利用昆曼公路进行旅游的中国、老挝及缅甸游客进入泰国的人数呈现出明显的逐年递增趋势。2006 年有 105669 人进入清孔检查点,2007 年增加为 141905 人,增加了 34.29%。而 2008 年昆曼公路建成后,游客数量急剧增加到 209759,增长了 47.81%。之后这个数字分别在 2009 年和 2010 年戏剧性地增加到 256862 人和 280203 人。①

学者们在研究东南亚基础设施建设后也发现:自 2003 年《大湄公河次区域便利运输协定》(简称《GMS 便运协定》)等合作机制开展以来,中国、越南、

---

① 资料来源:http://www.immigration.go.th/登录日期:2016 年 9 月 20 日.

泰国、老挝、柬埔寨和缅甸六国的 GDP 一直是持续增长的状态,并且在
2004—2005 年的上升趋势十分明显。此外,大湄公河次区域经济合作对交通
和贸易的投资项目同时对贫困人群的影响同样重大。根据亚行的统计,在成
员国中,柬埔寨、老挝、泰国以及越南有将近 40 万的人口摆脱了极端的贫困,
有 175 万左右人口的生活水平提高到了日均 2 美元的贫困线以上。[①]

从以上的数据我们看到:大湄公河次区域的交通运输在基础设施建设以
及交通运输便利化程度都在提高。与此相应,我国与这些其他几个国家的经
济贸易数据整体趋于上升。直观的感受与理性的分析都告诉我们,大湄公河
次区域交通运输的改善,是促进该区域趋于经济增长的重要因素,从而还直接
关系到每一个人的福祉。对于大湄公河次区域的未来交通建设会给中国和另
外五国带来什么样的改变,我们会更有信心期待。

二、大湄公河次区域交通基础设施现状

大湄公河次区域在地理位置上具有独特的优势,一方面,中南半岛在陆上
形成一个整体;另一方面,中南半岛东临太平洋,西濒印度洋,且有河流纵贯。
所以,大湄公河次区域各国间邻山接壤、通江达海的地理特点,使得不同的交
通运输在该区域都有较好的布局和发展。

(一)水路运输

水路运输简称水运,是以船舶为主要运输工具、以港口或者码头为运输基
地、以水域为运输活动范围的客货运输方式。水运兴起的历史较为悠久,且具
有运载能力大、运载成本低、平均能耗少、设备投资省等优点,但也容易受气候
影响,有灵活性不足、运送速度慢、送达连续性差等缺点。所以比较适于对时
间要求不高的大宗、廉价货物的中长距离运输。一直以来,大湄公河次区域内
各国的水运一直以来比较发达。

1.内河运输
毗邻缅甸、老挝和越南的我国云南省主要有金沙江(长江)、澜沧江(湄公

---

① 蒋理:《东南亚基础设施建设对区域经济一体化的作用——以大湄公河次区域为例》,暨南大学 2015 年硕士论文。

河)、红河(至越南)、南盘江(珠江)、怒江、伊洛瓦底江(至缅甸)六大水系,有大小湖泊 30 多个,可发展航运的河道达到 8000 余公里,有丰富的水运资源。连接老挝、缅甸、泰国、柬埔寨、越南的澜沧江—湄公河国际航运的澜沧江—湄公河是亚洲唯一的一江连六国的国际河流。目前,澜沧江—湄公河航运已开通到泰国,中越红河航运开发的前期工作正在开展,金沙江航运可直达上海。目前云南省通航里程已达 2764 公里,建成了景洪、思茅、水富、绥江、昆明、大理、关累等一批码头,港口通过能力达 258 万吨,589 万人次;水上运输发展 1192 艘机动船、6.4 万载重吨、2.3 万个客位;平均运距为 200 多公里;水运科技事业也有了长足发展。现如今,云南省已建成连接东南亚、南亚国家的对外通道,完善西南主骨架交通运输网络。①

我国毗邻中南半岛的另一省区广西,经国务院批准于 2005 年 4 月正式加入大湄公河次区域(GMS)经济合作之后,十多年以来广西与区域内合作交流成效显著,交通通达度得到明显提高。

广西内河航运主要集中在"一线三通道"近 2300 公里的航道上:"一线",即西江航运干线,也是国家内河水运"两横一纵两网十八线"②主骨架中的"一横"的重要组成部分;加上"三通道":南线右江,中线红水河,北线柳江—黔江共同构成了我国西南出海水路运输大通道。

西江作为水运"一线",与其他航道相比,它吸纳了广西 85% 的水量入珠江通南海,极具打造亿吨级水道的潜力。从发展的角度看,西江"黄金水道"有三大功效仍未充分释放:一是广西构建出海、出省、出边现代综合立体交通体系离不开西江水运建设;二是西江"黄金水道"直通东部珠三角经济圈,在承接粤、港、澳等东部地区的经济技术资本辐射和产业转移,拉动流域腹地的经济

---

① 主要有三条对外通道:一是沿滇缅公路、中印公路和广大铁路西进通往缅甸,直达印度、孟加拉国等国的西路通道;二是由澜沧江—湄公河航运、昆明至打洛公路和西双版纳机场构成的通往老挝、缅甸、泰国并延伸至马来西亚和新加坡的中路通道;三是以滇越铁路、昆河公路及待开发的红河水运为基础,通往越南的东路通道。见云南省人民政府网站. 投资环境——水运 http://www.yn.gov.cn/yn_tzyn/yn_tzhj/201211/t20121128_8662.html. 2016-6-20 登录。

② 根据《全国内河航道与港口布局规划》的布局方案:在水资源较为丰富的长江水系、珠江水系、京杭运河与淮河水系、黑龙江和松辽水系及其他水系,形成长江干线、西江航运干线、京杭运河、长江三角洲高等级航道网、珠江三角洲高等级航道网、18 条主要干支流高等级航道(两横一纵两网十八线、简称 2-1-2-18)和 28 个主要港口布局。

发展,降低沿江工农业原材料和产品的运输成本等方面有"一帆风顺"的优势;三是只有充分挖掘西江"黄金水道"潜能,才能满足"嗷嗷待哺"的内河水运发展和沿江产业群对水运快速增长的需求。①

广西的内河水运基础设施的建成投入提升了"黄金水道"的通航能力,并对吸纳东部产业转移和珠江三角洲产业辐射初显成效。到 2007 年底,广西拥有内河运输船舶 8048 艘,220 万载重吨,货船平均载重吨位达到 377 吨/艘,最大单船载重吨已达到 3400 吨,内河运输船舶发展直指大型化、专业化方向。②

就东南亚五国水运发展现状看,2002 年以来,经过中、老、缅、泰四国的共同努力,湄公河缅甸境内航道的澜沧江—湄公河次区域的通航能力得到大大提高,由原来的季节性通航 100 吨左右船舶,截止到 2007 年可通航 200—300 吨船舶,航道等级已达到我国的五级标准。主要港口有万崩码头、相腊码头、索累码头。码头设施比较简陋,都为自然码头。缅甸的内河航运发展比较缓慢,内河航运的货运主要由国营公司把持,内河航运船只载重量偏小,最大的载重量不超过 500 吨。③

湄公河泰国境内分为两段:霍楠河口至班科龙可通航 100—300 吨的货船,南亨河口至会敦河可通航 100—300 吨的货船。泰国内河航运历来比较发达,湄公河和湄南河为泰国两大水路运输干线。湄公河主要航道为霍楠河口至班科龙段,有清盛和清孔两个港口。其中清盛港是上湄公河目前最繁忙的港口,港口具有传送机、集装箱装运设施、水上漂浮加油服务站等现代化设施。

湄公河越南境内全部为越南内河。该河段水量充沛,河面较宽,能行使 4000 吨的船舶。在越南,内河运输货运量与客运量仅次于公路运输,同时也是人民群众普遍使用的运输方式。越南湄公河上最大的港口为西贡港(胡志明港),同时也是远洋港,主要腹地为胡志明市及湄公河三角洲的其他省份,西贡港对于越南南部进出口贸易发挥巨大作用。

---

① 《广西打造西江亿吨"黄金水道"》:http://news. hexun. com/2009 − 06 − 10/118516881. html,最后访问日期:2018 年 5 月 6 日。

② 《广西打造西江亿吨"黄金水道"》:http://news. hexun. com/2009 − 06 − 10/118516881. html,最后访问日期:2018 年 5 月 6 日。

③ 张晓宁:《澜沧江−湄公河次区域交通运输业发展战略研究》,大连海事大学 2007 年硕士论文。

湄公河是老挝的天然交通航线,尚未进行有效的开发,该水上运输线一直处于大河行小船、季节性通航和部分断航的状况。其中南腊河口至会晒航段,按我国标准,已达五级航道标准,可通航 300 吨的船舶;其他主要航段大多可通航 100—300 吨船舶,主要码头有万象塔勒、塔勒令码头和塔社阿渡口,其次是琅勃拉邦、他曲、沙湾纳吉和巴色码头。老挝目前营运船只不多,大多是 50 吨级以下,百吨级以上的很少,最大经营者是老挝河运公司。

湄公河柬埔寨境内全部为柬埔寨内河。柬埔寨的湄公河(湖)航运船只总体上讲质量较差,运力较低,大多数为小型船只。全国最大最主要的内河港是金边港(也是远洋运输港),顺流而下可进入湄公河入海口。

2.海运

海运相比于内河航运,其开放性比较明显,而且运载的量可以更大。大湄公河次区域内临海地区主要有中国广西、越南、泰国、柬埔寨和缅甸。老挝和中国云南则处于内陆。广西沿海海岸线总长 1595 公里,目前由北海、钦州、防城港组成的港口群已经颇具规模,港口设施完善,开通了连接国内、国际主要港口的航线,海运发展的条件日臻完善。

广西北部湾港规划为"一港、三域、八区、多港点":"一港"即广西北部湾港;"三域"指防城港域、钦州港域和北海港域;"八区"指广西北部湾港规划期内重点发展的渔澫港区、企沙西港区、龙门港区、金谷港区、大榄坪港区、石步岭港区、铁山港西港区、铁山港东港区等八个枢纽港区;"多港点"包括主要为当地生产生活及旅游客运服务的规模较小的港点。北部湾港以满足腹地经济及临港产业对以铁矿石、钢铁、石油、粮油、煤炭、集装箱等大宗货物为主的货物运输需求,具备综合运输枢纽、现代物流、临港工业、商贸服务和现代信息服务等功能,基本形成机制顺畅、能力充分、布局合理、资源集约、环境友好、服务高效的现代化港口群。

防城港、钦州、北海三港同处北部湾,位置邻近,建港条件相似,集疏运通道一致,都有发展深水港的条件,具有相同的经济腹地。但是由于功能定位不同、起步不同,又存在着较大差异。

防城港是我国内陆腹地进入中南半岛东盟国家最便捷的出海门户,因而成为我国沿海主要港口之一和综合运输体系的重要枢纽。随着腹地经济发展和综合运输体系逐步完善,防城港以大宗散货运输为主,加快发展集装箱运输,形成集装箱、进口铁矿、其他有色金属矿、硫黄、粮食、液体化工产品,出口磷肥、非金属矿、煤炭等九大专业化物流系统,逐步成为具有运输组织、装卸储运、中转换装、临港工业、现代物流、信息服务及保税、加工、配送等多功能、现代化的综合性港口。

钦州港是我国西南主要出海通道中陆路运输距离最短的出海口,位于北部湾湾顶的钦州湾内,三面环陆,南面向海,区位优势突出,交通便捷发达。建港条件优越,后方陆域广阔,建港成本低,钦州港是国家重要港口,是广西临海工业港。主要有以下特点:第一,建港条件优越。钦州港三面环陆,南面向海,是天然的避风良港,水深,港池宽,潮差大,回淤少,后方陆域广阔。第二,钦州港的经济腹地广阔。钦州港的经济腹地为南昆线、黔桂线、昆贵线、湘桂沿线包括广西、云南、贵州及四川西南部、湖南枝柳沿线地区。第三,交通便捷发达。广西桂海高速公路、南昆铁路、黎钦铁路形成了钦州港四通八达、立体、快捷的运输网络。第四,临港工业初具规模。大型石化、能源、造纸、冶金、粮油加工项目落户钦州港,五大工业产业格局基本形成,逐步为港口提供巨大的工业物流。

北海港是以商贸和旅游服务、临港工业为主的地区性重要港口。石步岭港区以商贸和旅游服务为主,重点发展现代物流和旅游业,形成以商贸旅游和清洁型物资运输为主的综合性港口;铁山港区发展成为以服务临港工业为主,兼顾大宗散货中转运输及物流、保税、加工等多功能的现代化港口。

3.其他国家的海运概况

缅甸主要出海港口有勃生、毛淡棉、仰光三个。其中勃生港(BASSEIN)位于缅甸西南沿海伊洛瓦底(IRRAWADDY)江下游支流勃生河东岸的狭长高地上,距河口约75海里,是缅甸西南部的最大港口。毛淡棉位于缅甸东南沿海萨尔温(SAL WEEN)江出海口的左岸,濒临莫塔马(MARTABAN)湾东侧,是缅甸的第二大港。仰光位于缅甸南部沿海仰光河口,濒临莫塔马湾的西北侧,相距约19海里,是缅甸最大的港口。

泰国全国共有47个港口,其中海湾26个,国际港口21个,曼谷是最重要的港口,承担全国95%的出口和几乎全部进口商品的吞吐。重要码头包括廉差邦港、宋卡深水港和普吉深水港等。海运线可达中、日、美、欧和新加坡。

越南的海岸线极长,水运也较为发达。主要港口有海防港(Căng Hǎi Phòng),该港口是越南北方最大的港口,建港约有150年历史。港口航道宽度100米,有18个泊位,退滩时水深仍可达6米,万吨货轮可以自由进出和在港内停泊,年吞吐量可达300万吨和3万只集装箱,是越南北方进出口货物的中转站;鸿基港(Hon Gay)位于越南北部广宁省南端的下龙湾东岸港市之西,临南中国海北部湾。东至锦普港 24 海里,西至海防港 51 海里,南至岘港 303 海里,东北至我国北海港 140 海里。越南的鸿基港与越南的下龙市是同一个地方,北边码头区称为鸿基港,南边生活区称为下龙市。岘港(Thành phố Đà Nẵng)是越南军港兼商港,自古就是著名的贸易港口,是越南最大的海产品输出港。位于越南中部岘港湾内,港市之东北,临南中国海。西北至洞海港 143 海里,至边水港 236 海里,北至海防港 310 海里,至中国北海港 329 海里,至中国海南岛的八所(东方)港 178 海里,西南至新加坡港 1037 海里,东北至香港 509 海里。岘港湾内水域宽阔水深隐蔽,可泊各种船只,是天然良港。

(二)铁路运输

铁路运输是以两条平行的铁轨线路引导铁路列车,运送货物和旅客的一种陆上运输方式。铁路运输的主要优点是安全程度高、运输速度快、运输距离长、成本低、污染小、不受天气条件影响等,但是其缺点也明显:铁路建设周期长、基础设施的造价高、管理调度复杂、灵活性差。总体而言,铁路运输比较安全可靠,适合中长距离的大宗货物运输,也适合不同距离的旅客运输。整个大湄公河次区域的铁路运输已经有了一定的雏形。

比较而言,我国的云南和广西的铁路线路通达性比起大湄公河次区域的其他国家要好。云南是我国第一个拥有国际铁路(滇越铁路)的省份。目前,云南已经形成以贵昆线、成昆线、南昆线、内昆线、昆玉线、广大线、昆大(理)线等 7 条准轨干线和 3 条准轨支线,昆河米轨干线和 4 条支线,以及沪昆高铁、云桂高铁等组成的铁路交通网。绝大部分出省物资的运输,主要依靠贵昆、成昆、南昆三大干线。从布局上看,云南铁路偏于滇东地区,主要集中在昆明、楚雄、红河、曲靖等地州。澜沧江流域除在建的大理至瑞丽铁路外,尚无铁路通过。广西从 2008 年起大力推进"一轴四纵四横"铁路网络体系建设。2008—2013 年,广西铁路建设项目 25 个,投资 2000 多亿元,区内建设里程约 3000 公里,高速铁路超过 1700 公里。2013 年,广西境内有普通铁路湘桂铁路、南昆铁路、焦柳铁路、黔桂铁路、洛湛铁路、黎湛铁路、钦黎铁路、南防铁路、钦北铁路,高速铁路有南广高铁、广西沿海城际铁路、柳南城际铁路、贵广高铁、湘桂高铁等铁路线。2014 年,贵广、南广高铁开通运行,南宁东站建成,桂林北站完成改造,在南宁、桂林、柳州、北海、钦州、防城港等已开通高铁城市基础上,梧州、贵港、贺州 3 个市新增开通高铁,高铁新增里程 443 公里,高铁通达

10 个区内市和 13 个省份。[①]

缅甸铁路网以仰光为中心，北通曼德勒、腊戌、密支那。缅方的铁路有二处靠近我边境，一处是密支那（Myitkyina），另一处是腊戌（Lashio），目前滇缅贸易的大部分物资都是在腊戌集中转运，缅方的物资火车运抵腊戌后，大部分经滇缅公路从畹町入境。

泰国的铁路大多为窄轨铁路，主要由以曼谷为中心，北到清迈，东北到泰老边境的廊开和乌汶。北方线由曼谷到清迈，是中泰贸易的重要运输通道，也是次区域内水陆联运的主要线路。

越南铁路网络包括 6 条干线和一些支线，河内和胡志明市为两大交通枢纽。在越南的铁路主要干线中，越南通过铁路与我国联通的有两条线路，一是河内至老街线直接与昆明至河内线相连，是中越经贸往来的重要通道，也是规划中泛亚铁路东线的一部分；二是经过谅山和广西凭祥通向南宁。

老挝的铁路交通较为落后。2008 年 7 月 4 日，老挝与泰国举行首次试通车仪式。列车从泰国廊开火车站出发，在泰老友谊大桥进行出入境检查，驶向离老挝首都万象 9 公里处的塔纳楞火车站，这条铁路在老挝境内仅长 3.5 公里，也是老挝的首条铁路。这条铁路于 2009 年 3 月 5 日正式通车。而中老铁路与 2016 年底开工建设，铁路北起两国边境磨憨—磨丁口岸，南至万象，全长 400 多公里。

柬埔寨共有两条铁路，总长 600 多公里，为米轨单线铁路。一是金边至柬泰边界波贝铁路，可通曼谷；二是金边—西哈努克港铁路。目前尚没有直通到湄公河沿岸的铁路。由于持续几十年的战乱破坏和缺乏维护，柬埔寨的铁路长期处于年久失修的荒废状态。停运多年后，柬埔寨国内唯一的铁路客运服务于 2016 年 4 月 30 日正式恢复定期运营。

（三）航空运输

航空运输是使用飞机、直升机或者其他航空器，航行于地面之上的空气空间，运送客货的一种运输方式。航空运输具有速度快、不受地理条件限制、舒适度高、交通安全、基础设施建设周期短等优点，但是易受天气影响、运输成本高、驾驶技术要求高等缺点。目前，航空运输也是大湄公河次区域各国间重要

[①] 姚文君：《广西交通运输与经济协调发展研究》，[J]. 广西大学 2015 年硕士论文。

的运输旅客的交通方式。

我国云南机场集团包括一个区域性枢纽机场即昆明长水机场(2012 年 6 月 27 日 22 点后运行)以及保山、思茅、昭通、西双版纳、德宏芒市、丽江、大理、迪庆香格里拉、临沧、文山 12 个干(支)线机场。各机场先后通航城市达 92 个,其中国际城市 25 个、地区 2 个。截至 2016 年 8 月,云南机场集团开通航线 395 条,共有 56 家航空公司在云南航空市场运营。6 家基地公司在册运力达 151 架。[①] 2016 年全年,云南机场集团年旅客吞吐量突破 5896.79 万人次,同比增长 12.6%,运输起降架次 46.69 万架次,同比增长 8.8%,货邮吞吐量 41.9 万吨,同比增长 8.4%。[②] 目前,云南已初步形成了以昆明为中心,连接省内与周边省际支线网络、辐射国内大中城市的干线网络、面向东南亚与南亚国家和地区的国际及地区航线网络的 3 个轮辐式为主及城市对式结构互补的航线网络,并形成以昆明区域性枢纽机场为主的机场群。澜沧江—湄公河流域的云南机场中,以昆明机场和西双版纳机场地位最为重要。2014 年,广西建成南宁机场新航站区、河池机场,至此广西民航现有机场 7 座,分别为南宁吴圩国际机场、桂林两江国际机场、柳州白莲机场、北海福成机场、梧州长洲岛机场、百色田阳机场、河池金城江机场。2015 年 2 月 13 日,广西北部湾航空公司正式投入运营。南宁机场现已开通国际航线 23 条,可通航国外 17 个城市,地区航线 5 条,与东盟国家 13 个城市通航,在全国仅次于广州、上海、北京、昆明,排名第 5 位。[③]

缅甸全国有大小机场 43 个,主要机场有仰光机场、曼德勒机场、黑河机场、蒲甘机场、丹兑机场等,仰光机场及曼德勒机场为国际机场。主要航空公司有缅甸国际航空公司、仰光航空公司、曼德勒航空公司。目前已与 13 个国家和地区建立了直达航线,主要国际航线有曼谷、北京、新加坡、香港、吉隆坡等。国内航线共 17 条,国内大城市均已通航。

泰国目前共有 36 个民用机场,其中 7 个为国际机场。曼谷机场是泰国最

---

① 《昆明可飞美国旧金山,云南开通第三条洲际航线》:http://news.carnoc.com/list/370/370121.html,最后访问日期:2018 年 5 月 6 日。

② 《云南机场集团 2016 年运送旅客 5896.79 万人次》:http://www.yn.xinhuanet.com/2016news2/20170113/3620954_c.html,新华网,最后访问日期:2018 年 5 月 6 日。

③ 《南宁:打造面向东盟的空中门户》:http://gx.people.com.cn/n/2015/0729/c371361—25758737.html,人民网,最后访问日期:2018 年 5 月 6 日。

繁忙的机场，是东南亚地区重要的空中交通枢纽，包括新老两个机场。老机场廊曼国际机场承担了80多条航线，每年运输约2500万乘客，是东南亚最繁忙的空港之一。新机场位于曼谷以东25公里，是廊曼国际机场面积的10倍，新机场4条跑道每小时可起降112架次飞机，将能容纳每年4500万乘客和330万吨货物的运输。北部的清莱国际机场为湄公河流域的重要机场之一。

越南全国共有大小机场90个，3个国际机场分别为内排机场（河内市）、岘港机场（岘港市）和新山机场（胡志明市）。原用客机大多为苏联制造，近几年正逐步被欧美机型所取代。

老挝共有机场7个，其中国际机场2个，分别为万象瓦岱国际机场和朗勃拉邦国际机场。老挝的机场大多在湄公河沿岸城市，这对开展水路运输和航空运输的整合极为有利。2003年至2005年，老挝民航经过调整和发展，改造和扩建了飞机跑道、停机坪，使老挝民航的空中运输服务做到更好、更便捷、更安全。

柬埔寨共有8个机场，其中国际机场2个，即金边国际机场和暹粒国际机场。2003年全国机场运输国际航空货物、包裹和邮件共30467吨，其中国际货物14546吨，国际包裹15356吨，国际邮件565吨。金边国际机场可起降波音767型飞机，2003年该机场的货运量为1.7万吨，客流量达94.8万人次，飞机飞行架次达18082次。

（四）公路运输

公路运输主要是使用汽车在公路上运送货物和旅客的一种运输方式。公路运输具有机动灵活、覆盖面广、启运快速、直达性强、运输设备投资少、生产资金周转快等优点，但是存在运输能力小、能耗高、运输成本高、长距离运输性能弱、安全性低、污染环境等缺点，所以适宜短途即时的运输。由于特殊的地理条件，高原山地居多的地形，中南半岛密布的热带雨林及山谷河流使得公路成为整个区域交通中最重要的一个环节。

从澜沧江—湄公河次区域运输的角度考察，昆曼公路和澜沧江—湄公河国际河流是次区域最重要的两条运输通道。昆明是昆曼公路起点，是连接次区域外国家与云南省及西南地区乃至全中国的重要节点。普洱市和西双版纳州作为昆曼公路通过地区和澜沧江我国重点港口所在地，无论是公路直达运输，还是水路联运，都是次区域内公路运输的重要节点。为此，重点介绍澜沧江—湄公河次区域云南省境内的昆明市、普洱市和西双版纳州的公路基础设施状况。

公路运输中,云南昆明起着巨大作用,108、213、320、324 等 4 条国道经过昆明市,形成了以昆明为中心,国道为主,辐射全省,连接邻省邻国的公路交通网。从昆明出发有众多出境公路通道,可达老挝、缅甸、泰国。云南西双版纳州内共有 6 条公路通往次区域国家,其中有 3 条公路通往邻国老挝,另有 3 条公路通往邻国缅甸。从公路运输的现状来看,还比较落后,公里里程在全省排位靠后,高等级公路里程较短,运力不足,不能满足澜沧江—湄公河运输的需求。

广西通往越南的公路建设都取得了巨大成就。所有口岸都通了二级路,广西 4 个国际口岸将全部用高速公路连接。目前南宁至凭祥、防城至东兴两条高速公路建成通车;通往龙邦口岸、水口口岸的高速公路正加紧建设;广西通往云南、贵州、湖南、广东等省以及东盟国家越南的 6 条高速公路全部打通;中越两国公务车与客货运车实现了不换牌照互通直达;南宁至河内高速公路有望 5 年内全线建成。

缅甸现有公路等级低,质量差,全国只有两条国家级公路。缅甸国内公路网以纵贯缅甸南北的毛淡棉—仰光—曼德勒—南坎为主干道,向东西南北辐射,形成公路网络。从首都仰光到缅北重镇南坎(与我国云南省瑞丽市相邻)的公路,是中缅陆路交通的最重要通道。从东枝经景栋向北与我国打洛相连,向南与大其力相连的公路,是中缅、老缅和泰缅贸易的重要通道。这条东西走向的国际大通道,可直通湄公河泰国境内重要港口清盛港。

泰国国内货运量以公路为主,公路比较发达,占全国货物运输总额的84%左右。各府、县都有公路相连,四通八达。过去,我国西南地区的货物经澜沧江—湄公河水运至泰国清盛港,再经这两条国际大通道可运往泰国各地。现在,昆曼公路则承担了重要的运输任务。另外,曼谷至万象的 2 号公路是连接泰国和老挝政治、经济中心的重要线路,同时也是规划中亚洲公路网的组成部分。

越南整个公路网的发展比较合理,但质量普遍较差。1—29 号是主要公路。越南的主要公路中,河内至老街公路是中越边境的重要通道。越南南部干线公路中,22 号公路与柬埔寨 1 号公路相通,将胡志明市与金边相连;9 号公路与老挝相连。越南公路有两个特点:平原地区公路多以防洪堤为路基,路面、桥面较宽,许多桥梁为铁路、公路共享;山区公路路面狭窄,弯急坡陡,雨季塌方现象严重,经常妨碍交通。

公路是老挝的交通大动脉,其运输量约占全国运输总量的 60%。老挝的公路干线中,南北走向的主要有 2 号、3 号和 13 号公路,东西走向的主要有 8 号、9 号公路。13 号公路作为国际大通道,北与中缅边境的磨憨相连,向南与柬埔寨首都金边连通,是沟通老挝上、中、下寮地区和越南、柬埔寨两国的主要交通干线。该公路在琅勃拉邦到巴色段更与湄公河流呈几乎平行状态,地位十分重要;2 号公路往北与昆明至勐腊的公路干线相连接,是沟通我国云南省和老挝上寮地区的主要公路干线之一;3 号公路连接老挝北部边境 3 省和我云南边境地区以及泰国东北。

金边是柬埔寨公路交通的枢纽,公路网络以金边为中心,向四面八方延伸。主要公路干线有 4 条,1 号公路从金边通往越南胡志明市;4 号公路从金边通往西哈努克港;5 号公路从金边经马德望通向泰国边境;6 号公路从金边经磅同、暹粒通向吴哥古迹。在柬埔寨的公路干线中,6 号公路至柬老边境与老挝的 13 号公路相连,线路的走向与澜沧江—湄公河的流向大致相同。

如今,次区域内国际公路主要有:昆曼国际公路,昆曼(昆明—磨憨—曼谷)国际公路作为次区域内最重要的国际公路,已经基本实现高等级化,于2008 年正式通车;云南昆明—缅甸腊戍公路,该公路起于昆明,止于缅甸境内腊戍。云南境内基本上为高速公路,缅甸境内路况较差须要改建,该公路可作为澜沧江—湄公河次区域公路通道之左翼,发挥一定的分流作用。[①]云南昆明—越南海防公路,该公路起于昆明,经越南首都河内,止于海港城市海防。云南省境内大部分已是二级公路,越南境内段部分需进行提级改造。公路可作为澜沧江—湄公河次区域公路通道之右翼,起到通江达海的作用。

(五)管道运输

管道运输使用管道、泵站和加压设备等作为运输工具,用于长距离输送液体和气体的特殊运输方式。管道运输具有运输量大、经济、安全、平稳、建设周期短、投资少、能耗与污染少等优点,但是运输灵活性差、运输货物单一、基础投资成本高,一般而言,管道运输需要与其他运输配合才能完成运输全程。目前大湄公河次区域的管道只有中缅油气管道,该管道是我国重要的西南能源

---

① 张晓宁:《澜沧江—湄公河次区域交通运输业发展战略研究》,大连海事大学 2007年硕士论文。

大通道,西起缅甸皎漂港,从云南省瑞丽市进入中国境内,延伸至贵州和广西,全长 2500 多公里,建成后计划每年向沿线地区输送 120 亿立方米天然气和 2200 万吨石油。其中,中缅天然气管道主干线于 2013 年 10 月建成投产。据海关统计,2014 年 1 月至 6 月,云南经中缅油气管道进口天然气已达 61.3 万吨,贸易额达 22.7 亿元。①

从大湄公河次区域交通设施来看,这十多年来大湄公河次区域交通运输的客观条件一直是在不断进步的,表现在:第一,新运输方式从无到有,这主要指管道运输的建设营运成功;第二,原有交通运输条件的改进与扩能,比如湄公河航道的建设,中国一直致力于泛亚铁路国内段的建设,并且积极与其他国家的谈判磋商推进国际铁路的早日建成;第三,区域内的交通运输便利化不断改善。大湄公河次区域各国也一直就交通运输问题互相交流并致力于交通运输的便利化。最显著的成就是经过近 10 年时间,GMS 六国于 2015 年下半年基本完成了《GMS 便利货物及人员跨境运输协定》17 个附件和 3 个议定书的国内批准程序,《便运协定》理论上进入了全面实施阶段。但是,目前交通运输仍然是"一带一路"在次区域内顺利实施的短板:一是基础设施的严重不足;二是次区域内交通运输的协调性、便利性可能在实施中问题重重;三是国际力量的介入会从宏观上影响交通运输的各个环节。但是,无论是中国还是次区域的其他国家,都一直努力把交通运输合作作为次区域合作的首要任务。

三、大湄公河次区域交通发展愿景

如前所述,大湄公河次区域内交通发展虽然得到促进,但仍然存在发展程度低下、互联互通效率不足、整体联通缺失等问题。进入"十三五"以来,时逢中国政府"一带一路"倡议的提出,必将对次区域内的交通运输现状在量和质的两方面都提出更高的要求。据此对该区域交通运输未来的发展愿景,让我们对次区域交通运输合作有着更多的期待。

---

① 《云南上半年经中缅油气管道进口天然气 61.3 万吨》,http://www.yn.gov.cn/yn_ynyw/201407/t20140716_14393.html,云南网,最后访问日期:2018 年 5 月 6 日。

(一)中国政府绘作的蓝图

1.《愿景与行动》中的合作重点

根据 2015 年 3 月国家发展改革委、外交部、商务部联合发布的《推动共建丝绸之路经济带和 21 世纪海上丝绸之路的愿景与行动》提出的"一带一路"的基本走向,大湄公河次区域既是"中国至东南亚、南亚、印度洋"方向丝绸之路经济带的桥梁,也是南下连接 21 世纪海上丝绸之路的纽带,地处"一带一路"建设陆海交汇的战略支点,是"一带一路"建设的重要组成部分,打造好这一次区域的便捷交通是当下的任务之一。

2014 年 11 月,习近平主席在北京举行的加强互联互通伙伴关系会议上明确表示,"中方高度重视联通中国和孟加拉国、缅甸、老挝、柬埔寨等邻国的铁路、公路项目,将在推进'一带一路'建设中优先部署";要"以经济走廊为依托,建立亚洲互联互通的基本框架"。表明在"一带一路"建设规划中,优先部署的就是联通中国和缅甸、老挝、柬埔寨等次区域邻国的铁路、公路项目。此外,次区域各国对中国"一带一路"建设均给予了积极回应。在此形势下,大湄公河次区域合作将有助于推动形成"一带一路"早期收获计划,并为今后的合作奠定结实的基础和注入新的活力。[1]

《推动共建丝绸之路经济带和 21 世纪海上丝绸之路的愿景与行动》第四部分关于合作重点的部分提到:抓住交通基础设施的关键通道、关键节点和重点工程,优先打通缺失路段,畅通瓶颈路段,配套完善道路安全防护设施和交通管理设施设备,提升道路通达水平。推进建立统一的全程运输协调机制,促进国际通关、换装、多式联运有机衔接,逐步形成兼容规范的运输规则,实现国际运输便利化。推动口岸基础设施建设,畅通水陆联运通道,推进港口合作建设,增加海上航线和班次,加强海上物流信息化合作。拓展建立民航全面合作的平台和机制,加快提升航空基础设施水平。[2] 同时,根据规划要求大湄公河次区域成为"一带一路"发展的排头兵,作为"一带一路"前期建设工程其交通运输必须为典型示范工程出现在"一带一路"的建设中。推进完成区域各国铁

---

[1] 中国皮书网:大湄公河次区域蓝皮书:http://www.pishu.cn/zxzx/xwdt/333552.shtml 登录日期:2016 年 9 月 21 日。

[2]《中国一带一路规划正式公布》(全文):http://news.hexun.com/2017-09-27/191037426.html,最后访问日期:2018 年 5 月 6 日。

路、公路等基础项目建设。

2."十三五"规划的新要求

"十二五"期间我国交通基础设施建设成效斐然,进入"十三五"在新的规划蓝图下又有了新的目标和期望。在《十三五规划纲要》中,交通运输也扮演了未来五年发展框架中的重要角色。

从交通运输发展的区域看,要构建横贯东西、纵贯南北、内畅外通的综合运输大通道,加强进出疆、出入藏通道建设,构建西北、西南、东北对外交通走廊和海上丝绸之路走廊;从交通运输的基础设施建设看,要打造高品质的快速网络,加快推进高速铁路成网,完善国家高速公路网络,适度建设地方高速公路,增强枢纽机场和干支线机场功能。完善广覆盖的基础网络,加快中西部铁路建设,推进普通国省道提质改造和瓶颈路段建设,提升沿海和内河水运设施专业化水平,加强农村公路、通用机场建设,推进油气管道区域互联。[1]

我国交通运输部印发的《综合运输服务"十三五"发展规划》也提出在通道建设上,要"加强综合运输大通道内铁路、水运能力建设,优化道路运输网络的层级匹配;有序推进各种运输方式节点体系和重点枢纽场站建设,完善集疏运体系"。具体讲,要"完善国际运输互联互通网络。围绕新亚欧大陆桥、中蒙俄、中国—中亚—西亚、中国—中南半岛,以及中巴、孟中缅印等经济走廊,推进国际道路运输双、多边协定的制定、修订和签署实施,推动形成丝绸之路经济带国际运输走廊"。

3.亚洲基础设施投资银行的惠益

亚洲基础设施投资银行(简称亚投行)是一个政府间性质的亚洲区域多边开发机构。根据《亚洲基础设施投资银行协定》,亚投行的宗旨有二:其一,通过在基础设施及其他生产性领域的投资,促进亚洲经济可持续发展、创造财富并改善基础设施互联互通;其二,与其他多边和双边开发机构紧密合作,推进区域合作和伙伴关系,应对发展挑战。所以,亚洲地区的能源与电力、交通和电信、农村和农业基础设施、供水与污水处理、环境保护、城市发展及物流等都是亚投行的重点投资领域。截至去年,亚投行已经批准了两批共9个项目,总

---

[1] 《十三五规划纲要(全文)》:http://www.stdaily.com/zhuanti01/guojia/2018-01/04/content_617866.shtml,最后访问日期:2018年5月6日。

额约 17 亿美元。① 目前,虽然没有大湄公河次区域的交通项目,但东南亚的基础设施建设也是亚投行的重点投资方向。而且,亚投行计划 2016 年批准总额约 12 亿至 20 亿美元项目融资,2017 年提升至 30 亿至 50 亿美元,2018 年达到约 100 亿美元,大湄公河次区域的交通项目极有可能获得支持。

4. 我国云南和广西的交通运输规划

(1)云南

云南省在立足于"一带一路"规划和"十三五规划"的基础上,规划本省的交通发展计划,充分发挥次区域合作关键口岸作用,促进次区域合作发展。所以,云南制定出台了《云南省公路水路邮政交通运输十三五发展规划》、《云南省现代物流产业发展"十三五"规划》及其《实施方案》、《云南澜沧江开发开放经济带发展规划(2015—2020 年)》,"十三五"云南交通运输未来应遵循这样的思路:在路网建设上,由出省出境高速公路主通道建设转向高速公路逐步成网和国省干线提升改造并重;在发展领域上,从基础设施建设为主向建设养护、运输服务、运营管理、智慧交通建设、安全绿色等领域协调发展拓展;在发展模式上,从重点提升各运输方式自身能力向推进运输方式间统筹协调、提高综合运输体系整体效率转变。

具体来讲,"十三五"期间云南交通运输建设目标为推动综合交通从被动适应型到主动引领型转变,构建"八出省、五出境"铁路骨架网,"七出省、五出境"高速公路主骨架网、广覆盖的航空网和"三出境、两出省"的水运通道建设。②

铁路建设的"八出省、五出境"包括成昆、内昆、沪昆、南昆、沪昆客专、云桂、渝昆和滇藏 8 条出省打能力铁路通道,以及中越、中老、中缅、中缅印 5 条铁路出境通道。省内的铁路建设方面,将加快玉溪—磨憨铁路、大理—瑞丽铁

① 9 个项目包括:阿塞拜疆 Trans Anatolian 天然气管道项目(与世界银行共同资助);阿曼杜肯港商业码头和运营区发展项目;阿曼铁路系统准备项目;缅甸明池电厂项目(由国际金融公司,亚洲开发银行和某些商业贷款机构共同资助);巴基斯坦 Tarbela 5 水电扩建项目(与世界银行共同资助);孟加拉国配电系统升级和扩建项目;巴基斯坦国家高速公路 M-4 项目(与亚洲开发银行共同资助);塔吉克斯坦杜尚别—乌兹别克斯坦边境道路改善项目(与欧洲复兴开发银行共同出资)及印尼国家贫民窟改造项目(与世界银行共同资助)。

② 《"十三五"规划解读》:http://www.ynjtt.com/Common/ShowDownloadUrl.aspx? urlid=0&id=41469,云南省交通运输厅网站,最后访问日期:2016 年 9 月 20 日。

路、大理—临沧铁路以及做好大理—攀枝花铁路(大理段)、临沧—普洱铁路、芒市—腾冲猴桥铁路、临沧—清水河铁路、保山—六库—片马铁路前期工作。

公路的"七出省、五出境"的高速公路指"七出省"通道分别是昆明经攀枝花至成都通道,昆明经水富至重庆通道,昆明经富源至贵阳通道,昆明经普立至遵义通道,昆明经罗平至兴义通道,昆明经富宁至百色通道,大理经德钦至芒康通道。"五出境"通道则分别是昆明经磨憨至泰国曼谷公路通道,昆明经河口至越南河内公路通道,昆明经瑞丽至缅甸皎漂公路通道,昆明经腾冲至印度雷多公路通道,昆明经清水河至缅甸皎漂公路通道。①

民航方面,以西双版纳和大理机场为中心,保山、临沧、普洱等支线机场为基础,加快建设澜沧、沧源机场,加快大理、思茅机场迁建工作。以低空空域开放为契机,规划建设德钦、维西、兰坪、云龙、江城、景东、勐腊、昌宁、孟定、永德、凤庆等通用机场。开辟国际航线、加密加厚国内航线网,拓展国际、国内航空货物运输,构建空中经济航空运输大通道。

水路方面的"三出境、两出省"则是澜湄通道、红河越南通道、怒江通道、金沙江—长江通道、右江—珠江通道。立足于丰富的航运资源充分利用,充分发挥澜湄通道的优势,打造互联互通的交通未来。加快推进澜沧江—湄公河次区域高等级国际航道建设,规划建设功果桥电站—南腊河口(长约800公里)通航500吨级船舶标准的四级航道。建设景洪、思茅、关累现代化国际国内物流港以及中下游梯级渠化库区港口和其他客货运港站,提高集疏运通道能力。大力推进货运船舶标准化、客运船舶舒适化。加强航道日常维护,提高应急抢险保通能力。加快澜沧江—湄公河国际航道二期整治工程,澜沧江对外开放水域航道上延及等级提升工程,临沧港建设工程,澜沧江流域景东段漫湾和大朝山库区航运、南涧漫湾航运基础设施建设工程,西双版纳景洪、勐罕、关累码头船舶停靠锚地建设。

(2)广西

广西作为国内第二个毗邻大湄公河次区域的省份,也是"一带一路"发展战略的前沿,推动交通运输体系综合建设对区域发展作用重大。便利的海运、平坦的地势,是广西拥有与云南不同的得天独厚的交通优势,在"一带一路"和

---

① 《云南5年内将建成七出省五出境路网》:http://yn.yunnan.cn/html/2015-09/06/content_3896932.htm25,云南网,最后访问日期:2016年9月20日。

"十三五"规划全面展开后,广西交通运输的发展应该迈入一个新的时代。

如今,广西正在"打通三大通道、推进五网同建"。一条是联通海上东盟的大通道,由广西北部湾港口向南通往东盟各港口以及南太平洋、印度洋;一条是联通陆上东盟的大通道,从南宁经越南—老挝—柬埔寨—泰国—马来西亚一直到新加坡,也就是中国—中南半岛经济走廊;还有一条是以南宁为节点,向北通过贵阳联通成都、重庆再联通兰州、西安,也就是西部南北国际新通道。通过这三条通道,使海上东盟与陆上东盟相连,西北与西南相连,中亚与东南亚相连,海上丝路与路上丝路相连。所谓的"五张网",就是与东盟国家共建高速公路网、铁路网、海运网、航空网、通信网,将广西切实打造成为立体多维的海陆联通枢纽。[①]

目前,广西的目标是打通通往东南亚各国的重要海运通道,结合北部湾经济区的开发实现经济等各方面的全面互联互通,建设南宁区域性国际综合交通枢纽和北部湾区域性国际航运中心,以南宁区域性国际综合交通枢纽为核心,向南贯通中南半岛。海上,重点建设北部湾区域国际航运中心,形成我国内陆腹地对外开放的海上大通道;空中,优先建设南宁、桂林两大干线机场,打造成为中国与东盟的重要航空中转枢纽;江海联运,则是构建以西江黄金水道为主轴,以沿江重点城市为节点,中南半岛与粤港澳先进生产力有机衔接的大通道。

可以看出,云南和广西作为西南面对大湄公河次区域的重要窗口,交通运输的改善一直是国家的关注点。

5.其他国家的国际交通规划

(1)越南

越南近年来注重交通的改善。根据越南交通运输部 2015 年的规划,越南将投资 160 万亿盾(约合 76 亿美元),用于建设 50 个交通项目。[②] 而且,《越南铁路交通运输 2020 年发展倡议暨 2050 年展望》,要加大对现有各条铁路线路改造升级项目的投资;提高运输品质与运输能力,同时改造升级安园—老街、嘉林—海防、河内—太原、河内—谅山等铁路干线;改造升级重点火车站等;将

---

① 《构建"一带一路"有机衔接重要门户》,http://wemedia. ifeng. com/28281184/wemedia. shtml,最后访问日期:2018 年 5 月 6 日。

② 《越南拟投资 76 亿美元建设 50 个交通项目》:http://news. hexun. com/2015-04-10/174848027. html,和讯网,最后访问日期:2018 年 5 月 6 日。

安园—下龙—盖邻铁路干线投入运营;对河内—老街、河内—海防、河内—同登、边和—头顿、西贡—芹苴等铁路干线兴建项目进行研究。其中,河内—谅山、河内—老街、河内—海防、河内—同登都具有重要的对外联通意义。

（2）泰国

泰国近年来虽然政局一直不太稳定,但也一直在努力实现与其他国家交通联通的升级换代。2016年下半年,泰国交通部计划拟于未来发展的交通项目有2702项。此外,泰国有4个铁路项目明年开工,这四个项目包括泰国与中国合建连接曼谷和东北部呵叻府的高速铁路,这是中泰铁路计划中的第一期工程。另一个工程项目是泰国与日本合建的曼谷—彭世洛府以及曼谷—罗勇府、曼谷—华欣市的铁路。泰国政府希望在国内建立起高铁网络,将国内的主要生产和航运枢纽与中国南部和印度东北部连接起来。至于民航局方面,投资额46.80亿泰铢的素万那普机场东区扩建工程招标工作有望在2017年年底前开始。

（3）缅甸

缅甸的交通基础设施发展严重滞后,根据世界银行定期公布的"物流绩效指数"排行,缅甸2012年在全球155个国家中交通物流排名第133,属于交通基础设施最差国家之列。因此,缅甸也希望逐步改变这一状况,2015年,缅甸制定了首个包括陆海空交通的国家运输总体规划,该规划中包括142个项目。其中航空运输项目32个,水路运输项目15个,国内水路运输项目33个,铁路运输项目14个,公路运输项目48个,这些项目将逐年分批落实。2017年上半年,缅甸在"国家全面发展20年规划"中又划定了两条连接经济特区和边境口岸的经济走廊,并确定了沿线重点发展城市,这两条经济走廊分别是"迪拉瓦经济特区—妙瓦底边境口岸经济走廊"和"皎漂经济特区—木姐边境口岸经济走廊"。缅甸将大力发展两走廊的基础设施建设,一是把迪拉瓦经济特区打造成倡议连接点,把各国投资吸引到迪拉瓦经济特区、仰光和勃固,推动缅甸经济实现多层次发展。二是实现勃固国际机场将与汽车产业中心和泰国的连通。三是通过对曼德勒—木姐公路和铁路的升级改造,推动中缅贸易发展将作为短期规划优先落实,而曼德勒—皎漂运输通道的建设将被列入短期及长期发展规划,于2020年后付诸实施。如果缅甸的交通蓝图得以实现,其位于中国与东南亚和南亚国家连通的"十字路口"的特殊地位将更加显著。

（4）老挝

老挝是其区域唯一的内陆国家,由于经济基础较弱,一直希望由"陆锁国"

变为"陆联国",实现与中国和东盟各国的互联互通。根据老挝的规划,要把交通基础设施建设作为内陆无出海口国家与国际、地区互联互通重要战略来抓,重点工作和主要项目排第一位的便是磨丁口岸—万象铁路(中老铁路老挝段)。老挝政府已经宣布将开发至少4条铁路线,把内陆国家老挝变成一个与陆地相连接的国家。除了已开工建设的中老铁路外,还将建设连接老挝首都万象至越南、总长450公里的A3铁路项目(万象—他曲—Muya铁路),连接老挝沙湾拿吉省和老挝—越南丹萨凡—老宝边检站的沙湾拿吉—老宝铁路以及连接老挝甘蒙省 Thakhek 和与泰国毗邻的占巴塞省 Vangtao3D 铁路。

在公路、机场建设等基建方面,老挝规划新建连接周边国家及省与省间国道920公里,如南北及东西经济走廊、万象—万荣—琅勃拉邦高速公路等,在湄公河上修建他曲—帕农、会晒—清孔、芭莱—库考多、沙耶武里—清恩四座跨湄公河大桥;建设万象、琅勃拉邦、沙湾拿吉及占巴色国际机场。

(5)柬埔寨

柬埔寨将规划重点放在高速公路建设上,国家力争于2020年期间能够拥有高速公路,实现全柬公路网整体规划。柬计划建设的首条高速公路是从金边至西哈努克省,全长约200公里。这条高速公路是全新公路,沿着现在的4号公路建设,最快时速达120公里,最慢时速60公里。首条高速公路项目建成后,柬还考虑建设金边至暹粒省,以及金边至磅清扬省的高速公路。

目前,柬已研究建设16条高速公路,主要是连接金边至港口城市、金边至泰国、金边至老挝、金边至越南。柬高速公路发展项目将分为三期建设,分别是:第一期共有5条高速公路,总长850公里,连接金边至柴桢省、西哈努克省、暹粒省、磅清扬省和金边环城路。第二期共有7条高速公路,总长855公里,连接金边至磅湛省、连接暹粒省至马德望省、连接国公省至西哈努克省、连接贡不省至白马省。第三期共有4条高速公路,总长525公里,连接金边至贡不省、连接马德望省至国公省、连接磅湛省至上丁省,以及扩大金边环城路。

航空运输方面,根据柬埔寨王国政府于2015年12月公布的《2035年首都金边土地利用总体规划》显示,由于目前的金边国际机场越来越无法承担客流量增长的压力,柬王国政府计划将斥资3亿美元在金边以外的90公里处建设一座新的国际机场来代替目前的金边国际机场。

(二)次区域交通运输合作的重要方向:综合交通运输

从目前大湄公河次区域的交通现状来看,区域内已经摆脱了依靠单一交通运输方式的时代,基本上通过各种运输方式组合成为一个复杂的交通系统,已经构成了区域内交往交流所不可或缺的物质基础和服务保障体系。尤其是我国以及相对发达的泰国,交通的基础设施和通道建设更为齐备,故而在区域内逐步构建网络设施配套衔接、技术装备先进适用、运输服务安全高效的综合交通运输体系,从而更有效率地实现区域内互联互通,促进经济长期平稳较快发展,对达成"一带一路"的阶段性成果具有十分重要的意义。

1.综合交通运输基本概念

综合运输体系是指由各种运输方式构成的、相互联系又相互影响的以旅客和货物运输为服务功能的体系,在该体系中,铁路、公路、水路、管道和航空五种运输方式,根据各自的技术经济特点,组成竞争协作、结构合理、连接贯通、布局科学的交通运输综合体。

从交通发展历程看,交通技术创新提升运输工具,运输工具的提升带动了交通基础设施的发展,必然推动着交通运输的实现形式不断进步。交通运输从原始的运输方式,发展到今天的现代运输方式,从水上船舶到陆上马车和火车运输,从地上运输到空中运输的普及,现在已经有了以铁路、公路、水运(内河、沿海、远洋)、航空与管道五种现代运输方式结合的联合运输,这些都为综合交通运输体系的建立建设提供了最基本的可能性与条件。

理论上,综合交通运输是一个中性、简单的概念,不适合通过一系列评价性、感性的描述使其复杂化。但是,它的鲜明特点却不容忽视,因为这是我们准确理解综合运输功能的重要标尺。第一,综合交通运输体系的产生,必然意味着存在两种以上的运输方式。事实上,水运、铁路运输、公路运输、航空运输和管道运输的相继产生和发展,正是综合运输体系形成的基本要素。第二,各运输方式各有优势和缺点,既有竞争也能协作,这是综合交通运输体系形成的结构基础。第三,从效率看,综合交通运输体系不等于基本运输方式产出效果的简单相加,应当是大于每一种运输方式的运输生产效率或效益的总和。第四,综合交通运输体系建立建设,能集中反映运输结构的优化,最大可能发挥每一种运输方式的优势,避免其劣势。可见,综合交通运输的发展在国内离不开国家的宏观调控,在国家间,则离不开国际组织或者国家间的协调机构。

2.综合交通运输体系的构成

综合交通运输是一个有机结合体,综合运输的实现,需要有科学的综合运输体系,而综合运输体系则是运输生产力发展到一定阶段的产物,大力发展综合运输需要具备一定的条件。一般认为,综合运输体系由三个子系统构成。

(1)综合交通运输设备设施系统

综合交道运输设备设施系统主要由固定设备和交通运输工具两部分组成。

固定设备包括各种运输方式的线路,以及线路上的港站、相关的技术设备,线路是最主要的,可将组成综合交通运输网的各种交通线路,包括骨干线路、开发线路、腹地线路、企业专用线路等。其他设备如航道、管道、桥梁隧道、车站、港口码头、船闸、客货运设施、航空港、机场、管路、油气系站、客货运设施以及相关的通讯信号与控制等设备,也包括连接各种运输方式,实现运输方式转换的旅客换乘或货物换装枢纽。

运输系统的特点是使用机械动力驱动载运工具在线路上(包括铁路线、公路、航道与空中航线等)运送人员和物资,这些动力装置和运载工具称为交通运输工具,包括铁路的机车车辆、公路的汽车、城市的电车、水上的船舶、安装的管道等。为发展综合运输系统,除了有固定设备外,还必须有相应的交通运输工具,特别是能够快捷方便地实现运输方式转换的货物运输的标准化载体,才能保证运输功能的实现。

(2)综合交通运输枢纽系统

综合交通运输集中了交通运输大系统的多种运输方式,其基本功能是将一个或几个方向的客货流分送到另一个或几个方向,所以枢纽系统极为重要。交通运输枢纽是在两条或两条以上运输线路的交汇、衔接处形成的,具有运输组织、中转、装卸、仓储、信息服务及其他辅助服务功能的综合性设施。交通运输枢纽的作用体现为:第一,多种运输方式的交汇点,是大家客货流中转、换乘、换装与集散的地点,各种运输方式衔接和联运的主要基地。第二,运输枢纽是同一种运输方式多条干线相互衔接,进行客货中转及对营运车辆、船舶等进行技术作业和调度的重要基地。第三,提供满足多样化需求的各种运输服务与增值服务。

(3)综合交通运输的组织管理系统

建立高效率的、相互衔接的、灵活运转的综合交通运输系统的组织管理体系,以及责、权、利三者统一的经济责权制,是智慧交通的重要方向,对于提高综合交通运输系统管理效率和管理水平有着十分重要的作用。综合运输组织管理系统是综合运输体系的软件,由三部分组成,一是在各种供给方式内部及其相互之间进行组织衔接、协调的运输生产指挥系统;二是对某种运输方式、某一运输网及区域运输体系进行调节和控制的综合调控系统;三是对所有运输方式、统一运输网络和运输体系进行生产、调度、指挥所必需的通讯、导航、计算机、管理信息系统。

3.综合交通在大湄公河次区域的必要与可能

由上面交通运输的现状中,我们可以看到,在我国云南、广西交通运输系统日益呈现立体化、现代化,正在向综合运输模式靠近。但是,就我国现在的交通运输管理体制而言,还存在众多问题。例如,交通基础设施建设缺乏统一规划、平衡发展的大局思想,致使重复建设突出;机构冗杂,管理成本不断增加;综合运输优势难以发挥,联合运输难以组织,规模经济难以实现等。由于"我国设立的按交通运输方式设立的管理机构,就形成了'小交通'的管理体制,对各种交通运输方式之间的人为划割造成了各种交通运输方式的建设发展规划、布局难以有效协调,各种交通运输方式自成体系,相互间壁垒森严,公路网、水路网、铁路网、航空网、管道网等在线路、节点布局上协调衔接不畅。另外一方面,正是因为这种管理体制,行业管理上很难到位,严重影响了综合发挥各种交通运输方式的服务保障支撑功能"。① 这都需要我们不断探索,解决出现的问题,实现便携式的交通运输,降低交易成本,同时保障交通运输的安全,实现综合运输和运输现代化。就柬埔寨、老挝、越南、缅甸、泰国而言,由于各国发展理念不同,导致五国的交通基础设施建设计划不能准时完成,甚至存在搁浅的状态,另外,五国的交通设施并不完善,特别是老挝、柬埔寨,交通运输缺乏统一的管理,导致在运输过程中出现众多问题,阻碍货物的运输。我国在"一带一路"蓝皮书里提及,要加强六国的交通的协调机制,这表明国家很重视综合运输,为此我们应当"把综合交通基础设施摆在大湄公河次区域的格局中统筹规划,进一步加强区域内交通网络的对接"②,不断加强大湄公河次区域的交通合作,共同讨论制约大湄公河基础设施建设的障碍及面临的挑战,磋商解决困难的措施,实现次区域国家间高效、安全、环保的互联互通。

综合发展和利用铁路、公路、水路、航空和管道等各种运输方式,以逐步形成和不断完善一个技术先进、网路布局和运输结构合理的交通运输体系。在大湄公河次区域这个开放的运输市场空间内,发挥各个国家不同的技术经济

---

① 谷莉丽:《综合运输背景下的交通运输管理体制改革研究对策》,载《建设工程与设计》2015 年第 11 期。

② 王钦:《国际道路货运发展与大湄公河次区域合作》,载《西部交通科技》2006 年第一期。

优势,通过分工协作,有机结合形成一个连接贯通各国、布局合理、高效的完整运输体系。

2015年6月9日,交通运输部与世界银行在北京联合召开"十三五"综合交通运输发展倡议与规划国际研讨会,国内外交通专家汇聚一堂,分析我国"十三五"期间综合交通运输发展形势,交流国内外优秀规划案例,探讨"十三五"综合交通运输发展倡议与规划。大湄公河次区域作为我国对外开放又是"一带一路"建设重点面向区域,如果能够建成更加具有代表性的综合运输体系具有重要意义。

在大湄公河次区域框架内,综合交通运输体系将主要整合及建立包括以下几个部分:大湄公河次区域最主要的铁路建设莫过于泛亚铁路建设,而其中中泰高铁已经提上在建日程,其建成后将可以从昆明直达曼谷。但泰国铁路是世界上最慢的国家之一,仅靠一两条铁路并不能完全改变其现实状况。因此更重要的是全面建设配套的铁路基础设施,使各国铁路运输联通并且共同发展以达到最优的运营效率。这样才能真正利用铁路的运行优势。

目前的次区域内河航运主要集中在澜湄水运通道,其占了大湄公河次区域范围内很大比重的水运运力。澜湄通道作为亚洲唯一的国际性河流并且拥有天然的水运优势,充分利用无可厚非。但作为整个大湄公河次区域合作六国七地而言,未能充分利用的水运资源仍有许多。未来应该要建设并完善区域内各水运港口,并且使其与铁路、公路、机场联通,形成多样且方便的水运通道。在公路方面应补足各方短板,比如昆曼公路老挝段的不畅,使其与各交通运输方式牵连成为在各个运输方式间转换的重要血脉。

在次区域合作框架下,国内以昆明、南宁、防城港、景洪港等为开放节点。国外以河内、胡志明、毛淡棉、仰光、曼谷等为中心。陆地以泛亚铁路、云南广西的铁路网、东南亚五国主要铁路干线,昆曼、滇缅等国际公路为骨干。水上充分利用内河资源,建设与联通各大港口,充分承担区域内重要货运任务。加强空中联系,在未来的一段时间内做到区域内各大干支机场的直通航线。最终做到以云南与广西为中心,辐射国内国外、各区域之间内畅外通的综合、快捷的交通运输体系。

自20世纪90年代以来,大湄公河次区域各国全面合作日益活跃,各国不断探讨交流区域内的合作建设等问题,所以区域内交通运输的建设成效显著,尤其是在交通运输的基础设施建设方面取得了长足的进步。次区域内各国可喜的经济绩效表现证明了交通运输基础设施改善的必要性。如今,在"一带一路"以及次区域合作框架下,建立起区域内综合交通运输体系实现各国在互联互通上实现整体协调,已成了提升效率的关键。与旺盛的需求相比较,交通运输在此区域内的通达性依然不够乐观,在未来的时间中如何更好地发挥发展交通运输在大湄公河次区域合作中的先行者作用,已经成为各国间的共同目标、各国间交通运输合作的法律和机制建设如同一把智慧之钥,将为我们开启互联互通的光荣与梦想。

第三章

交通运输合作：大湄公河次区域多重合作机制中的主角

如前所论，对一个国家来说，交通运输在经济发展中地位举足轻重，于区域合作而言，交通运输是区域内经济、政治、文化等合作进程的推动器。但是，国际性的区域合作必须面对跨国交通运输问题，主权国家往往对此心存疑虑，因为国际道路运输涉及人员签证、货物及车辆海关手续和检疫手续、交通安全和运输管理等诸多方面，除交通运输部门外，还涉及外交、海关、边防检查、检验检疫等部门职责，这就客观上使主权行使受到限制。为了最大限度趋利避害，次区域合作需要建立有效的合作机制以协调各国之间、各国工作部门的工作与配合。为了详细说明这一个问题，本章以国际合作与国际合作原则为起点，以国际合作机制理论为基础，对现有的活跃在大湄公河次区域内的多重合作机制之历史与现状进行详尽地梳理与评价，并对多重机制下该区域交通运输合作所受影响予以衡量。

一、国际合作原则及国际机制

新自由主义学派的国际机制理论认为[①]，任何机制均起源于合作，基于各

---

① ［美］Robert. Keohane：《After Hegemony：Cooperation and Discord the World Politics Economy》，Priceton University Press1984 年版，第 6 页、第 68 页。

国的国家利益,由国家之间相互依赖而产生的合作需求是创建国际机制的根本动因。在全球化的今天,任何一个国家只依靠自身,其发展的速度与效率都无法得到较好保障,促进国家间的国际合作才有可能使合作各方都获得更好的发展机遇和条件,进而通过制度化的合作机制来解决合作当中出现的具体问题、冲突和障碍。

(一)现代国家相互依存共同发展的国际合作原则

1.国际合作的含义

对于何谓国际合作,罗伯特·基欧汉认为:"各行为体依据政策的协调而对自身的相关行为进行整合,当调整的力度达到与其他行为体的利益相符时,相互间的合作随之出现……一国政府施行的相关政策,而其他国家政府又对其加以认可,同时彼此间有着共同的目标且相互间达成共识时,国家政府间的合作就会发生。"①可以说,合作的本意是要达成各行为体之间共同的或是相互间协作行动的意愿。因此,有效合作的实现需满足两个基本条件,即各行为体间一是应认可彼此间的合作关系;二是要尊重彼此间的相互需求。也就是说,国际合作应该是由国家或其他行为体作为合作的主体,进行相互间的政策以及行为的调整,其目的是满足彼此间的利益需求。

国际法意义上的国际合作原则,其主旨就在于强调:不论各行为体的社会制度如何,均要求其以平等的国际法主体资格,在国际事务的各个方面进行合作。国际合作是现代国际法的基本原则,作为国际法基本原则之一的国际合作原则是现代国家间相互依存、共同发展的根本体现。

2.国际合作原则

1919 年 6 月 28 日通过的《国际联盟盟约》在序言中首次以国际公约的形式正式规定了会员国有增进国际合作的义务。《国际联盟盟约》是第一次世界大战后战胜国在巴黎和会上签订的《凡尔赛和约》的一部分,包括序言和 26 个条文,1920 年 1 月 10 日《凡尔赛和约》生效,国际联盟据此成立。

国际联盟有两项基本宗旨:首先,国联谋求通过集体行动维护和平。各国之间发生争端要提交给国联理事会进行仲裁和调解,必要时可以进行经济制

---

① [美]罗伯特·基欧汉:《霸权之后——世界政治经济中的合作与纷争》,苏长和等译,上海人民出版社 2000 年版,第 62 页。

裁和军事制裁。换句话说,国联成员保证保护其他成员免遭侵略。国联的第二个宗旨就是在经济和社会事务中促进国际合作。

在 20 世纪 20 年代和 30 年代初,国联主要致力于政治和外交上的合作,共同解决一些可能会引起战争的领土争端。而在经济和社会事务合作上,由于缺乏具体的制度来实施,成效不大。

在 1936 年至 1940 年期间,共有 12 个国家宣布与国联断绝关系,国联名存实亡。二战期间,国联大会再也没有召开,1946 年 4 月 18 日,国联解散,这也意味着当时最大、时间最长的国际合作机制宣告失败。

这一阶段的国际合作主要是大国间为划分各自的势力范围或应对突发事件而进行的范围、内容等有限的政治联合,是国际社会为实现和平秩序做出的努力。之前的国际合作,均囿于秘密外交的影响,基本以双边协定的形式存在。直至《国际联盟盟约》第 18 条的规定"嗣后联盟任何会员国所订条约或国际协议应立即送秘书处登记并由秘书处从速发表。此项条约或国际协议未经登记以前不生效力"才使得国际合作的权利义务公开化、透明化。

第二次世界大战对整个人类造成了空前的灾难,这也促使各国政府和人民对传统国际关系和国际法再次进行反思,并达成了共同的愿望:在作为联合国基本文件的《联合国宪章》中明确将国际合作作为联合国的宗旨之一:"促成国际合作,以解决国际属于经济、社会、文化及人类福利性质之国际问题.且不分种族、性别、语言或宗教,增进并激励对于全体人类之人权及基本自由之尊重。"[①]但是二战刚刚结束,饱受其苦的各国加入联合国的目的仍以维护世界和平与安全为主,因此在《联合国宪章》第二条规定的联合国及其会员国的基

---

① 《联合国宪章》第一条第三款。

本原则当中并未包含"国际合作原则"。①

随着二战伤痛的逐渐平复,联合国及其成员国将目光转向经济复苏,将和平与发展作为两大主旨。随着生产要素按照市场经济的要求,在全球范围内自由流动、组合与配置,形成了经济全球化的趋势,政治、经济、文化方面的发展都要求进一步强调国际合作的重要意义。

联合国大会在 1970 年全体一致通过了《关于各国依联合国宪章建立友好关系及合作之国际法原则之宣言》(以下简称《国际法原则宣言》),将国际合作原则作为国际法的基本原则之一。②

《国际法原则宣言》不仅强调了各国有"依照宪章彼此合作之义务"③,还进一步规定了国际合作的具体要求和合作基础:"各国不问在政治、经济及社会制度上有何差异,均有义务在国际关系之各方面彼此合作,以期维持国际和平与安全,并增进国际经济安定与进步、各国之一般福利及不受此种差异所生

---

① 《联合国宪章》第二条:为求实现第一条所述各宗旨起见,本组织及其会员国应遵行下列原则:

一、本组织系基于备会员国主权平等之原则。

二、各会员国应一秉善意,履行其依本宪章所担负之义务,以保证全体会员国由加入本组织而发生之权益。

三、各会员国应以和平方法解决其国际争端,避免危及国际和平、安全及正义。

四、各会员国在其国际关系上不得使用威胁或武力,或以与联合国宗旨不符之任何其他方法,侵害任何会员国或国家之领土完整或政治独立。

五、各会员国对于联合国依本宪章规定而采取之行动,应尽力予以协助,联合国对于任何国家正在采取防止或执行行动时,各会员国对该国不得给予协助。

六、本组织在维持国际和平及安全之必要范围内,应保证非联合国会员国遵行上述原则。

七、本宪章不得认为授权联合国干涉在本质上属于任何国家国内管辖之事件,且并不要求会员国将该项事件依本宪章提请解决;但此项原则不妨碍第七章内执行办法之适用。

② 《国际法原则宣言》规定的七项基本原则:一、各国在其国际关系上应避免为侵害任何国家领土完整或政治独立之目的或以与联合国宗旨不符之任何其他方式使用威胁或武力之原则;二、各国应以和平方法解决其国际争端俾免危及国际和平、安全及正义之原则;三、依照宪章不干涉任何国家国内管辖事件之义务;四、各国依照宪章彼此合作之义务;五、各民族享有平等权利与自决权之原则;六、各国主权平等之原则;七、各国应一秉诚意履行其依宪章所负义务之原则,以确保其在国际社会上更有效之实施,将促进联合国宗旨之实现,业已审议关于各国建立友好关系及合作之国际法原则。

③ 参见《国际法原则宣言》。

歧视之国际合作。"

为此目的：

（1）各国应与其他国家合作以维持国际和平与安全；

（2）各国应合作促进对于一切人民人权及基本自由之普遍尊重与遵行，并消除一切形式之种族歧视及宗教上一切形式之不容异己；

（3）各国应依照主权平等及不干涉原则处理其在经济、社会、文化、技术及贸易方面之国际关系；

（4）联合国会员国均有义务依照宪章有关规定采取共同及个别行动与联合国合作。

各国应在经济、社会及文化方面以及在科学与技术方面并为促进国际文化及教育进步，彼此合作。各国应在促进全世界尤其发展中国家之经济增长方面彼此合作。"①

与此同时，二战后新独立的一些原殖民地、半殖民地或附属国虽然在政治上获得了民族独立，但在经济上还没有完全摆脱宗主国的控制与剥削。因此，维护国家主权、发展民族经济、反对强权政治，变革国际旧秩序成为发展中国家面临的共同任务。这些国家大多奉行中立不结盟政策，并实现了不同意识形态和社会制度的直接合作，加强了发展中国家之间的联系与内部合作。

发展中国家的上述斗争在20世纪60至70年代达到高潮，运动的主要内容有：①不结盟运动。反对参加大国军事集团和与大国结盟。不允许在该国建立大国军事基地，要求尊重各国主权，共同参与解决国际政治经济的重大问题。②发展运动。主要任务是变革以控制和掠夺为核心的国际经济旧秩序，建立公平合理、平等互利的国际经济新秩序；其行动主要体现为南北对话和加强南南合作，重点是南南合作，以南南合作推进南北对话的发展。③反独裁、争民主的运动。

1964年10月召开的第二次不结盟国家和政府首脑会议首先提出了建立国际经济新秩序的口号，随后七十七国集团的部长级会议也强调建立新秩序的重要性，并提出了具体主张。在不结盟国家和七十七国集团的积极推动下，1974年4月，联合国大会第六届特别会议通过了《关于建立新的国际经济秩序的宣言》和《行动纲领》，通过了制定《各国经济权利与义务宪章》的决议，标

---

①　参见《国际法原则宣言》。

志着建立国际经济新秩序的斗争进入一个新的阶段。1974 年 12 月 12 日,联合国大会第 29 届会议正式通过了《各国经济权利与义务宪章》。

《各国经济权利与义务宪章》在序言中规定:"重申联合国的基本宗旨,尤其是维持国际和平与安全,发展各国间的友好关系,实现国际合作以解决经济及社会领域的国际问题,确认需要在这些领域加强国际合作,进一步重申需要加强国际合作以谋发展,声明本宪章的基本宗旨之一是在所有国家,不论其经济及社会制度如何,一律公平、主权平等、互相依存、共同利益和彼此合作的基础上,促进建立新的国际经济新秩序。"《各国经济权利与义务宪章》将"国际合作以谋发展"列为国际经济关系的 15 条基本原则之一①,影响了关贸总协定总体框架的继续变革,也奠定了此后国际经济领域合作的基础。至此,国际合作原则作为国际法的基本原则之一,在此后的各项国际事务中普遍存在。

随着全球化浪潮的进一步推进,国际合作原则日益呈现出如下趋势:一是合作的形式多种多样,除了传统的双边合作和多边合作之外,区域化合作、集团化合作和全球化合作平行发展;二是合作的层次越发丰富,除了国家间的合作外,国际法还特别强调国家与有关国际组织合作的义务;三是合作的领域不断拓宽,从传统的政治合作发展到今天的政治、经济、环境、文化等全方位的合作;四是合作的深度也在不断加强,各种国际合作机制如雨后春笋,蓬勃发展。

(二)集原则、规范及决策程序为一体的国际合作机制

随着国际合作成为国际法的基本原则,20 世纪 60、70 年代之后,国际机制理论也在迅速成长、发展并形成了诸多思想流派和分支。不同的流派对"国际机制"概念界定乃至研究的出发点、途径、结论等方面大相径庭,因此,有必要先对国际机制理论不同流派进行分析和比较,从中梳理、综合出适合大湄公河次区域交通运输法律合作特点的分析方法和框架。

1. 机制与国际机制

众多国际机制理论学者对什么是"机制"有着不同的理解,但是共同认知的是机制发挥着根本性、基础性的作用,这对于任何一个系统而言都是如此。机制以事物各部分的存在为其存在的前提,众所周知,每一事物都是不同部分的组合结果,其中各个部分要和睦共处,必然会面临一个问题即各个部分之间

---

① 联合国《各国经济权利与义务宪章》:第二章第 14 条。

的关系该如何进行协调，而机制就是事物各个部分相互联系的桥梁，通过一定的运作方式整合彼此间的亲疏关系，进而使它们协调运行并发挥各自作用。

罗伯特·基欧汉认为，所谓"机制"，指的是正式或非正式组织起来的一般行为模式或行为规范，也可以说成某种特殊的人为安排。[①] 道格拉斯·诺思指出，"机制是规则，是规则的强调特征，是行为的规范，这种结构重复着人们之间的相互作用"[②]。

何谓"国际机制"？罗伯特·基欧汉和约瑟夫·奈把国际机制定义为包括"调整行为及控制其结果的规章、准则和程序的网络"在内的"一套指导性安排"[③]。斯蒂芬·D.克莱斯纳则认为国际机制是"在特定的问题地区整合了角色期望的原则、准则、规章和决策程序"[④]。赫德利·玻尔将国际机制理解为"一般性强制原则，它要求或授权个人或群体的特定阶层按特定的方式行动"[⑤]。国际机制首先是一整套原则、规范、规则以及决策程序的集中体现，可以是明示的也可以是默示的，其集合不同的国际行为体针对一些特定国际领域中的问题，始终以可预期的收益为核心。

2. 合作机制

再进一步来说，合作机制就是"在双方或多方的合作系统中，合作各方之间的相互关系以及行为过程所必须遵循的制度化的方式和方法，其中也包括为保证这些方式方法发挥作用的必需的机构设置"[⑥]。"合作机制"一词大多用于国与国之间或地区与地区之间所开展的不同领域的合作，很少用于企业之间和自然人之间的合作。

最早在国际问题研究中提出"国际合作机制"概念的是美国学者约翰·鲁杰，他把国际合作机制定义为"已经被一部分国家接受的一系列相互期望、规

---

①　Robert O. Keohane：International Institutions：Two Approaches，*International Studies Quarterly* 1988，p. 380.

②　D. C. North：Institutions and Economic Growth：An Historical Introduction，World Development，p. 1319.

③　R. O. Keohane and Joseph Nye：Power and Interdependence，Boston Press 1977，p. 19.

④　StephenD. Krasner：InternationalRegimes，Conell University Press 1983，p. 1.

⑤　Hedly Bull：The Anarchical Society，Columbia University Press 1977，p. 54.

⑥　李罗力：《对区域经济合作机制的再研究》，载《脑库快参》2010 年第 6 期。

则和规定、计划、组织的能量和财政义务"①。通俗点说,"国际合作机制"是指两个或两个以上国家之间建立起来的比较稳定的在政治、经济、文化等方面的双边或多边合作模式。②

我们对国际合作机制的理解包括两方面的含义:一是比较宽泛的,指国际组织机制还没有发展成国际组织,但已经有几个国家共同参与的共同性和制度性安排;二是单指由几个国家参与的共同性和制度性安排,但合作层次远低于国际组织的合作机制。

从对机制、国际机制及合作机制概念的基本理解以及具体的研究途径和方法出发,有学者把国际机制理论分为结构式、博弈式、功能式、认知式等四个层次的研究领域③,也有学者将其归结为新现实主义学派、新自由主义学派、认知主义学派等三大思想流派。④ 国际机制理论的几个思想流派各有所长、各有所短。认知主义学派在分析国内决策与国际机制的互动方面有独到之处。在对国际经济机制和区域性合作机制的分析中,新自由主义学派所构建的研究路径和理论框架更能够与实践相契合,从而呈现出更强大的理论整合力。新自由主义学派以博弈论为基础,对地区合作和一体化缘起的分析,关于地区一体化发展的"外溢"理论,对一体化效果进行评价的功能主义方法,为我们从国际机制理论角度解读大湄公河次区域交通运输的合作机制提供了重要的方法论指导。

(三)国际合作和国际机制的关系

从上述定义即可得出这样的结论:机制本身就是合作的产物,也是合作的基础和要求。当特定范围内的各个部分基于某种共同利益产生了合作的需求,需要一定的规则、机构及程序将其整合在一起,为实现共同的目标而协同行动,实现共赢。可以说,合作本身就是机制的题中应有之意,国际合作也同样蕴含在国际机制当中。

---

① John G. Ruggie:《International Responses to Technology:Concepts and Trends》,International Organization1975 年第 29 期。

② 吴宏伟:《中亚地区发展与国际合作机制》,社会科学文献出版社 2011 年版,前言第 1 页。

③ 王逸舟:《西方国际政治学:历史与理论》,上海人民出版社 1998 年版,第 408 页。

④ 李钢:《西方国际制度理论探析》载《世界经济与政治》2000 年第 2 期。

1.频繁的国际合作催生国际机制的形成

随着全球化步伐的加快,各国紧追经济发展、科技进步的步伐,扬长避短实现自身的综合发展,故彼此间的依赖也日益显著,由此国际合作则在所难免,而国际机制就是在国际合作的频繁进行中日益凸显。如前文所述,国家利益是国际合作的基础,国际合作也因行为体对国家利益的欲望而具有巨大的内在驱动力,而行为体合作过程中彼此间的利益促成了国际机制的最终形成。可以说,国际机制源于国际合作,合作的驱动力旺盛程度高涨,从而形成频繁的重复合作,最终催生了国际机制的形成。

2.有效的国际机制推动国际合作深层次发展

国际合作是行为体之间相互调适双方或多方的政策和行动的过程,而国际机制无疑会使带有合作特性的行为体间的集体行动更趋有序和稳定。如前所述,国际机制无疑为行为体间的合作提供了一个框架,在促进合作的同时也在为国家利益服务,由此得到了行为体的普遍认同。国际机制调控行为体间的政策,增进彼此间的信任感,共享信息资源,为国际合作的顺利进行保驾护航。[1]

鉴于两者的上述关系,我们在讨论大湄公河次区域的交通合作机制时,采用"国际合作机制"这样为人们所熟悉的名称。

二、大湄公河次区域多重合作机制中的交通运输合作

由于历史、政治与经济等诸多的因素,存在于大湄公河次区域的多重国际合作机制十分活跃,并对这一区域的政治与经济环境产生着深刻地影响。整理与分析这些多重的、活跃的国际合作机制,探寻在这些国际合作机制中关于交通运输的合作历程与成果,是我们寻求大湄公河次区域交通运输合作机制的必经之路。

(一)GMS 经济合作机制下的交通运输合作历程

湄公河流域诸国的正式合作开始于 20 世纪 50 年代的湄公河航道开发及

---

① 鲁鹤立:《打击索马里海盗国际合作法律机制研究》,中国海洋大学 2012 年硕士论文。

水能利用。1955 年,联合国亚洲及远东经济委员会发表"湄公计划",泰国、柬埔寨、老挝和越南表示支持,并同时成立湄公河委员会,在亚太经济社会发展理事会的主导下运作。湄公河委员会得到了 30 个合作国、17 个国际组织和 6 个国际金融机构的协助,但由于 1960 至 1980 年间中南半岛政局动荡,"湄公计划"休眠至 80 年代末才恢复。而与此同时,1992 年,由亚洲开发银行发起设立了中、柬、老、缅、泰、越六国参加的 GMS 合作机制,该合作机制的宗旨是加强次区域国家的联系,提高次区域的竞争力,建设共同繁荣的大家庭,推动本地区经济和社会发展。这个采取以项目制合作方式推进的次区域合作,尽管其合作领域比较广泛,但交通运输领域的合作始终是这一合作机制中的重点。总体来说,在 GMS 经济合作这一机制项下,在交通领域所形成的合作与发展历经了三个大的阶段。

1. 1992—2001 年 摸索及准备阶段

(1)营造互信共识阶段(1992—1994 年)

1992 年,亚洲开发银行(以下简称"亚行")在其总部所在地菲律宾马尼拉召开了大湄公河次区域六国首次部长级会议,标志着大湄公河次区域经济(GMS)合作机制的正式启动。会议上,中国代表提出了以交通为主的"一条铁路、两条公路、一个机场"即 1-2-1 的合作建议并编入亚行次区域经济合作纲领附件。[①]

1993 年,第二届 GMS 部长级会议(马尼拉,菲律宾)初步形成了交通、能源、环境与自然资源管理、人力资源开发、经贸与投资和旅游等六个领域的合作框架。中国代表在会上进一步阐述了 GMS 合作应以交通为主的观点,"要想富、先修路"的思想逐步成为与会代表的共识。合作框架的内容列入亚行《大湄公河次区域经济合作》规划,亚行第一次在文件中使用了"大湄公河"字眼。[②]

1994 年,第三届 GMS 部长级会议(河内,越南)分两步进行:第一步分领域进行高官会议,而后由高官会议分领域向部长级会议作出报告,正式由部长级会议通知确定了交通、能源、环保、人力资源开发、经贸与投资和旅游等 6 个

① 中华人民共和国发改委、外交部、财政部、科技部:《中国参与大湄公河次区域经济合作国家报告》,2011 年版。

② 中华人民共和国发改委、外交部、财政部、科技部:《中国参与大湄公河次区域经济合作国家报告》,2011 年版。

领域的合作框架。同时也是次区域经济合作中第一次使用"部长级会议"一词。会议还形成了《GMS 由倡议走向实施》的会议文件。文件中列入了公路 8 项、铁路 8 项、水路和港口 8 项、机场 6 项、水电 6 项、天然气 1 项,并提出了建立机制,分领域成立了交通论坛、电力论坛。同时,环保、人力资源开发、经贸与投资和旅游等领域的合作设想也提了出来。

1994 年,第四届 GMS 部长级会议(清迈,泰国)召开。会议进一步确认了合作框架和合作项目,初步确定了交通论坛和电力论坛两个论坛的工作大纲。与会代表一致推动亚行尽快启动合作项目,使务虚变成现实。

此阶段主要是就 GMS 的初步合作领域等基本问题进行了可行性研究及广泛磋商,营造次区域内合作的互信氛围,就一些合作的基本方向、领域和框架达成了共识。

(2)建立合作框架阶段(1994—1996 年)

1995 年,第五届 GMS 部长级会议(马尼拉,菲律宾)召开。此次会议将合作领域由原来的 6 个领域扩充到 7 个领域(即增加通讯合作)。筛选出 103 项优选合作项目,形成了共有 55 条的会议纪要并形成了《GMS——面向挑战》的会议文件。[①]

1996 年,第六届 GMS 部长级会议(昆明,中国)召开,讨论了交通、电力、旅游、通讯、环保等工作小组的总结报告以及航空高官会议的报告等。会议形成了《不断发展 GMS 的势头》文件。

该阶段 GMS 次区域的合作注重以项目为主导,确定了交通、能源、电信、环境、农业、人力资源开发、旅游、贸易便利化与投资九大重点领域,并积极为成员国提供资金支持和技术援助,从务虚走向务实。交通运输的基础设施建设首当其冲,本阶段着重解决的是交通运输基础设施的"连通性"。

(3)项目准备阶段(1996—1999 年)

1997 年,第七届 GMS 部长级会议(马尼拉,菲律宾)召开,会议回顾了第六届部长级会议以来的次区域经济合作 7 个领域项目的进展情况,并提出由于资金有限,在次区域经济合作项目中"优中选优",协调硬件项目和软件项目的关系,使其协调一致,同时还提出了 GMS 合作 2020 年长期倡议研究

---

① 罗梅、马金案:《大湄公河次区域经济合作回眸》,载《当代世界》2008 年第 9 期。

报告。[①]

1998年,第八届GMS部长级会议(马尼拉,菲律宾)召开,会议发表了《满怀信心》的部长联合声明。在形成共识的基础上,GMS合作的地域范围内将生产、投资、贸易和基础设备建设有机地联系为一体的新合作理念——"经济走廊"及三纵两横的交通走廊。南北向为仰光—曼德勒—昆明、泰国—老挝—昆明、海防—河内—昆明。东西向为岘港—沙湾那吉—彭世洛—毛淡棉、胡志明市—金边—曼谷—仰光。同时,在缅甸代表团多次提出的基础上,会议纪要中第一次记录"禁毒"为GMS合作的内容之一。[②]

该阶段,亚行和GMS各国动员了大量资金,项目可行性研究全面展开,优先项目开始落地实施。但是由于这期间发生了东南亚金融危机,GMS交通运输基础建设的合作进程被迫放慢。

2. 2000—2012年 起步及迅猛发展阶段

(1)恢复及制定倡议阶段(2000—2004年)

2000年,第九届GMS部长级会议(马尼拉,菲律宾)召开,会议是在东南亚摆脱金融危机困境后召开的,因此会议的主要目的是进一步促进本地区的区域经济合作,保持经济正增长的势头。在部长圆桌会议讨论中,首次提出了建立"商业论坛"的建议并形成了题为《开放边境,携手合作》的GMS部长级会议声明。

2001年,第十届GMS部长级会议(仰光,缅甸)召开,会议确定了今后GMS合作的方向并通过了5个"倡议重点",即:加强基础设施联网,便利跨境贸易与投资,增强私营部门的参与和竞争,开发人力资源和提高技能水平以及加强环境保护和自然资源的可持续利用。2001年,中、老、缅、泰澜沧江—湄公河国际航运正式通航。

东南亚金融危机后,该区域各国经济日益复苏,2002年,第十一届GMS部长级会议(金边,柬埔寨)召开,会议初步讨论通过了中国加入《次区域便利跨境客货运输协定的备忘录》,通过了《GMS经济合作未来十年倡议框架》并决定其后每三年在成员国轮流举行一次GMS领导人会议。GMS合作开始上升到领导人层级,由此进入了全面、高速发展的新阶段。

在该框架下,部长们一致认为:GMS的第一个十年注重基础设施的"连通

---

① 罗梅、马金案:《大湄公河次区域经济合作回眸》,载《当代世界》2008年第9期。

② 罗梅、马金案:《大湄公河次区域经济合作回眸》,载《当代世界》2008年第9期。

性",为了各国能够从区域一体化和全球化进程中受益,第二个十年应集中精力提高区域各国间的"竞争力"。于是交通合作和经济走廊建设被 GMS 各国在 2002 年签署的《GMS 经济合作未来十年倡议框架》中列为主要目标之一。要建立各国间的"竞争力",就要求各国专注于技术创新、人力资源开发、贸易便利化和政务优化等工作。部长们一致同意:应编制整体发展倡议,以便更好地协调区域内国家和区域层面的政策以及区域内的项目,并与主要投资项目的规划实施同步进行。在《GMS 经济合作未来十年倡议框架》中,各国达成了"实现次区域长期增长、平等和繁荣"的共识,该框架进一步提出 11 个同倡议方向相关的骨干计划,包括交通、经济走廊、电信骨干网和电力联网、跨境贸易和投资、推动私营部门参与、次区域公共环境和自然资源的联合管理计划、人力资源开发、大湄公河次区域旅游开发等。

以 2002 年首次 GMS 领导人会议为标志,大湄公河次区域合作的一个重要发展趋势是从依赖亚洲开发银行到次区域六国自己共同确立次区域经济合作倡议框架、行动计划及制定相关的合作协定,确定重大合作项目。相关六国政府逐步成为次区域合作的主导者,促使次区域各国不但要考虑自身在合作中的利益,还要更多地考虑六国的共同利益,共同促进大湄公河次区域合作的发展。

2003 年,第十二届 GMS 部长级会议(大理,中国)召开,来自 GMS 各大商会、商业论坛的代表作为私营部门的代表第一次被邀请参与会议。欧洲、亚洲和美洲的各大多边和双边机构、金融界的代表出席了本次会议,签署了《第十二届 GMS 部长级会议联合声明》。

2004 年,第十二届 GMS 部长级会议(万象,老挝)召开,会议提出各领域下阶段的合作重点,决定在继续推进基础设施建设项目的同时,加强在社会领域和政策法律框架方面的合作,包括加快建设区域经济交通走廊、发展信息高速公路、促进区域电力联网和电力贸易、建立生物多样性保护走廊、便利区域贸易和投资以及开展卫生防疫合作等。

传统上,GMS 跨境交通干预的重点是经济走廊的硬件(如道路、桥梁等)。截至 2004 年,以交通项目为主的基础设施建设投资了 20 亿美元,极大地改善了区域内的路网布局。① 同年 4 月 30 日,大湄公河次区域六国便利运输联合委员会第一次会议在柬埔寨首都金边召开。中国交通部副部长胡希捷率团出席会议并代表中国政府签署了《大湄公河次区域便利货物和人员跨境运输协定》(以下简称《便运协定》)第一阶段附件和议定书共 9 个文件。

《便运协定》是亚洲开发银行(ADB)的一项技术援助项目成果(1996 年)。该成果指出:GMS 各国间的贸易壁垒和人员无法自由流动是关键问题。包括:(1)限制机动车辆进入,通常导致采用高成本且耗时的船运;(2)对交通工具的大小、载重、安全要求和驾驶员资格采用的标准不同;(3)海关制度、检验、通关和关税评估制度不一致;(4)严格的签证要求。尽管存在解决上述妨碍人员和货物流动的非物理障碍的国际惯例,但多数 GMS 国家尚未完全接受。因此,有必要在短期和中期内解决非物理障碍问题。

《便运协定》作为大湄公河次区域经济合作的一项重要内容,旨在实现该区域六国之间人员和货物的便捷流动,使大湄公河次区域各国交通基础设施投资的"硬件"与便利客货运输的"软件"协调发展。中国非常支持东盟实现便利运输。中国自 2002 年②加入该协定以来就一直在积极促进谈判工作的顺利进行。中国政府已成立了一个包括公安、质检、海关、交通和外交 5 个部门在内的委员会,在国内进行协调,促进便利运输早日实现。③

根据协定,为保证各项便利运输措施的协调执行,各国须成立国家便利运输委员会,并由各国委员会组成联委会,负责协调处理《便运协定》执行中出现的问题,原则上每 3 年举行一次联委会会议。联委会下设高官会机制,并设有运输与海关、边防、检验检疫和担保机构 4 个分委会。在亚行的技术和资金支持下,联委会促成了 GMS 部分成员国之间双边和三边运输权益交换协议的达成,以及在 GMS 各国指定出入境站点实施"一站式"检查和"单一窗口"等过境便利化安排等,为实现 GMS 各国间货物和人员跨境运输便利化作出了

---

① 《湄公河次区域合作四"支点"中国东盟双双获益》:http://news. sina. com. cn/w/2003-11-05/14301062151s. shtml,新浪网,最后访问日期:2018 年 5 月 6 日。

② 该协定最初由越南、老挝和泰国于 1999 年 11 月 26 日签署,柬埔寨、中国和缅甸先后于 2001 年、2002 年和 2003 年加入。协定有 20 个技术附件和议定书,6 国政府计划于 2003 年、2004 年和 2005 年分三个阶段完成谈判和签署工作。

③ 《大湄公河次区域便利运输联合委员会首次会议》:http://news. sohu. com/2004/04/30/50/news220015050. shtml,搜狐网,最后访问日期:2018 年 5 月 6 日。

积极贡献。

（2）落地发展阶段（2005—2010 年）

2005 年 7 月，GMS 第二次领导人会议在中国昆明举行，这是 GMS 史上最高级别的会议①，会议最后通过了《昆明宣言》，确立了"相互尊重、平等协商、注重实效、循序渐进"的合作指导原则，《昆明宣言》还指出："我们重申实现千年发展目标的承诺，将在四个关键领域加倍努力。加强基础设施，我们支持制定次区域交通倡议，加快经济走廊建设，同意将铁路、航空和水运纳入合作机制。我们指示部长们在 2005 年内完成所有《大湄公河次区域便利客货跨境运输协定》附件和议定书的谈判工作并尽早执行……"②

为了落实《昆明宣言》关于加强基础设施中所确定的上述任务，交通部部长张春贤代表中国政府与其他五国政府代表签署了《便运协定》的附件 3、5、10 和议定书 2。目的在于使 GMS 各国在交通基础设施投资的硬件方面与便利客货运输的软件方面协调发展的《便利客货跨境运输协定》，共有 17 个协定和 3 个附件，主要包括跨境手续、道路标志、运输价格、海关检查、车辆管理等涉及交通运输领域的便利化措施。此次签署的附件 3 为《易腐货物运输》，附件 5 为《跨境人员流动》，附件 10 为《运输条件》，议定书 2 为《过境运输收费》。至此附件和议定书已签署 16 个，其余 4 个在 2005 年完成谈判和签署工作。附件和议定书于 2006 年起陆续实施。

上述文件的签署，标志着 GMS 交通运输合作在制度建设上由此迈上了一个新台阶。

根据 GMS 交通发展倡议的规划，发展交通是 GMS 合作的重中之重。此次会议又明确提出，将开发整个澜沧江—湄公河航运，纳入 GMS 合作机制，使该区域公路、水路运输得到共同发展。GMS 在交通领域的合作将逐渐涵盖铁路、水运和航空等领域，最终在次区域建立便利的多式联运交通网。

从 2005 年中期开始，在《便运协定》附件 1 中确定的 16 个过境点中选出

---

① 陈铁水：《论次区域合作执行机制的构建》，载《云南大学学报（法学版）》2007 年第 5 期。

② 详细内容请参阅"GMS 第二次领导人会议《昆明宣言》"

5 个过境点试行《便运协定》①。

2008 年,昆曼公路建成通车,中国云南省与中南半岛实现陆路连接。

2010 年 6 月 17 日,大湄公河次区域(GMS)便利运输协定联委会第三次会议在老挝首都万象召开。GMS 六国(中国、老挝、缅甸、柬埔寨、泰国、越南)国家便利运输联委会主席或副主席率领的政府代表团、亚洲开发银行以及相关国际金融组织代表出席会议。会议审议并通过了《大湄公河次区域便利运输协定联委会第三次会议联合声明》,为下一步推进 GMS 交通和贸易便利化提供了行动指南。

中国国家便利运输委员会副主席、交通运输部副部长高宏峰代表中国政府在大会上发言,指出中国在推进 GMS 交通和贸易便利化方面取得了重大进展,包括协调国家便利运输委员会及其下设的运输、海关、检疫和边防四个分委会的工作,有力地促进了区域内交通和贸易的便利化,具体体现在以下几个方面的工作:

完成《便运协定》及其附件和议定书的法律生效程序;在中越河口—老街口岸、友谊关—友谊口岸以及中老磨憨—磨丁口岸初步实施便运协定;为实施海关过境担保制度,在毗邻国家间统一海关过境和临时入境制度,并建立了公共部门与私营企业的合作关系,包括建立担保组织与担保体系及实施道路运输许可证制度;在通道建设方面,加快推进连接中越边境口岸河口—老街、友谊—友谊关、中老边境口岸磨憨—磨丁以及中缅边境口岸瑞丽—腊戍中方境内公路的改造升级,并在完成昆曼公路老挝境内路段建设的基础上,启动连接泰国和老挝的清孔—会晒跨湄公河大桥建设,为全面实施便利运输协定提供可靠的"硬件"设施。

中国愿继续为全面实施便利运输协定、推动本地区经济和贸易的发展作出贡献,并建议亚行尽快推动中老泰三国就交通运输权益作出安排,包括海关过境担保制度。②

2010 年 8 月 20 日,GMS 经济合作第十六次部长级会议在越南首都河内

---

① 5 个过境点是:(1)Hekou(中国)—Lao Cai(越南);(2) Bavet(柬埔寨)—Moc Bai(越南);(3)Dansavanh(老挝)—Lao Bao(越南);(4) Poipet(柬埔寨)—Aranyaprathet(泰国);(5) Mukdahan(泰国)—Savannakhet(老挝)。

② 《高宏峰出席 GMS 便利运输协定联委会第三次会议》:http://www.gov.cn/gzdt/2010－06/18/content_1629850.htm,中华人民共和国中央人民政府网站,最后访问日期:2018 年 5 月 6 日。

举行。会议审议通过了铁路行业发展倡议框架、农业领域合作规划、第二期核心环境项目倡议方向、交通与贸易便利化行动计划、南部经济走廊倡议行动计划及能源合作项目，并就 GMS 合作未来 10 年（2012—2022 年）发展倡议进行了深入讨论。在本次会议上，来自中国、缅甸、老挝、泰国、柬埔寨、越南的部长级官员一致通过了大湄公河次区域铁路衔接计划。预计到 2020 年，GMS 六国将实现铁路网络的连通。该计划被视为促成一个完整铁路系统的重大步骤，也是开发并实现泛亚铁路系统的第一步。

（3）快速发展阶段（2011—2012 年）

2011 年 8 月 4 日，GMS 经济合作第十七次部长级会议在柬埔寨金边召开。会议重点讨论制订《2012—2022 年大湄公河次区域倡议框架》，并将其提交 2011 年 12 月在缅甸召开的 GMS 领导人第四次会议批准实施。会议审议了 GMS 第四次领导人会议的成果文件，其中包括 GMS 新 10 年（2012—2022 年）倡议框架、旅游合作倡议、信息高速公路谅解备忘录、核心环境项目二期框架文件和行动计划、交通与贸易便利化成果文件、设立 GMS 铁路协调办公室行动计划。

本次 GMS 合作部长级会议，不仅深入讨论了 GMS 合作未来 10 年（2012—2022 年）的发展倡议，也充分表明 GMS 合作正进入更加务实的新阶段，GMS 合作正在开启"以基础建设为重点，以资源开发为纽带，以产业合作为基础，以项目开发为平台，以企业合作为主体的深层次、宽领域、全方位开放合作的新时代"。[①]

2011 年 12 月，GMS 第四次领导人会议在缅甸内比都举行，审议确定未来十年的合作倡议框架是此次会议的重要议题。中国愿与 GMS 各成员国一道落实好各项合作倡议，推动各领域合作向新的深度和广度发展，为实现 GMS 各国的共同发展与繁荣做出积极贡献。

3. 2013 年—至今 "统筹平衡、深化发展"阶段

2013 年，次区域各国间的交通合作机制建设得以继续推进。2013 年 11 月 22 日，在亚行的支持和协调下，大湄公河次区域国家便利运输联合委员会在缅甸首都内比都举行了第四次会议。GMS 六国（中国、柬埔寨、老挝、缅甸、

① 《大湄公河次区域经济合作第十七次部长级会议举行》：http://www.gov.cn/jrzg/2011—08/05/content_1919981.htm，中华人民共和国中央人民政府网站，最后访问日期：2018 年 5 月 6 日。

泰国、越南)交通运输主管部门的领导分别率团与会,亚行和 GMS 发展伙伴的高级代表也出席了会议。会议回顾了自 2010 年联委会第三次会议以来,GMS 各国在交通基础设施互联互通和跨境运输便利化方面取得的工作进展,通过了《联委会未来三年(2013—2016)运输和贸易便利化蓝图规划》并发表了《联委会第四次会议联合声明》。

会议敦促各有关方加快批准 GMS 六国政府间《便运协定》附件和议定书;推动成员国之间商签和实施《便运协定》的双边或三边合作文件;继续依据市场需求增加运输行车许可证配额;开展完善口岸"单一窗口"和"一站式"检查并扩大应用范围;确定推行海关过境制度的瓶颈并研究对策;加强各边境主管机关能力建设;鼓励私营部门和运输协会的积极参与(包括在联委会项下成立担保机构分委会)等。① 从交通基础设施的建设成果上看,2013 年 10 月 9日,云南锁龙寺至蒙自高速公路全线正式通车,与滇东南、滇东北高速公路实现联网收费运营。锁蒙高速公路的正式通车实现了从昆明到河口全程高速化,大大缩短了从昆明到河口的时间。在铁路建设方面,蒙自至河口的铁路建设在 2013 年快速推进,在 2014 年 9 月竣工。随着蒙自至河口铁路的完工,昆明至越南的国际大通道真正打通,大大促进了次区域人员、物资的往来,推动了成员国间贸易的发展。

2013 年 12 月 11 日,清孔—会晒大桥正式通车,彻底打破了昆曼公路全线贯通的瓶颈。大桥的正式通车,极大地改善了滇泰、滇老交通运输及贸易往来条件,对推动大湄公河次区域各国开展多领域的务实合作,加强昆曼经济走廊建设具有重大意义。清孔—会晒大桥正式建成通车成为次区域交通领域公路建设合作的一大亮点。

2014 年 GMS 交通运输合作,在以项目为主导的合作方式下,在制度与组织的建设上均得以继续推进,成员间交通设施的互联互通成果显著。2014 年8 月,GMS 铁路联盟正式成立。这是次区域各国以机制化途径促进 GMS 基础设施建设,加快推动 GMSS 铁路基础设施互联互通的重要举措。

在 2014 年 12 月召开的 GMS 经济合作第五次领导人会议期间,中国和泰国签署了《中泰铁路合作谅解备忘录》。协议涉及的铁路项目是泰国

---

① 《大湄公河次区域联委会第四次会议提出:推动便运协定双边或三边合作》:http://money.163.com/13/1122/19/9EAEJP8800254TI5.html,网易新闻,最后访问日期:2018 年 5 月 6 日。

"2015～2022 年交通基础设施发展倡议"的组成部分,主要为总长 737 公里的廊开—呵叻—玛达普深水港线及全长 133 公里的景溪—曼谷线两段铁路。廊开—呵叻—玛达普深水港线铁路全部使用中国技术和装备建造,并由中方提供融资支持,将成为中南半岛首条现代化标准轨道铁路。泰国交通部部长巴津表示,"该条铁路最终将与即将修建的中国—老挝万象铁路相连,有利于实现东盟一体化后泰国与东盟其他国家的互联互通"[①]。此外,泛亚铁路东线的蒙自—河口段于 2014 年 12 月 1 日正式通车运营。在公路方面,次区域交通系统中的重点项目越南河内—老街高速公路也于 2014 年 9 月 21 日正式建成通车。该公路全长 245 公里,是越南规模最大的高速公路项目,其建成通车不仅便利了越南国内人员和货物的流动,带动沿线地区经济发展,也有利于越南与中国云南公路互联互通的发展。

随着中国国家主席习近平在"加强互联互通伙伴关系"对话上,发表了主题为"联通引领发展、伙伴聚焦合作"的讲话,再次指出,中国和"一带一路"沿线国家应发挥"愚公移山"精神,优先开展道路合作,实现铁路、公路等道路交通基础设施互联互通,中国在"丝绸之路经济带和 21 世纪海上丝绸之路"、"亚洲命运共同体"建设等新理念指导下,加大了对 GMS 合作的投入,积极打造 GMS 合作升级版,推动了次区域各个领域的合作。

2014 年 12 月 19 日至 20 日,以"致力于实现大湄公河次区域的包容性和可持续发展"为主题的大湄公河次区域经济合作第五次领导人会议在泰国曼谷举行。中华人民共和国政府总理李克强、柬埔寨首相洪森、老挝总理通邢、缅甸总统吴登盛、越南总理阮晋勇和亚行行长中尾武彦与会,各方就如何推进次区域经济一体化、次区域互联互通、投资便利化等问题进行了磋商,并发表了《联合声明》,指出各成员国将致力于次区域的包容性和可持续发展。中国总理李克强宣布中国政府将出资 1 亿元人民币开展澜沧江—湄公河航道二期整治工程的前期工作。

这次启动的澜沧江—湄公河航道二期整治工程规划为:在 2025 年建成从思茅港南得坝至老挝琅勃拉邦长 890 公里、通航 500 吨级船舶的国际航道,并在沿岸建设一批客运港口和货运港口。李克强在此次领导人会议上还表示,中方将按市场化、可持续原则,出资 10 亿美元支持次区域互联互通等重点项

---

① 蒋天:《中国助力大湄公河次区域经济发展》,载《中国青年报》2014 年 12 月 22 日。

目。可以预见,未来中方对次区域互联互通的支持力度还将进一步加大。

2015 年,中国拟定了推动"一带一路"愿景实现的行动文件,文件中明确把道路交通基础设施建设列为该倡议实现的第一步。道路互联和互通仍是"一带一路"的合作重点,是沿线国家经济发展的基础和前提。

2015 年底,由泰国、中国、越南、柬埔寨、老挝及缅甸组成的大湄公河次区域经济合作成员签署了所有大湄公河次区域跨境运输协定(GMS Cross-Border Transport Agreement:GMS CBTA)的附件和协定书后,2016 年 7 月 14 日,大湄公河次区域便利运输联合委员会特别会议暨高官会在泰国曼谷举行,由中国、柬埔寨、老挝、缅甸、泰国、越南六国交通运输主管部门领导分别率领的各国国家便利运输委员会代表团约 60 名代表出席了会议。与会各国围绕如何推进《便运协定》的实施和修订等具体问题展开了深入讨论。经深入分析次区域在便利运输方面存在的各种挑战和机遇,会议同意,启动对主协定及其附件和议定书的修订工作;自 2017 年 1 月 1 日起,中、柬、老、泰、越五国将签发在次区域通用的 GMS 便利运输许可证(缅甸将于 2019 年 1 月 1 日前签发),作为全面实施《便运协定》的早期收获;至 2019 年 1 月 1 日,各国将继续延续现有的以双边和三边谅解备忘录形式实施《便运协定》的具体安排,同时对次区域的运输便利化情况展开年度评估,并在其后确定后续工作如何开展。

继 2016 年 7 月的特别会议这后,2016 年 12 月 15 日至 16 日,中国、老挝、缅甸、泰国、越南、柬埔寨等大湄公河次区域(GMS)国家便利运输委员会联合委员会第五次会议在泰国清迈召开。会议审议了 2013 年年底联委会第四次会议以来各国在推动次区域运输和贸易便利化方面的工作进展,会上各方一致通过了联委会第五次会议声明,宣布将采取务实的运输与贸易便利化措施,加快实现共同目标,为次区域人员往来和经贸合作创造更加便捷高效的条件;同意在 2017 年 3 月 1 日起启动实施《便运协定》的早期收获,启用 GMS 道路运输许可证和机动车暂准入境单证,并争取完成对《便运协定》的全面修订,使之更加契合次区域运输和贸易的现实发展和未来需求。

交通运输部副部长刘小明全面介绍了中国在推动运输和贸易便利化方面取得的成绩。他指出,运输便利化是中国政府提出的"一带一路"倡议中交通运输领域的重点任务之一,为推进相关工作,中国国家便利运输委员会 8 个成员部委最近联合出台了关于推动国际道路运输便利化的指导意见;云南、广西两省区连接口岸的高速公路建设取得新进展;公安、交通运输、海关、质检等部门采取积极措施提高口岸工作效率,并与 GMS 其他五国对口部门保持密切沟通协作,共同改善通关设施和条件。

会议由泰国交通部部长阿空·丁披他耶拜实主持。他表示,中国政府提出"一带一路"倡议后,本地区的发展更加引起世界关注,希望中国帮助各国共同促进次区域运输便利化和经济发展。柬埔寨、缅甸、老挝、越南代表在发言中均表示,运输与贸易便利化是实现次区域经济一体化的关键因素,需要各国坚守承诺,通力协调合作,共同推进便利化措施落到实处。①

(二)GMS 经济合作机制下的交通运输合作成效

从历史的角度考察 GMS 经济合作机制下的交通运输合作成效,它印证了一个道理:交通基础设施的联通是区域经贸发展的主要驱动力之一,但如果没有运输便利化,基础设施的联通将无法有效发挥其应有作用,而 GMS 经济合作机制是在充分认识这一区域的客观现实的前提下,就 GMS 交通运输的合作,采用了渐进式的合作模式。务实与稳健,是 GMS 合作机制下交通运输合作最突出的特点与经验,值得我们总结和借鉴。

1.已有成果带来新发展

首先,伴随着 GMS 合作机制 25 年的发展,次区域各国加强合作、共谋发展的意愿进一步增强,发展成果带来的共同利益不断扩大,共同需求日益增多,相关各国都有推进 GMS 合作,加快一体化进程,共同应对挑战,增强抵抗风险能力的迫切愿望。在交通基础领域,将继续加大 GMS 经济通道和交通基础设施建设的投资力度,为便利运输协定的全面实施提供可靠的硬件设施。经过多年的合作与建设,大湄公河次区域基本建成了东、中、西三个方向连接 GMS 国家的公路、铁路、航空、水运立体通道综合运输体系。

其次,次区域的互联互通大大提速。除了形成包括公路、水路、铁路、航空、管道在内的交通运输硬件网络外,次区域各国的互联互通建设还将向进一步向制度互连互通、人员往来互连互通和产业对接等领域延伸和拓展,并且初步形成了一系列双边、多边协定范本。

最后,以基础设施互连互通为先导的经济走廊建设近年来在次区域合作中的地位和作用日益显现。经济走廊建设将依托通道经济,加强跨领域联系,

---

① 《大湄公河次区域明年 3 月实施便利运输早期收获》:http://finance.eastmoney.com/news/1365,20161219694880557.html,东方财富网,最后访问日期:2018 年 5 月 6 日。

发展边境城镇和走廊城镇,建立支线道路网络和整合区域发展等方式,加速交通走廊向经济走廊的转型升级。由亚行倡导、各国参与制定了 GMS 交通运输倡议研究和该区域未来 10 年交通合作长远规划。2012 年,GMS 各国共同审议通过的《GMS 合作新十年倡议投资框架(2012—2022)》明确了未来十年次区域合作的重点,推动经济走廊发展成为新一轮 GMS 合作八大优先领域的主要内容。

2.运输便利化将有实质性推进

如上所言,GMS 经济合作机制下的交通运输合作,采用了渐进式的合作模式,这主要是指在运输便利化的制度合作上。

在 GMS 运输活动中,《便运协定》是 GMS 机制中最重要的一项运输便利化倡议,涵盖了所有跨境交通便利化的有关方面,包括一站式、单一窗口检验;人员跨境流动;跨境运输制度(例如实物海关检验豁免、担保、护送、动植物卫生检疫和道路运输工具须符合的跨境交通要求);商业交通权互换;基础设施,包括道路和桥梁设计标准、路标和信号灯等。《便利协定》还规定了与各经济走廊相关的跨境交通规章制度,简化协调 GMS 跨境交通规章及手续、促进贸易物流及相关设施的发展等措施。这些规定必将提高经济走廊的货物运输效率并减少贸易交易成本。

但是,由于 GMS 各国大小不等、经济水平各异、文化教育和法治化程度不一、地理环境及资源优势也各自不同,交通运输制度层面的合作层次只能是沿着成员国双边、次区域到全区域的发展路径及模式而得以不断提升;GMS 交通运输领域各项协议的签署或加入,也是根据各国政治、经济、文化及法律状况,而采用渐进和开放的模式,进而增加其合理性与普遍性,从而实现整个区域的运输便利化。该协定所参考的文件,包括现有的在各国证明了其有效性的国际条约,还考虑了东盟现行的类似倡议并与之保持一致。在这方面,亚行采取了措施与联合国亚太经社理事会、东盟秘书处进行磋商与协调,以保证该协定与现有的关于跨境陆地运输便利措施国际条约相一致,并且与东盟国家达成的类似的协定相一致。目前 GMS 各国已经批准该协定,多数附件和议定书也已签署和获得批准。

GMS 交通运输的合作沿着这一渐进和开放的路径必将会逐步提升合作层次,扩大合作领域及范围,为达到次区域互联互通的目标提供科学、客观的保障机制。

(三)活跃在大湄公河次区域中的主要合作机制

从参与合作主体的角度来划分,活跃在 GMS 的合作机制大体分为两类,一类是 GMS 内各国参与的合作机制,另一类是由 GMS 内国家与 GMS 以外的国家或国际组织参与的合作机制。但不论是哪一类合作机制,其交通运输的合作成为不可或缺的内容。

1. 东盟—湄公河流域开发合作(Asean-Mekong Basin Development Co-operation,简称 AMBDC)

东盟—湄公河流域开发合作于 1996 年 6 月由东盟发起,东盟十国和中国的部长级代表在马来西亚首都吉隆坡通过了《东盟—湄公河流域开发合作框架协议》。东盟—湄公河流域开发合作第一次部长级会议确定了由东盟七国加湄公河沿岸国老挝、缅甸、柬埔寨和中国为该合作机制的核心国。随着老挝、缅甸和柬埔寨三国相继加入东盟,日本和韩国也应邀加入东盟—湄公河流域开发合作之后,东盟—湄公河流域开发合作组织核心实际上就是东盟十国加中、日、韩三国的区域合作格局。

根据框架协议,部长级会议将至少每年举行一次,两次部长级会议期间由成员国选派司局级官员举行指导委员会会议,为部长级会议做准备并提供政策建议,同时确定了基础设施建设、投资贸易、农业、矿产资源开发、工业及中小企业发展、旅游、人力资源开发和科学技术等八大合作领域。

AMBDC 在交通运输合作领域的着重点是在基础设施建设上,其中的"泛亚铁路计划"业已开工并初见成效。1995 年 12 月,在东盟第五届首脑会议上,时任马来西亚总理马哈蒂尔提出修建一条超越湄公河流域范围,从马来半岛南端的新加坡,经马、泰、越、缅、柬六国到中国昆明的"泛亚铁路"倡议。该倡议立即得到了东盟首脑和中国政府的认同。此后,经过多次调研论证,2006 年 11 月,在昆明举行的东盟—湄公河流域开发合作泛亚铁路特别工作组第八次会议上,与会各方讨论了泛亚铁路项目今后的发展,确定了未来的行动计划。目前,泛亚铁路东、中、西三条线路方案均已列入中国"中长期铁路网规划",东线全长 142 公里的云南玉溪至蒙自段、全长 146 公里的蒙自至河口段已建成通车。

2. 新湄公河委员会(Mekong River Commission,简称 MRC)

新湄公河委员会是在 1957 年成立的湄公河下游调查协调委员会(老湄公河委员会)的基础上产生的。1995 年 4 月,湄公河下游泰国、老挝、柬埔寨和越南四国在泰国清莱签署了《湄公河流域可持续发展合作协定》,承认"湄公河流域和相关的自然资源及环境,是沿岸所有国家争取经济和社会富足以及提高本国人民生活水平的具有巨大价值的自然资产"①。四个国家决定在湄公河流域开发和管理的一切领域,包括河流资源、河上航运、洪水控制、渔业、农业、发电及环境保护等所有可能产生跨越国界影响的领域进行合作。

依照协定建立的新湄公河委员会,取代了原来的湄公河临委会。新湄公河委员会的职责范围远超出了湄公河临委会,并不限于调查和协调湄公河下游水资源的综合开发,而是根据可持续发展思想,强调对整个湄公河的水资源和相关资源以及全流域的综合开发制订计划并实施管理。新湄公河委员会自成立之日起,就邀请了上游的两个国家中国和缅甸以伙伴国身份加入该组织。2016 年 11 月 23—24 日,湄公河委员会理事会在第 23 次年会上通过决议,在接下来的两个月内,将位于柬埔寨金边和老挝万象的两个湄公河委员会秘书处合并为万象一处。

MRC 在交通运输合作领域的着重点是在澜沧江——湄公河的航运资源开发、航运自由及安全保障上,旨在与联合国有关机构、东盟组织、亚洲开发银行、世界银行等国际机构和组织以及私营企业开展积极合作,协调湄公河流域六国制定一项明确的、完整的和可操作的湄公河航运计划,建立流域内结构和管理良好的河流运输体系。但伴随着 2011 年湄公河惨案的不良影响和昆曼公路、泛亚铁路等陆路运输的硬件设施逐步完善,这一黄金水道日益衰落,因此澜沧江——湄公河航运通航协调机制亟待落到实处,才能使得沿江的航运业、旅游业重新繁荣。

3. 澜沧江—湄公河合作机制(The Lancang-Mekong Cooperation mechanism,简称 LMC)

澜沧江—湄公河合作机制是国务院总理李克强 2014 年 11 月在缅甸内比都参加第 17 次中国—东盟领导人会议时提出的重要倡议,旨在进一步深化中国与湄公河国家全方位友好合作,提升次区域整体发展水平,推进地区一体化进程,支持东盟共同体建设。2015 年 11 月 12 日,在云南景洪举行的澜沧江—湄公河合作首次外长会议正式宣布澜湄合作这一新生机制建立。会上,

---

① 贺圣达:《大湄公河次区域合作:复杂的合作机制和中国的参与》,载《南洋问题研究》2005 年第 1 期。

中国、泰国、柬埔寨、老挝、缅甸、越南六国外长一致同意正式启动澜湄合作进程，发布了《关于澜湄合作框架的概念文件》和《联合新闻公报》，将政治安全、经济和可持续发展、社会人文作为三大合作支柱，以互联互通、产能、跨境经济、水资源、农业和减贫为五个优先方向。

LMC 是一个全新的、真正由区域内大国自己主导的合作平台，其在交通运输合作领域的着重点不仅包含原有其他机制强调的基础建设项目投资，还涵盖了更广泛意义上的人员、信息、货物等全面的互联互通，也重启了次区域水资源开发的大门。

4. "柬老越发展三角区"(CLV-Development Triangle，简称 CLV-DT)

柬老越发展三角区由柬埔寨、老挝、越南的相邻地区组成，包括柬埔寨的腊塔纳基里省、上丁省，老挝的阿速坡省、公河省，越南的昆嵩省、嘉莱省和多乐省，于 1999 年 10 月 20 日在老挝首都万象成立，其目的是推进越、老、柬三国七省在农业、林业、贸易、交通、能源、教育、旅游等领域的合作。2010 年 7月 7 日，越、老、柬三国在柬埔寨桔井市召开会议，会议的主题是探讨国会在推动越、老、柬三国"发展三角区"计划中的角色和作用，三方将设立共管的边界站、建设相关网站，同步应用英语和三国语言。①

CLV-DT 的主要资金来源为日本，此举亦为日本在该区域倡议计划的一部分。2009 年起，日本基本上每三年都会宣布一次其对大湄公河次区域的援助投资计划。此前，日本方面曾在 2009 年、2012 年、2015 分别宣布对湄公河区域提供 5000 亿日元、6000 亿日元和 7500 亿日元的政府开发援助。②

日本希望通过加强与湄公河流域国家的关系，向该区域出口更多的铁路、水电站等基础设施。日本政府还表示将参加缅甸土瓦经济特区开发项目，打算参与铺设连接土瓦与缅泰交界地区的铁路线，如果充分利用土瓦港的区位优势，中东和欧洲运往亚洲的货物可以缩短航程，省下绕道马六甲的航运时间。日本投资土瓦交通线路，将延长目前已经连接越南胡志明市、柬埔寨金边和泰国曼谷之间的湄公河"南部经济走廊"，该走廊的开发实际上也得到了由美日主导的亚洲开发银行的大力资助，再往西看，日本还欲将这条交通线最终

---

① 梁晨：《大湄公河次区域合作相关机制概述》，《大湄公河次区域蓝皮书（2011-12）》，社会科学文献出版社 2012 年版。

② 方向明：《日本 380 亿援助湄公河五国日媒直言为制衡中国》，载《第一财经日报》2015 年 7 月 6 日。

连接至南亚,实现"亚洲经济走廊"。

5."伊洛瓦底江、湄公河及湄公经济合作倡议"(Ayeyawaddy-Chao Phraya-Mekong Economic Cooperation Strategy,简称 ACMECS)

该机制由柬埔寨、老挝、缅甸和泰国组成。这一构想是由泰国前总理他信在 2003 年初提出来的,涉及湄公河流域较为发达的泰国与较不发达的柬、老、缅三国的合作。其目的是促进四国间的合作,并进而推进东盟的一体化。2003 年 11 月 12 日,缅甸、老挝、泰国、柬埔寨政府首脑会聚缅甸古都蒲甘市,举行四国经济合作倡议高峰会议,四国共同签署了《蒲甘宣言》。

《蒲甘宣言》规定:

(1)四国将相互提供贸易和投资便利,创造商贸先机及就业机会,缩小贫富差距;

(2)加强农业、工业合作,特别是强化基础架构,实现统筹安排市场供需和开发信息交流网络;

(3)建立交通运输网络,为商品过境运输、投资、工业和客运、旅游发展提供便利;

(4)加强旅游观光合作,促进四国间跨国旅游发展;

(5)提高人才素质和人员机关办事能力,增强在国际舞台上的竞争能力。

ACMECS 在交通运输合作领域继续加强基础设施建设,支持在泰国、柬埔寨、老挝、缅甸和越南这五个成员国间修路建桥,以促进成员国之间的边境贸易不断稳步增长。连接泰国莫拉限府和老挝素汪那克省的第二座泰国—老挝友谊大桥已于 2007 年 1 月正式启用。泰老第二友谊大桥与建设中的东西经济走廊—交通干线 9 号公路相连,将增强走廊沿途的老挝、泰国、越南和缅甸之间的经济联系,将成为促进印度支那地区间经济合作、推动老挝经济持续增长、刺激泰国莫拉限府和老挝素汪那克省边境贸易的主要支持因素。

此外,ACMECS 也在人员过境的便利化问题上迈出了实质性的一步:从 2012 年 12 月 27 日起,泰国与柬埔寨公布实施泰国、柬埔寨单一签证(简称 ACMECS),即需要前往泰国或柬埔寨旅游的中国籍公民可以申请任意一国的旅游签证即可前往两国。

6."黄金四角合作"(Golden Quadripartite Economic Cooperation,简称 QEC)

"黄金四角"开发计划,是 1993 年泰国首先提出的一个倡议,即在泰国、老挝、缅甸、中国四国邻接地带的上湄公河约 16 万平方公里的流域,建立"黄金四角"经济合作区,进行小范围的国际经济合作。"黄金四角"范围涵盖中国云南的西双版纳及思茅、老挝的北方七省、缅甸的景栋及大其力地区、泰国的清迈及清莱两府。

该计划主要是利用澜沧江—湄公河流域丰富的矿产资源、水力、劳力及土地优势,通过大举进行交通、能源、通讯基础设施建设,构筑由中国西南通向中南半岛的陆上通道和经济走廊,进而实现中国与东盟两大市场的联结,以及广泛开展经贸、旅游和技术的双边和多边国际合作,推动这一地区经济共同发展。

QEC 在发展过程中,一直把连接四国的交通和旅游业作为区域经济合作的重点。在成立之初的 1993 年 5 月,四国高级官员首次会议的主要议题就是关于联合发展交通运输。在公路建设方面,有关各方一致同意优先建造东、西两线国际公路而把四国连接起来。在航运开发方面,各方正式签署了《澜沧江—湄公河商船通商协定》,就航道改善工程达成共识,以打通连接中国大西南与东南亚的内陆水上国际大通道。在航空运输方面,各方同意着力改善区域机场与航空服务,开通往返曼谷—清迈—昆明航线。在铁路计划方面,主要有两个方案:一是修筑从泰国清莱经缅甸景栋至云南境内的铁路;二是修筑从云南西双版纳连接老挝琅勃拉邦、万象,经第一座湄公河大桥,通往泰国廊开府的铁路。

7. 环孟加拉湾经济合作组织(Bay of Bengal Initiative for MultiSec-toralTechnical and Economic Cooperation,简称 BIMSTEC)

环孟加拉湾多领域经济技术合作组织,简称环孟加拉湾经合组织,于 1997 年由印度、孟加拉国、斯里兰卡、泰国四国首先发起成立,缅甸随后加入,2004 年 7 月,尼泊尔和不丹也加入了该组织。从而使该组织成为囊括 4 个南亚国家和 2 个东南亚国家的区域性的经济合作组织。

1991 年,印度拉奥总理政府作出了"东向政策"的决议,以加快融入地区的合作,加强自身在东南亚地区的影响力。"东向政策"促进了印度与东盟国家的互动,使印度与东盟尤其与在地缘上更为接近的泰国、缅甸的双边关系有了极大的改善和发展,这为环孟加拉湾多领域经济技术合作组织的成立创造了条件,该组织也成为南亚和东南亚国家之间共同建立的第一个区域性经济合作组织。然而这个组织的成员基本都是贫困的发展中国家,而且经济互补性差,成立至今,经济合作组织成员国之间的合作仍处于较低水平和较为松散的状态,只举行过三次峰会,尚未在区域经济合作方面取得实质的进展,因此并不为人熟知,其存在的价值也长期被低估。

BIMSTEC 目前已确定在贸易和投资、交通运输、旅游、渔业、能源等领域开展合作,强调需要开放领空,建设东西走向的公路和铁路,开发湄公河流域的资源,改善农业生产,保护环境以及在金融、关税等方面进行合作,最终成为亚洲又一个自由贸易区。目前,该组织的主要合作方向是建立自由贸易区的谈判,发掘贸易与投资潜力;加强重大基础设施的建设,特别是交通与通信的连接,以使旅游、贸易与投资更加便捷;提升能源的可持续利用和孟加拉湾海洋资源的可持续利用;调动旅游部门的力量,发挥自然、文化和历史景观的最大价值,简化地区内的商务旅行、交流计划和旅游,扩大技术合作;等等。目前该组织已经建立了每年一次的外长会议以及高官会议等协商机制,并签署了贸易、禁毒等领域的多个合作协议。

2016 年 10 月 16 日,金砖国家领导人第八次会晤在印度果阿举行,同时"环孟加拉湾多领域经济技术合作组织"成员国领导人对话会也在印度果阿举行,会上没有安排金砖五国领导人与南盟领导人的对话,而是安排了其与环孟加拉湾经合组织领导人的对话。环孟加拉湾经合组织不包括巴基斯坦和阿富汗这两个南亚地区安全的问题国家,印度认真考虑长期被搁置的环孟加拉湾经济合作组织的意图已经很明显。环孟加拉经合组织未来的发展将成为中印两国在地区合作层面意愿和能力的又一次检验。[①]

中国的"一带一路"符合该区域国家的诉求和根本利益,而孟加拉湾的划界争议近年已通过司法仲裁手段得以解决,影响地区和平与合作的重要障碍被清除,并形成了通过和平手段处理分歧的友好氛围。中国的"一带一路"倡议若能够在南亚与东南亚地区与该组织对接,无疑会为该组织的发展注入新的活力,促进该地区的基础设施建设和经济总体水平的增长。中方提议成立"环孟加拉湾合作组织+1"机制的条件已经比较成熟。

合作形式上,该组织可将环孟加拉湾国家接纳为成员国,设置观察员、参会客人等灵活的参与机制,以及常设秘书机构和各国的协调机构。同时,建立首脑峰会、各合作领域的部门领导人会议,各具体议题工作会议,以及国家协调员等会议机制。将每个会议机制的运作常态化、例行化,并用相应的文件予

---

① 陆洋:《金砖的区域外交——环孟加拉湾经合组织未来发展前景如何》,澎湃新闻,https://www.thepaper.cn/newsDetail_forward_1544630,最后访问日期:2018 年 5 月 6 日。

以规范。

合作领域方面，"环孟加拉湾合作组织＋1"机制可拓展和细化现存的经贸和技术议题，并将近年来地区共同面临的挑战与威胁纳入合作磋商日程，如罗兴亚难民问题、跨国人口贩卖、海上航行安全、孟加拉湾海洋环境保护、自然灾害预防和应对等。中国可以考虑成立地区金融机构，发展经济，扩大基础设施建设，推动地区经贸一体化的谈判进程。[①]

8. 湄公河—恒河经济合作

这是另一个由印度主导的、大湄公河流域国家参与的机制，成立于 2000 年 11 月，其宗旨是研究印度与大湄公河流域的柬埔寨、老挝和越南三国间贸易和投资的前景。随后，泰国和缅甸也加入了这一组织。在 2001 年 7 月举行的湄公河—恒河合作第二次部长会议上，上述六国通过了《湄公河—恒河合作河内行动计划》，以进一步推动湄公河和恒河流域国家间的友好合作，并把合作的领域确定为旅游、文化、教育和交通运输 4 个领域。2002 年，湄公河—恒河合作第三次部长会议在缅甸召开，进一步完善了合作机制，加强了印度与东盟在经济、文化和安全等领域的合作。湄公河—恒河组织为优化印度与大湄公河次区域国家间的经贸合作提供了机会，双方都把这个次区域合作组织看成是双方深化经济合作的重要支撑。一方面，印度期望通过这一组织来带动南盟和东盟两大区域经济合作组织在贸易、投资等各领域的共同发展。另一方面，湄公河流域国家也期望提高市场出口多样化程度，与印度建立更为广泛和深入的贸易合作，以此帮助湄公河流域走上发展道路。

作为南亚次大陆的最大国家，印度一直希望能扮演一个沟通亚洲与欧洲的中枢角色。印度对连接东西方走廊和跨亚洲公路计划尤其有浓厚的兴趣。据悉[②]，设计中的亚洲公路网计划将连接新加坡和新德里，沿途经过科伦坡、胡志明市、金边、曼谷、仰光、达卡和加尔各答等城市。东南亚欧亚大陆桥对开发湄公河与恒河经济合作区至关重要，这一区域农业潜力巨大，原材料、石油天然气和水力资源都十分丰富。新加坡—新德里公路一旦打通，将成为连接欧亚两大陆公路网的一部分，而印度自然成了两大陆交通大动脉的必经之地。除了大力促进印缅泰公路的建设外，印度对连接与东南亚的铁路建设也表示

① 马博：《中国可推动"环孟加拉湾"合作》，载《环球时报》2015 年 7 月 10 日。

② 郑会：《泛亚铁路融资模式研究：理论与实践》，云南财经大学 2013 年硕士论文。

了相当的兴趣。

印缅泰三国跨国公路计划最早由印度政府在 2002 年提出,根据最初规划,该公路应该在 2016 年建设完成,但由于印度正在升级和建设高速公路沿线的 69 个桥梁,公共建设工作还在进行当中,乐观预计道路建设将在 2020 年全部完成。印缅泰三国跨国公路从印度的莫雷镇经缅甸到泰国的美索,长达 1360 公里,允许持三国护照、通行证和三国认可的车辆通行。该公路的建成开通将帮助印度促进与柬埔寨、老挝、越南的货物贸易。

9.日本和湄公河流域国家的相关合作机制

随着 GMS 次区域合作计划的推进,日本也加大了参与力度,1995 年,日本外务省先后主导并召开了"印支综合开发论坛",会议发表了一份联合声明,强调要"推进地区共同开发"和"加强对印支国家经济支援"。

2002 年以来,日本与东盟国家合作明显加强。2003 年 10 月,日本与东盟举行特别首脑会谈,会后签署了《东京宣言》和《日本—东盟行动计划》,表明日本将与东盟加强政治、经济、安全等各个领域合作,在条件成熟时组建东亚共同体。[①] 在 2004 年 11 月老挝举行的东亚领导人会议上,日本进而公布了推动东亚共同体的三点建议:第一,东亚各国应超越地区文化、宗教、经济发展阶段、政治价值观,进一步增强区域合作的活力,包括经济伙伴协定、金融合作,以引进欧盟的制度框架作为中长期目标;第二,强化与其他地区伙伴的合作,确保开放性与透明度;第三,尊重地区合作的普遍规则。在《行动计划》中,日本承诺将在今后 3 年内向东盟提供 30 亿美元的援助,用于人力资源开发和援助湄公河沿岸地区的开发。[②] 2005 年 9 月底,日本政府决定与老挝、缅甸、越南、柬埔寨四国定期召开经济部长会议,以支持湄公河流域的经济开发,首次部长会议于当年 9 月在老挝万象召开。这是日本和湄公河四国之间首次启动该级别的对话机制。2006 年秋季,第二届日本与湄公河四国经济部长会议在马来西亚首都吉隆坡举行。2008 年 1 月 16 日,新上台的福田政府召开"日本—湄公河外长会议",提出建设横跨湄公河五国(泰、越、缅、柬、老)的"东西走廊物流网",并承诺首批支付 2000 万美元的无偿援助。日本还把 2008 年定为"日本—湄公河交流年"。2009 年 11 月 7 日,日本与湄公河流域的泰国、柬埔寨、老挝、缅甸和越南五国举行了第一届"日本与湄公河流域各国首脑会议"第二次会议，大会通过了《东京宣言》，宣言提出援助完善交通网、促进人员交流等 63 个项目的行动计划。大会决定每年都举办日本与湄公河流域各国首脑会议，定期举办外长会谈和经济部长会谈。①

在 2012 年 4 月 21 日的日本与湄公河流域五国首脑会谈上，日本向湄公河流域五国提出了包括高速公路在内的 57 个具体合作项目，项目总额达 2.3 万亿日元。其中越南数量最多，为 26 个。紧接着就是缅甸，有 12 个项目。2015 年，日本政府决定资助柬埔寨 1.31 亿美元援建湄公河大桥，这座大桥位于柬埔寨首都金边东南 40 英里（65 公里）处 Kandal 省的 Neak Loeung 渡口，大桥跨度超过半英里（合 1 公里）。这将是柬埔寨在湄公河上修建的第二座大桥，也是日本在柬埔寨援建的第三座大桥。②

10. 美湄合作

2009 年第十六届东盟（ASEAN）论坛上，美国前国务卿希拉里就美国与泰国、越南、柬埔寨与老挝等湄公河下游流域四国建立新合作框架的提案与各国外长进行了磋商，美国在东盟基本条约《东南亚友好合作条约》上署名，这也表明了奥巴马政权欲强化与东盟关系的立场。美国的目标是与四国共同建立"美湄合作"的新框架，在环境、教育、保健 3 个领域内就气候变化和艾滋病对策等问题展开合作，而此次美国并未将上游的中国和缅甸列为磋商对象。美国还宣布将为以上四国提供 1.5 亿美元的援助，主要用于建立"大湄公河环境监测系统"，以保护该区域内的生态环境，提高人民的环保意识，促进水利、森林等自然资源可持续发展以及防治疾病项目。同时建议湄公河委员会与美国第一大河密西西比河管理部门建立伙伴关系。③

近年来美湄多边合作框架机制从内容到空间都在大幅度扩展。从加强美国与 MRC 之间的合作，到建立新的"湄公河下游倡议"、"湄公河下游之友"、"湄公河下游部长会议"、国际访问者领袖计划再到奥巴马第二任期将这些机制强化和扩展，建立新的青年领袖计划，美国通过会议、计划、项目等形式，使

① 毕世鸿、何光文：《冷战后日本的大湄公河次区域政策及其行动选择研究》，载《东南亚纵横》2009 年第 3 期。

② 蓝建中：《日本"黄金微笑"抛向湄公河五国》，载《国际先驱导报》2012 年 5 月 10 日。

③ 杜丁丁：《美国以"巧实力"促东南亚战略"重返"》，载《当代世界》2009 年第 9 期。

美湄多边关系在政治、经济、军事等方面都得到加强。美湄多边关系在美国主导下迅速发展,这对中国的周边外交和参与大湄公河次区域都将产生一定的影响。

从美湄合作框架建立到扩展的过程中,中国一直被排除在外。美国对中国的排斥,造成美湄合作、中国—湄公河流域地区两个多边领域的合作只能分别进行。中美在湄公河地区的竞争,客观上促成湄公河流域国家乐于实施大国平衡倡议,在重大问题上要考虑中美两方的态度,也给地区安全埋下隐患。

美湄多边合作将中国排除在外,多少也影响着美湄合作的进程。美国想要在完全摆脱中国的情况下在湄公河地区培养足够的区域性非常困难,这样的情况在东盟和 MRC 合作中已经出现。虽然 MRC 和 LMI 对美国的亚太倡议目标会有一定帮助,但是,从边缘接近中心的倡议可能会使美国意识到,通过这种方式想达到更大的目标很难。美国应该意识到,作为湄公河地区的重要大国,将中国排除在外的美湄多边合作并不完整。美国积极拉拢区域外其他大国参与美湄合作,但是没有中国的美湄合作局限性太大,影响力也有待考察。①

三、大湄公河次区域多重合作机制的特征与评价

无论是早期的湄公河委员会,以及由亚洲开发银行发起的、以项目为主导的 GMS 合作机制,还是后来由中国、东盟、日本、美国、包括印度主导或参与的多重区域性合作机制,其主要特征,如同云南省社会科学院贺圣达教授指出的那样:大湄公河次区域合作的重要特点,在于它是具有包含广泛合作内容的多领域性和众多参与方的开放性的区域合作。就次区域合作机制而言,多种合作机制在不同层面发挥作用的格局将长期存在,次区域合作性质上的开放性、合作内容的广泛性和参与机制的多重性,成为现阶段乃至今后相当长时间内大湄公河次区域合作的重要特点。尽管贺圣达教授的这个结论发表于2004年,但该结论对今天的大湄公河次区域合作机制的现状仍具有现实意义。

---

① 李扬:《近年来美国与湄公河流域国家多边关系的发展及影响》,《大湄公河次区域蓝皮书:大湄公河次区域合作发展报告(2015)》,社会科学文献出版社2015年版。

(一)多重性国际合作机制的优与劣

就上述各合作机制本身来说,大湄公河次区域的合作是在不同层次之间、不同区域之间开展的,其参与主体,既有亚洲银行这样的国际组织,也有东盟框架内的国家、次区域六国,以及次区域以外的国家。这些由不同主体参加的次区域内的多重合作机制可以相互补充和促进,并且在双边机制要符合多边机制的原则下而获得在多边机制的框架下发展。但是,由于大湄公河次区域合作机制的参与各方既有共同的利益,又因发展水平、需求和在大湄公河次区域内位置的不同,以及所参加的各种机制的对象、作用和性质的不同而各自有着各自的利益和侧重。这种因多重性所带来的复杂因素是客观存在的,它给建立一个"集原则、规范及决策程序为一体"的理想型的国际合作机制带来困难。

还有,作为大湄公河次区域中的东盟成员国,因受东盟合作机制的影响,使次区域中各类合作机制在议事规则上、争端解决方式上,虽然从某种意义上说可以保护次区域内国家的各项权利与利益,但它却给合作制度的建设与合作机制的运行效率带来困难,这些问题必然会给该区域的交通运输合作产生不利的影响。

(二)内容广泛的合作机制中交通运输合作为主角

从前述大湄公河次区域的多重合作机制尤其是 GMS 合作机制下的交通运输合作可以看出:大湄公河次区域各国较早就意识到加强地区合作对提高次区域内交通运输效率的重要性。大湄公河次区域交通运输合作机制作为各国间的经济社会发展、调整各国因开发、利用、保护和改善交通运输状况而产生的国际交往的产物,是实现大湄公河次区域交通运输持续、有序、良性、健康发展的必要保障。它对促进大湄公河次区域交通运输的国际合作与交流,加强大湄公河次区域的交通运输工作,具有十分重要的现实作用和历史意义。为此可以说交通运输一直是大湄公河次区域经济合作的重要领域,在现有的多重合作机制框架下,无论从哪个角度入手,均体现了交通运输先行的主旨,有的合作机制侧重硬件建设,有的合作机制注意制定规则,有的合作机制则强调政府间协调,而且这些合作都在不断地取得实质性的进展。一方面交通基础设施的不断改进与完善,推动着经济走廊的快速形成,推动着本地区的经济发展,而运输活动的规范化、制度化措施又为贸易、投资便利化提供了保障,交通运输的合作成果提升了该地区经济的发展速度与发展水平;另一方面,随着该地区经济发展水平的提高,竞争力的加强,必然会带来对交通运输制度与合作水平的更高要求,作为这一区域的经济合作与发展的主角——交通运输也一定会与时俱进。

但是,必须认识到,目前次区域内的公路、铁路、航空、海运、管道交通运输的海陆空立体化交通走廊虽然已经初具规模,但总体而言,落后的交通运输局面仍然没有发生质的改变。同时,水运对接也不平衡,作为大湄公河次区域交通运输主动脉的陆路交通运输合作不顺畅,交通运输基础设施投资的资金不足,口岸合作仍有很多制度上的障碍。可以说,次区域的运输效率还没有得到根本改善,机制上的互联互通更是长远目标。

(三)大湄公河次区域交通运输合作机制的应然状态

根据以上分析,从国际合作及国际机制原理中我们不难推出国际交通运输合作机制的基本含义,并可以借此来分析大湄公河次区域的各种交通运输合作机制。国际交通合作机制,是指为适应交通运输国际合作发展的需要,政府间在调整交通运输合作关系中通过一定程序形成的旨在规范政府合作行为、协调不同利益与汇合共同利益、促进交通运输合作的一系列有机联系的正式制度安排。

由于交通运输活动本身的特点所致,我们认为,一项完善的国际交通运输合作机制至少包括合作制度、合作组织机构、参与主体及渠道、合作项目或行动、保障措施等构成要素。

由于合作制度在国际合作机制中的地位与作用不同,可将国际交通运输合作机制主要分为以多边国际交通运输合作协议为连接纽带的多边合作机制(包括区域合作机制)和以双边国际交通运输合作协议为连接纽带的合作机制。

具体到大湄公河次区域的国际交通运输合作机制,是指在大湄公河次区域范围内,关乎公路、铁路、航空、海运、管道交通运输各领域的基础建设、互联互通、检验检疫、通关便利等方面,各国均应采取必要的措施,与有关国家、国际组织和其他有关各方密切合作,以最大限度地确保交通运输安全、顺畅和便利的目标实现而形成的一套明确或含蓄的原则、规范、规则和决策程序的总称。其实质在于有关次区域各国应基于保障跨国交通运输的客观需要开展必要的合作。也就是说,在面对跨国交通运输的客观需要时,各国在一般意义上的国家主权原则上可能要做出些许让步，以各种形式与国际组织及各国密切合作，通过协商出有效的制度安排，尽可能地减少壁垒和阻碍，最大限度地确保跨国交通运输的安全与效率。

大湄公河次区域交通运输合作是巩固大湄公河次区域面向和平与繁荣的倡议伙伴关系之重要组成部分，是加强各国间诸多领域合作与交流的支撑和保障。其应同样遵循国际合作原则、履行国际合作义务，建立次区域的合作机制。交通运输通过法律制度的合作，并以此为基础建立起的交通运输法律合作机制是对大湄公河次区域内各国交通运输管理行为的法律化、制度化，是国家通过立法，既有国际层面的立法，又有国内层面的立法对交通运输的规则、标准、管理体制与程序等进行规定而形成的有关交通运输的一套规则。毫无疑问，交通运输的合作要尊重相关国家的意愿，并保证相关国家的主权独立。在此基础上，有关国家应就合作机制的建立、完善进行商讨，以明确相关国家的责任、义务、风险承担等各项规则。有了良好的法制环境保障，才能实现大湄公河次区域内交通运输合作的良性运作、高效发展。

(四)大湄公河次区域交通运输合作机制的实然状态

对应大湄公河次区域交通运输合作机制应然状态的阐述，这里所对应分析的大湄公河次区域交通运输合作机制的实然状态，就是从问题入手，揭示其存在原因，而这些原因的根本所在，就是现存的多种合作机制自身的特征与局限性对交通合作机制所产生的影响。

1. 现存多重合作机制措施缺乏权威的组织机构

次区域各国交通运输的合作层次多样，有双边的、次区域的、东盟的乃至中国与东盟自由贸易区成员国间的、WTO 的合作等等，涵盖领域广泛，涉及海洋运输、公路运输、铁路运输，航空运输和管道运输等等。经过 20 余年的发展，单单是 GMS 合作机制就已形成了领导人会议、部长级会议和各领域务实合作的多层次合作机制，形成了一套以实施机制、会议论坛、条约协定、开放的合作模式等为核心的制度性安排。但是这些交通运输合作组织机构的法律权威性明显不足。仅就大湄公河次区域交通运输合作的组织机构而言，各国依赖部长级会议、高官会议等组织形式开展合作，而没有建立权威的、专门的交通运输合作机构来协调和约束各国的交通运输法律。虽然在部分交通运输合作的具体项目中建立了一些工作组、委员会等组织机构，如湄公河委员会，但这些组织所得到的授权通常主要是负责研究、交流信息、协调立场或单纯执行特定的任务,这样的交通运输合作组织机构也并不具备干预、约束能力,合作成果的好坏在很大程度上取决于成员国政府的意愿。

2. 现存多重合作机制存在约束性不强的障碍

约束性不强是指次区域各国之间的合作是平等主体之间的合作,依靠各自的利益目标为导向,在交通运输合作中自愿加入,次区域各国交通运输与合作水平参差不齐。虽然各国已经制定了不少相关的交通运输国内法,希望通过有效的交通运输合作制度与机制在双边或多边的合作中加强交通运输合作,但由于各国的经济发展水平、地理位置、地缘环境、政治利益等差异导致了各国对交通运输合作问题的认识和参与积极性的不同,在不同程度上阻碍了次区域交通运输合作的制度建设与机制的健全。

此外,约束性不强的另一表现是各项交通运输合作的法律规范过于原则化和宽泛化,其主要表现是:虽然协商一致、互不干预内政是大湄公河次区域内东盟成员国在其组织机构决策方面的重要原则,它体现在大湄公河次区域框架内合作的各个领域,在遵循这一原则构建交通运输合作的制度与机制时,其长处是能够保证制度与机制的某种稳定性,但同时也降低了成员国开展交通运输合作的监督和强制执行意愿。各方交通运输合作机制虽然已经初步建立,但是由于所签订的合作框架和协定还缺少相应的法律基础,法律文件和法律机制的拘束力不够。合作机制没有强有力的制度作保障,所以统一的协调规划就难以实现,也容易造成各合作主体利益分配的无序性以及资源浪费的现象。

以《大湄公河次区域跨境运输便利协定》为例,该协定是综合性多边法律文件,其中涵盖了有关跨境运输便利化的各个方面。该协定由亚行技援项目支持制定,提出了比较实际的措施,通过在短期时间内一定程度上简化规章制度、提高运输效率、减少次区域范围内的无形壁垒。包括一站式通关;人员的跨境流动(如营运人员的签证);运输通行制度,包括免除海关检验、保证金抵押、护送、动植物检疫;公路车辆将必须具备跨境通行的先决条件;商业通行权利的交换;基础设施,包括公路和桥梁设计标准、公路标识与信号。为了实现次区域内跨国运输一站式通关的目标,GMS 六国一共签署了该协定项下 20 个附件和协议。早在 2008 年,20 个文件便在中国全部通过。然而其他国家没有这么积极。泰国直到 2012 年才通过该协定,还有柬埔寨没有批准,而另外一个国家只是通过了其中的 13 个附件。这一系列原因就是源于考虑到一旦协议通过,就会出现大量货物卡车过境。与此同时包括货物安检、城市道路安全等大量问题就会接踵而至,而目前东南亚国家在基础设施建设、城市交通维护等方面还比较落后。可以说在总体合作框架内没有确定执行机制,这应该是一个很突出、不可忽视的机制上的重大缺陷。在世界各区域经贸安排中,一般都会设计和安排经济合作的特定保障措施、执行机制、争端解决机制等内容,缺乏执行机制的保障,就会使得交通运输合作停留在国家层面而无法具体落地实施,造成效率低下、有章不循、各自为政的局面。

3. 现存多重合作机制有待建立全新的交通运输合作实施机制

次区域交通运输合作机制的建立为各方间交通运输合作搭建了交流合作的平台,但是合作机制的成功运行是以其配套的措施及机制为保障的,目前在海运领域、港口领域、物流领域陆续建立了中国—东盟海事机构磋商机制、中国防城港与越南广宁海上搜救合作机制以及港口协调机制、便利运输等等实施机制,确保合作的进一步落实。然而在其他领域的合作配套实施机制如航空合作机制、国际河流运输合作机制、铁路运输合作机制等等尚未建立。随着各方合作领域的不断拓展和合作层次的逐步深入,实施机制作为合作机制关键和核心组成部分,其作用将越发重要。

同时,依照协商一致、不干涉内政的原则而建立的大湄公河次区域交通运输合作机制还缺少解决有关争议的惩罚监督机制。当成员国之间棘手的或潜在的分歧出现时,大湄公河次区域成员国通常采取的倡议是通过双边协议或者其他多边组织进行解决,而不通过大湄公河次区域内部来解决,以免影响在东盟范围内的友好关系。如果不建立起有效的监督机制和惩罚机制,最终将导致大湄公河次区域交通运输合作机制的低效运作。虽然大湄公河次区域国家都是《中国—东盟全面经济合作框架协议》及《中国—东盟全面经济合作框架协议争端解决协议》的签订国,从理论上说,以上两个协议可以解决大湄公河次区域合作中出现的纠纷。然而,事实上两个框架协议所适用的范围非常有限,远远不能满足大湄公河次区域合作的需要。

4. 现存的合作机制相对于交通运输的硬件发展需要存在滞后性

次区域交通运输发展的需要远远走在合作机制的前面,例如泛亚铁路建设项目,中国铁路部门自20世纪90年代以来就进行了大量的研究工作。目前,泛亚铁路东、中、西线三条线路(国内段)方案均已列入中国《中长期铁路网规划》并建立了由政府有关部门参加的部际协调机制,成立了由铁道部牵头的泛亚铁路二作组,并于2006年11月初在中国昆明承办"第八次泛亚铁路特别工作组会议"。然而,境外段的进展目前只完成了一些可行性研究工作,如

2005 年完成了柬埔寨境内巴登—斯诺尔铁路缺失段前期可行性研究和缅甸境内木姐—腊戌段勘踏工作。2008 年,铁二院完成了老挝铁路规划前期考察,并向老方提交了考察报告。中柬双方已完成了巴登至禄宁缺失段工程的可行性研究工作等等。然而,次区域关于泛亚铁路合作的机制却没有正式建立,从某种程度而言,已经滞后于发展的需要,从而影响了该项目实施的效率。

　　5. 主权之争是合作机制顺利实施的羁绊

　　次区域各方交通运输合作经常会涉及领土的界限问题,现有合作机制对于这个敏感问题的解决也无能为力。通常拖延项目或者避开争端地段方可暂时绕开矛盾争端。一旦其中两国之间出现边界主权纠纷,在有争议区域内的陆路、海路的控制权就将成为争夺的重点,这些问题很可能成为引发局部冲突的导火索,最终将直接影响到区域内国际运输合作的长期性和稳定性。此外,经济主权也是双方争夺的重要部分,在跨国运输的合作中,各国政府对入境人员、货物、车辆等征收的税费标准,出入境审批程序等都是一国主权的具体表现形式。各国政府的税费征收标准不一,过境审批程序也不同,对于货物运输、人员旅行等等都将产生极大的影响,对合作机制的正常运行将带来巨大的障碍。①

　　就中国而言,中国参与大湄公河次区域交通运输领域合作的总目标是沟通中国西南地区与中南半岛的陆上通道,实现中国西南地区与东南亚市场的对接。具体目标为逐步修通昆明—曼谷、昆明—仰光、昆明—密支那—印度雷多等三个方向的铁路和公路,架通中国西南通往国际市场的大通道;改造滇越铁路和公路,提高运力,升级改造一批低等级的公路;整治澜沧江—湄公河等一些重要航段,提高航道等级,并建设一些重要港口和码头,以发挥水运优势;适时开通昆明、景洪等机场与次区域主要机场的航线;依托次区域内的交通网络,实现人员、商品、货物便捷地流动。

　　中国在大湄公河次区域交通运输合作机制中发挥了大国应有的作用,但由于湄公河流域诸国的经济水平、法律环境参差不齐,导致大湄公河次区域交通运输法律合作的相关文件和项目落实情况不尽如人意。区域合作及其政治经济环境的发展,需要法律法规的保护和制约。大湄公河次区域交通运输法制的不健全已影响到合作的展开和深入,亟须突破目前的瓶颈,需要建设一个

---

　　①　余元玲:《中国—东盟交通运输合作机制研究》,载《甘肃社会科学》2012 年 4 期。

新的平台来承载新形势下大湄公河次区域交通运输合作的需要。

国际合作是一种正和博弈，要求博弈双方的利益都有所增加，或者至少是一方的利益增加，而另一方的利益不受损害。次区域的合作实践证明，要想达到理想的效果，建立起长期稳定的、权利义务均衡的合作机制实属必然。就大湄公河次区域的交通运输合作来看，一方面，次区域内机制众多，纵横交织之态令各国合作时左支右绌、难得圆满；另一方面，专门的、单独的交通运输法律合作机制阙如，有关该区域的交通运输法律合作都是在各个层级、不同范围的区域性合作机制的平台上完成的。其间，利与弊各难一言道尽。不过，在这些机制的背后，也演化出一整套的合作性法规规范，这些规范既是合作的成果，也是合作的保障。

第四章

交通运输合作制度:大湄公河次区域交通运输合作规范性法律文件及实现

大湄公河次区域六国在不同合作机制框架下签署的政府间双边和多边公约,以及各自为履行公约而制定、修改或完善的配套国内法律规定,为该区域内的交通运输合作提供了直接的法律依据和保障。虽然在具体的交通运输合作实践中,有些协定没有得到有效实施,一定程度上阻碍了交通运输合作的顺利开展,但是毋庸置疑,交通运输作为一种功能性合作,其在任何一个合作机制中的有效作用均来源于制度上的安排。因此,本章拟对目前大湄公河次区域现存的全部法律渊源及体系进行梳理,并观察其实现的状况,进而指出问题之所在。

一、交通运输法律制度

广义的交通运输泛指交通建设、管理、保障和运输等生产活动,狭义上专指利用交通设施、设备和载运工具对人员或物资的运送。所以,广义上的交通运输法律则是指规范交通建设、管理、保障和运输等生产活动产生的各种关系的法律规范。狭义的交通法律仅指规范交通工具运送人员或物资过程中产生的社会关系的法律规范。基于本书研究对象的需要,我们取其狭义概念。

(一)交通运输法律制度的特点

1.交通运输法律制度具有公共与私益的二重性

现实中很多的行业、企业可以单纯地或更多地以获得最大盈利为目标而进行生产活动,法律为了保障这些行业或者企业利益的实现,通过设置私有权制度为其提供法律保障。但是交通运输业是为各种社会生产、人民生活提供的一种必不可少的服务行业,因此,交通运输业,尤其是运输基础设施就必须具有公共服务特性。从这一角度看,我们可以认为,交通运输法一方面保障在运输过程中的私权实现,主要体现为承运人、乘客、货物所有者的利益之实现;另一方面还必须对公共利益予以保障,比如公共安全、区域利益发展、环境保护等。因此,交通法律制度的私权范围整体小于民商法等传统私法。所以,交通法律制度兼具有公共性和私益性。

2.交通运输法律制度的跨域性、国际性明显

交通运输的目的是实现货物和旅客位移,以满足社会政治、经济、文化等方面的需求。当然交通运输活动位移的范围与距离有大有小。然而,一方面随着人类科学技术的发展,运输的能力越来越强;另一方面,人类拓展活动半径的愿望以及经济能力都在飞速地发展。所以,我们看到的是,跨域性的交通活动越来越多,跨域半径也越来越大。但是交通运输活动往往是线性的,从开始到结束具有整体性。法律也必须从整体的角度来调整这些交通运输活动。交通法律制度的跨域性趋势也是它的重要特征。就国际性而言,我国交通运输立法中,特别强调借鉴国外的运输立法经验和成熟的立法例,特别是在海商和民航方面,许多条文直接引用了国际公约或者发达国家的立法规定。这不仅是由于运输方式的立法基础是共同的,而且还因为法律规范本身在技术经济中的应用是相同的。它本身并不带有特殊的国家色彩,只有涉及国家运输政策时,其法律规范才要体现本国的特色。

3.交通运输法律制度产生时间短,发展变化快

我国远在秦朝就有男子由右、妇人由左、车从中央的道路通行规定,但这显然不是现代意义上的交通运输法律制度。现代交通运输的规模化、机械化是从工业革命开始的,1766年,英国发明家瓦特改进了蒸汽机,拉开了第一次工业革命的序幕。1769年,法国陆军工程师尼古拉·约瑟夫·居纽制造出第一辆蒸汽机驱动的汽车。而最早的道路交通法却是1858年在英国颁布的,这

项法规比蒸汽汽车的出现滞后了近 90 年。[①] 但是就在其产生以后,也在经历着不断变化与完善的过程。有效的交通运输法律制度,应当能紧随乃至促进交通运输业技术的发展、交通运输活动文明程度的提高而不断地发展与完善。

(二)交通运输法律规范的价值

作为社会上层建筑的重要组成部分,法律与其他物质现象一样,对于人类社会有着特殊的意义,这就是法的价值。法律制度的价值指法律制度对作为具体存在的主体的存在、发展与完善所产生的影响,其中,主体可以是个人、群体乃至社会。[②] 而影响则是它的"正义"。"正义"作为一个上位概念,是法律制度的出发点和归宿点,可以包含如安全、自由、平等,但却又不限于这三种价值的内容。有时候法的安全、自由与平等的价值可以对其他价值形成平衡,如法所追求的秩序,侧重的是一种形式结构,法所达到的效率则是价值体系的动力系统,使其他价值在经济层面上得以保障。协调则是立足于社会正义下,人与人的共同生活状态。

基于以上的分析,我们认为交通运输法律制度主要有如下的价值体现。

1. 维护交通运输秩序

美国心理学家亚伯拉罕·马斯洛将人类需求像阶梯一样从低到高按层次分为五种,分别是生理需求、安全需求、社交需求、尊重需求和自我实现需求。人们共同生活的前提是形成某种秩序,这一点学界有着常识性的共识。博登海默曾充满感情地书写道:人性里孕育着爱好秩序和有秩序的关系的欲望。法律保证人类生活上的稳定性和相当的规则性。[③] 而任何一种制度都是在确立、维持某种秩序。在社会学中,"秩序"有着丰富的内涵,它包括社会政治秩序(即社会统治秩序)、社会安全秩序(即治安秩序)、社会活动秩序、社会组织秩序等。制度的秩序取向,是说任何一种制度都以实现社会政治安定、社会生

---

① 张曙曦:《历史回顾:交通法规走过一百四十五年》,载《北京青年报》2003 年 11 月 5 日。

② 在讨论人与自然关系问题上,许多的环境伦理学家、法学家并不把人简单地作为主体来看待,主体与客体的关系是动态变化的。一般地说,法律制度的价值包括正义、秩序、安全、自由、平等、协调以及效率(在付子堂所编著的《法理学进阶》把幸福也作为法律制度的价值追求。

③ 博登海默:《博登海默法理学》,潘汉典译,法律出版社 2015 年版,第 68 页。

活安全、社会活动有序、社会组织体制稳定、社会生活各方面有章可循、程序化为出发点和目标，同动荡、无序、混乱相对而言。

交通运输秩序是交通运输管理法规的主要立法宗旨之一。交通运输秩序是指交通有条不紊、交通参与者各行其道、不混乱的状况。维护交通运输秩序，是公安机关、交通管理部门依法管理道路的主要任务，是公安机关、交通管理部门依法对交通参与者（包含参与通行方式）实施的服务、组织、指导、控制、协调等活动的行为。目的是保障交通路面秩序井然，避免和缓解交通拥挤、堵塞，预防和减少交通事故发生，提高通行安全，更大发挥交通线路通行能力。良好的通行秩序是交通参与者、管理者、全社会追求的道路交通的目标之一。良好的交通秩序需要公安机关、交通管理部门依法管理服务来实现。

2. 保障交通运输中的安全

保障交通安全的内容可以分为矛盾的两个方面，一面是预防和减少交通事故，一面是保护公民人身安全，保护公民、法人和其他组织的财产及其他合法权益。预防和减少交通事故是保障安全管理法规的重要任务，保护公民人身安全是交通安全管理法规的以人为本立法的直接体现，保护公民、法人和其他组织的财产及其他合法权益是安全管理法规的基本点。这三个方面是交通运输安全的全部，三者紧密相关。由于交通运输事故会带来公民、法人或其他组织的合法权益受损失，轻者是财产损失，重者是公民人身安全受损，乃至是宝贵生命的消逝，因此预防、减少交通事故，保证公民生命、财产安全是政府对交通运输安全管理者的要求，也是全社会的期望。公民、法人和其他组织的合法权益在交通行为中获得保护权利以及公民得到良好交通服务的权利应受到尊重和法律的保障。

3. 提高交通运输的效率

人们共同生活的目的，就是为了提高各类社会活动的效率，更全面、更高程度、更优化地满足人们不断增长的多种需要。"效率"成为当代法律价值目标的原因则主要在于：第一，当代社会由于经济的发展而将优化利用和配置资源作为时代的主题，相应地，法律的基本使命也从对财富和交易行为给予公平保护转向优化资源配置；第二，在当代，法律已经全面渗透到经济生活之中，资源使用和配置的方式在很大程度上由法律决定，法律已成为改变资源利用效率的重要变量；第三，"正义"无法恰当、确切地表达法律的"效率"价值目标，而"正义"单一地作为法律的价值目标又具有多方面的局限性，因而"效率"是"正义"必要补充①,因此,效率始终是制度,尤其是各类社会活动制度的最核心的价值取向之一。

影响社会活动效率的因素主要有社会活动的物质条件、人们同物质条件的结合方式、人们从事社会活动所采取的组织形式、人们在社会活动和社会组织中的分工协作方式、社会活动内部的程序、规则等。制度的效率取向,是说任何一种制度对这些方面的规定都以最大限度地节省社会资源(物质、资金、人力)的投入、最大化地获得社会活动产生的对人们的需要的满足和目标,同低效、无效、浪费相对而言。因此,效率价值是法律在当代的一项基本使命。我们没有任何理由把效率价值排除在法律目标之外。正如有的学者所指出的:"法律的当代使命逻辑地派生出这样三项要求:第一,把法律对个别主体行为的评价视角从行为主体延伸到社会,换言之,将个别主体行为置于社会整体利益之中加以认识。第二,法律应为有利于资源优化使用和配置的行为提供便利。第三,法律应能够启导或促使人们按照最有效的方式使用资源。"②

交通运输在现代社会是一项重要的经济活动,效率性要求也是交通运输活动的内在需求。交通运输行为和交通运输安全管理都以提高道路的通行效率、保障有效通行为根本目标。其中,交通运输不畅是影响通行效率的主要问题,交通运输事故则直接破坏了交通运输行为。为了提高通行效率,加强交通运输的基础设施建设和规范交通运输活动的法律制度间沟通衔接势在必为。

4.建立交通运输中的协调功能

人们共同生活的需要是多方面的,有赖于各种社会活动来满足。如果缺少某种活动,人们某一方面的需要就不能满足。各种社会活动之间互为条件、互为因果,一种社会活动的状况影响、制约着其他社会活动的状况。各种社会活动又以物质资料生产活动为基础,而物质资料生产活动中又存在着人类社会同自然界的关系,自然界的状况又影响、制约着社会系统的状况。因此人们的共同生活需要在人类和自然界之间、各类社会活动之间形成了一定的协调关系。"协调"成为关于社会活动的制度的另一个重要价值取向。制度的协调取向是说它是以维持、促进人类社会同自然界之间、各种社会活动之间、社会

---

① 顾培东:《效益:当代法律的一个基本价值目标——兼评西方法律经济学》,载《中国法学》1992 年第 3 期。

② 顾培东:《效益:当代法律的一个基本价值目标——兼评西方法律经济学》,载《中国法学》1992 年第 3 期。

发展各部分之间的规模、结构、水平的平衡、协调为其出发点和目的。

法律制度的协调在跨境交通运输中尤为必要。一方面，各国的交通运输制度有明显的不统一；另一方面，暗含于国家行为中的各国利益需求会有冲突。解决这二者间的矛盾，只有在求同存异的基础上建立起相对稳定和统一的制度。跨境交通运输法律制度的协调功能体现在两方面：其一，交通运输法律制度本身就是国家、地区间协调的规则性结果；其二，更为重要的是，跨境的交通运输法律制度重要内容就是各种规模不等、层次不一、领域相异的运行机制，众多的机制都是在宣言、协议、行动纲领等法律渊源中得以确立。

二、大湄公河次区域交通运输合作的法律渊源

所谓法律渊源，也就是法律形式，是指那些来源不同（制定法与非制定法、立法机关制定与政府制定等等）、因而具有法的不同效力、意义和作用的法的外在表现形式。大湄公河次区域交通运输合作的制度安排既有世界性的，又有区域性的。具体包括：次区域六国涉及交通运输的国内法，六国之间签订的双边、多边交通运输合作条约，老挝、越南、缅甸、柬埔寨、泰国作为东盟成员签订的东盟交通运输合作条约、中国——东盟自由贸易区涉及交通运输合作的条约，以及六国作为联合国及 WTO 等国际组织的成员，参加或签署的交通运输合作条约。

（一）大湄公河次区域各国涉及交通运输的国内法律规定

1. 中国的交通运输法律体系：

中国交通运输业长期实行分部门管理。例如：原交通部主管水路运输和公路运输，原建设部负责指导城市客运，原民航总局负责航空运输，国家邮政局管理邮政行业。在这种背景下，各部门基本形成了各自独立的立法体系：

（1）公路运输法

中国调整公路运输的法律比较全面，除了《中华人民共和国公路法》之外，还有《汽车货物运输规则》《道路货物运输服务业管理办法》《高速公路交通管理办法》《中华人民共和国道路交通管理条例》《城市道路管理条例》《道路零担货物运输管理办法》等一系列法律规范。

从上述法律规范中可以发现，我国目前颁布实施的公路运输法中主要是行政法规或者部门规章，而且内容琐碎庞杂，有些规范之间还存在着矛盾和冲

突,极易产生适用上的混乱。由于这些规范普遍效力较低,不利于整体上的协调,常常使得公路运输企业无所适从。

此外,在公路建设资金方面,缺少细化的规定,执行起来难度较大;在公路运输安全方面,我国与发达国家相比还有一定差距,例如,缺少关于驾驶员连续工作时间的法规,对于车辆超载也缺乏具体明确的相关规定。

(2)铁路运输法

中国在铁路运输方面的法律法规主要有《铁路法》《铁路货运事故处理规则》《铁路货物运输杂费管理办法》《铁路货物运输规程》《铁路货物运输管理规则》等。中国目前铁路运输还为国家所专控,难以放开铁路的经营权,上述中国铁路运输规范中便不可避免地带有垄断色彩。所以,铁路运输行业的投资主体多元化和铁路运输价格机制的改革是适应大湄公河次区域铁路运输合作机制的改革关键。

(3)航空运输法

中国关于航空运输的国内立法,除《中华人民共和国民用航空法》外,还有《航空货物运输合同实施细则》《国务院关于开办民用航空运输企业审批权限的暂行规定》《民航局关于航空运输服务方面罚款的暂行规定》等规范。因航空业的迅速发展而显得相对滞后,并缺乏可操作性,在一定程度上限制了我国航空运输业的发展。

(4)水路运输法

中国在水路运输方面的法律规范主要有《中华人民共和国海商法》《中华人民共和国水路运输管理条例》《中华人民共和国海上交通安全法》以及《中华人民共和国国际海运条例》等。水路运输与公路运输一样,管理部门较多,法律调整容易产生冲突和矛盾,因此也需要部门协调和统一规范。

(5)货运代理法

货运代理是现代运输物流的普遍形态。中国关于货运代理的法律规范主要有外经贸部颁布的《中华人民共和国国际货物运输代理业管理规定》及其《实施细则》,该规定借鉴了联合国亚太经济社会委员会(ESCAP)和国际货运代理协会联合会(FIATA)的有关条款,明确了国际货运代理人的法律地位;在外经贸部颁布的《外商投资国际货物运输代理企业审批规定》中,对中外合资企业从事国际货物运输代理业务的条件和报批程序作出了规定。

现有的货运代理法规在一定程度上缓解了货运代理业的混乱,但远远不能解决现实存在着的问题。原因就在于法律层次较低,条文过于笼统,缺乏可操作性。主要表现为管理权限不能统一,未能明确货运代理人的法律地位,未能明确无船承运人签发单证的法律地位等基本的法律问题。

(6)海关法关于交通运输的规定

中国的《海关法》《海关行政处罚实施条例》《进出口关税条例》(2003年)《海关统计条例》(2005年)《海关监管条例》《海关监管场所管理办法》(2008年)等法律法规中,对进出口交通运输的货物相关问题进行了规定。在《海关关于境内公路承运海关监管货物的运输企业及其车辆、驾驶员的管理办法》(2005年)中,对承运海关监管货物的企业、车辆、驾驶员规定了特殊条件并规定了处罚标准。此外,在《海关关于转关货物的监管办法》(2001年)中,对于海关传统陆路转关运输监管作业模式的基本流程按进境和出境分为以下几个关键环节。

传统陆路转关运输监管作业模式基本流程进境基本流程(如下图所示):

入境:

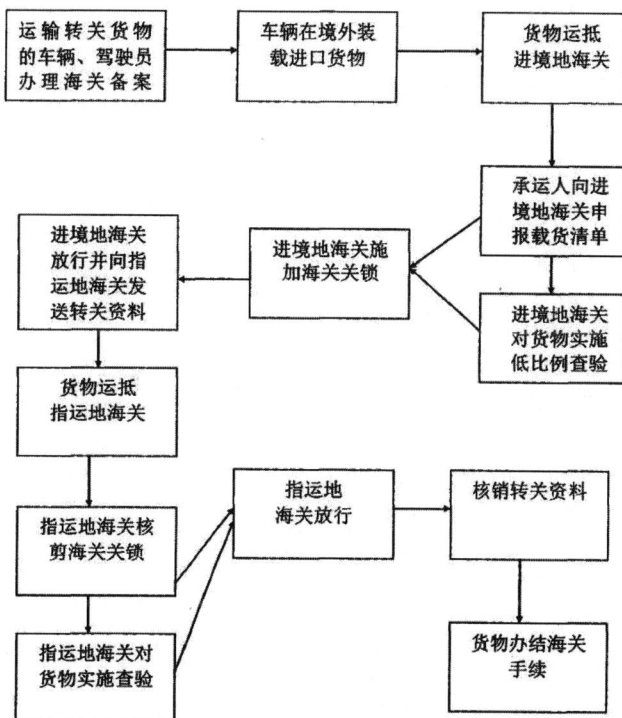

出境：

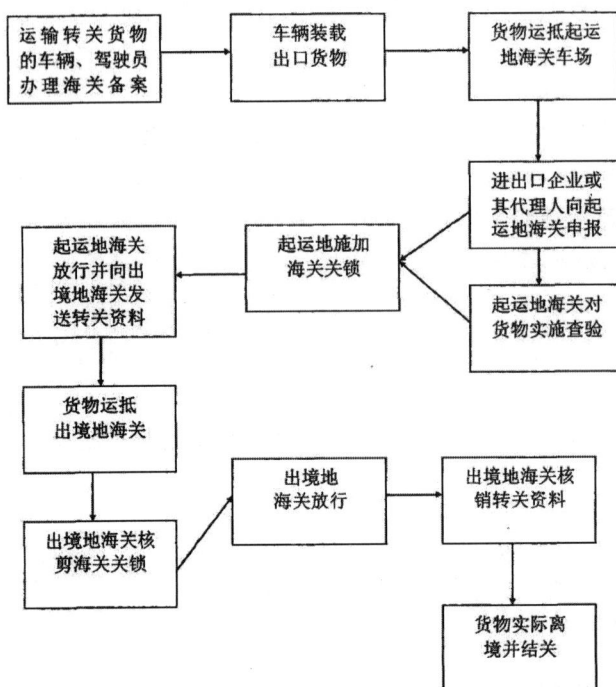

该办法中规定的做法适用于各种不同类型的转关运输。因此，从具体的操作来说，陆路转关运输监管模式和其他类型的转关运输监管模式之间并没有根本的区别，但是在监管的复杂程度上，水路、空运、铁路三种转关类型却相对简单一些。

中国的交通运输立法都立足于各自独立的交通运输方式展开，主要规定各交通运输方式内部的相关制度，未能从宏观角度通盘考虑综合交通运输体系构建的相关问题，从而导致促进和协调综合运的纲领性立法缺失，需要通过专门立法建立一整套纲领性、宏观的、前瞻性的综合交通运输促进和协调法律制度，从整体上为不断推进综合交通运输体系的建设提供制度保障。为了更好地达成大湄公河次区域交通运输的国际合作，改善次区域的互联互通状况，中国应在加快建设大湄公河次区域交通运输国际合作机制的前提下着力完善国内交通运输相关立法，以便促进次区域国际间交通运输国际合作法律制度的对接，巩固大湄公河次区域各国交通运输合作中的伙伴关系，促进次区域各国的经济合作和共同发展。

2003年,为配合大湄公河次区域合作便利运输合作,由交通部牵头,经请示国务院成立了国家便利运输委员会,委员会由外交部、发改委、财政部、公安部、交通部、海关总署、质检总局等有关部门参加,为协调解决便利国际道路运输问题提供了一定的机制保障。

2.大湄公河次区域其他五国的交通运输法

（1）泰国

泰国的交通运输业以公路和航空运输为主。交通法律有《泰国1954年空中航行法》,该法共9章,包括对民航委员会、飞行器的一般条款、飞行器的登记与制造、人员、飞行领域、服务、事故、检查与逮捕、刑罚的各项规定。

《泰国机动车事故受害者保护法》,该法共47条,规定了保险制度、赔偿制度、受害人基金,以及刑法条款等,为了使该法具有较强的操作性,后来相继出台了部级法规。另外相关的还有《海商业促进法》、《泰国海关法》、《泰国水域航海法》(1913年颁行)等。

（2）缅甸

缅甸的交通以水运为主,铁路多为窄轨。近年来,政府大力修筑公路和铁路,陆路运输有了较大发展。缅甸的交通运输法律主要是《缅甸公路法》,该法颁行于2000年12月17日,共6章14条,其宗旨是:(a)建设高等级公路,加强全国的交流交通;巩固国家,加强联系;促进经济社会的全面发展。(b)保障道路便捷和物流畅通。(c)在建设国内高等级公路以及建设连接邻国公路,促进国家现代化发展上予以保障。(d)系统展开高等级公路的扩展、维修维护工作。(e)监督高等级公路的交通与利用。从法条来看,整部法的行政管理色彩浓厚。

（3）柬埔寨

柬埔寨的交通运输业以公路和内河运输为主。主要交通线集中于中部平原地区以及洞里萨河流域,北部和南部山区交通闭塞。柬埔寨的交通运输法律有《地面和内河运输管理法》,航空运输中有《柬埔寨民航管理局组织和运作法令》,该法颁行于1993年,一共5条,对民航管理局的设立目的、组织结构、功能职责进行了规定。《柬埔寨关于实施货物装运前验货检查工作的管理条例》(2000年8月),该条例共13条,但每一条下的条款较为具体,篇幅较大,条例对技术名称、适用范围、检查范围、费用收取、争议解决都有较为详尽的规定。另外,还有如《关于机动车辆牌号调整的规定》等单行规定。

（4）越南

近年来,越南的交通运输业经过重组,改进很大,但交通运输仍为越经济发展的薄弱环节。越南的交通运输法律则显得庞杂,甚至过于琐细,包括各种法律法规和单行法令以及技术标准等。陆路运输的法律有《陆路交通运输法》《铁路法》《铁路运输方式登记条例》,单行法令有《关于处理道路交通领域行政违法行为的法令》《保障铁路交通秩序和安全法令》《残疾人专用摩托车和机动三轮车在生产、组装和进口环节的质检、技术安全与环境保护条例》《路巷塑料隔离板使用及道路交通安全警示标志安装临时条例》《关于批准车辆驾驶执照形式的决定》《超长超重货物和可能损毁路面的履带车以及超出道路限制的超大或超重车辆道路运输条例》《机动车班车、机动车旅客协议和旅客运输客运条例》《道路运输中机动车车速、车距条例》《出租车客运条例》《巴士乘客公共交通管理条例》,技术标准如《高速公路结构敷料过程中碎石混合基层施工和预验收测试的技术工艺》《颁布部门标准:通过落锤式弯沉仪评估非刚性高速公路路面的地基强度和结构的实验过程》《内燃机车—制造,组装和进口的技术要求》《铁路运输的手段——内燃机车——制造、组装和进口的测试方法》。

航空类有《越南空中航行管理法令》《无人驾驶飞机和轻型飞机管理的法令》《公布民用航空空中交通管理条例》《民用航空搜索和救援条例》《航空信息通知条例》《运输直升机商业开发条例》。

水运有《海事法》《越南内陆水道导航法》《内河航道高速客船运营的管理和监督条例》单行法令如《越南港口分类名单》《关于港口和海上通航渠道的管理》《关于对海事领域行政违法的制裁》《关于适用国际条例预防海上碰撞的决议》。

（5）老挝

老挝无出海口,铁路里程极短,几可忽略,主要靠公路、水运和航空运输。老挝也有《海关法》涉及对交通运输的调整,但是在一些签证、通关、检验检疫等便利化措施方面,远远还达不到 GMS 的基本要求。例如:由中国通过老挝到缅甸,中国驾驶员到老挝只有两种方式,第一种是通过边民证出去,但有效距离只有 100 公里左右,而昆曼公路在老挝境内长达 200 多公里;第二种是采取签证的方式,但签证一方面价格比较高,第二是签证时间较长。此外,跨国蔬菜贸易在过境老挝的途中,老挝要加收 15％至 20％的关税。关键是每次货车途经老挝,都得进行"换装",加大了投入。除此之外,还会受到数额不等的罚款。这些障碍严重阻碍了 GMS 次区域各国的互联互通。老挝作为昆曼公路的过境国，中国和泰国处在昆曼公路的两端，凭借自身实力，可以开展跨境贸易，但老挝就没有这样的实力，或许经营一些中转物流港的业务会更有意义。

(二)GMS 经济合作机制内各国间的双边、多边交通运输合作条约

在国际法实践中，广义的条约是指"国际法主体间所缔结的任何具有法律拘束力的国际协议"。这些协议包括公约、协定、宪章以及盟约等等名称各异的法律文件，而不论其名称如何，这些条约所设定的权利义务对各方合作有着较强的指导、监督、保障、约束和借鉴作用。

1.双边条约

(1)中国与老挝

两国签署的涉及交通运输合作双边条约主要有《中老关于修建公路的协定》(1962 年 1 月)、《中老民用航空局关于相互提供航行、通信、气象等技术服务的议定书(1978 年 6 月)、《中老民用航空运输协定》(1978 年 6 月)、《中老民航谅解备忘录》(1991 年 4 月)、《中老汽车运输协定》(1993 年 12 月)、《中老澜沧江—湄公河客货运输协定》(1994 年 11 月)、《中老旅游合作协定》(1996 年 10 月)、《中国、老挝、缅甸和泰国四国澜沧江—湄公河商船通航协定》(2000 年 4 月)、《中华人民共和国与老挝人民民主共和国关于双边合作的联合声明》(2000 年 11 月)、《中老关于边境口岸及其管理制度的协定》(2011 年)。此外，两国还签署了《中老关于在磨憨—磨丁实施便运协定的谅解备忘录》。

2.中国与泰国

两国签署的涉及交通运输合作双边条约主要有《中泰海运协定》(1979 年 3 月)、《中华人民共和国政府和泰王国政府民用航空运输协定》(1980 年 6 月)、《中泰关于互免国际运输收入间接税的协定》(1990 年 3 月)、《中泰关于旅游合作的协定》(1993 年 8 月)、《中泰关于植物检疫的协定》(1997 年 6 月)、《中泰关于二十一世纪合作计划的联合声明》(1999 年 2 月)、《中华人民共和国国家质量监督检验检疫总局与泰王国农业与合作部关于中国从泰国输入食用甲鱼的检疫和卫生条件议定书》(2003 年 6 月)、《中泰关于促进贸易、投资和经济合作的谅解备忘录》(2003 年 10 月)、《中华人民共和国国家质量监督检验检疫总局与泰王国农业与合作部关于加强检验检疫合作的工作安排》(2005 年 7 月)、《中华人民共和国国家质量监督检验检疫总局和泰王国农业与合作部关于中国从泰王国输入鳄鱼肉的检验检疫和卫生条件议定书》(2005

年 9 月)、《中华人民共和国国家质量监督检验检疫总局和泰王国农业与合作部关于中国和泰国进出口熟制禽肉的检疫卫生要求议定书》(2005 年 9 月)、《中华人民共和国国家质量监督检验检疫总局和泰王国农业与合作部关于进出口新鲜蔬菜卫生和植物要求议定书》(2005 年 9 月)、《中泰关于可持续发展合作谅解备忘录》(2011 年 12 月)、《中泰关于建立全面倡议合作伙伴关系的联合声明》(2012 年 4 月)。

3. 中国与缅甸

两国签署的涉及交通运输合作双边条约主要有《中缅航空运输协定》(1955 年 11 月)、《中缅关于边境贸易的谅解备忘录》(1994 年 8 月)、《中缅关于澜沧江—湄公河客货运输协定》(1997 年 1 月)、《中缅关于中缅边境管理与合作的协定》(1997 年 3 月)、《中缅旅游合作协定》(2000 年 7 月)、《中缅关于植物检疫的合作协定》(2001 年 12 月)、《中缅关于动物检疫及动物卫生的合作协定》(2001 年 12 月)、《中缅关于促进贸易、投资和经济合作的谅解备忘录》(2004 年 3 月)、《中缅关于中缅油气管道项目的合作协议》(2009 年 3 月)、《中缅关于深化两国全面倡议合作的联合声明》(2014 年 11 月)。

综合比较而言,从基础建设成本投资、道路状况、水路特征以及运输成本等诸多因素考量,比较来看,发展中缅边境铁路运输是最能满足现实需求的考虑。但是缅甸铁路与中国铁路存在轨距障碍。[①] 轨距的不同,意味着货物不能在两国间进行直达运输,所有货物都需要进行换装作业,这无疑会给运输效率带来巨大影响。目前虽尚无理论证明,宽轨、米轨、标准规究竟孰优孰劣,但包括中国、美国以及众多欧洲主要国家均采用国际标准轨距,故从长远的角度来看,中缅边境运输应考虑统一使用标准轨距,以便在未来有需要时可以与国际铁路相衔接。

4. 中国与柬埔寨

两国签署的涉及交通运输合作的双边条约主要有《中柬航空运输协定》(1963 年 11 月)、《中柬关于促进和保护投资协定》(1996 年 7 月)、《中柬贸易协定》(1996 年 7 月)、《中柬关于旅游合作的协定》(1999 年 2 月)、《中柬关于禁止非法贩运和滥用麻醉药品、精神药物和易制毒化学品的合作谅解备忘录》

---

① 中国铁路除云南省部分旅游线路使用轨距为 1000 毫米的米轨外,其余铁路均为国际标准轨距,而缅甸的铁路以米轨为主。

(2008 年 11 月)，此外中国和柬埔寨还签署了《中柬在柬台通航问题上的协议》。

2016 年 10 月，中华人民共和国主席习近平访问柬埔寨，两国发表联合声明，同意加快中国"一带一路"倡议、"十三五"规划同柬埔寨"四角"倡议、"2015—2025 工业发展计划"的有效对接，制定并实施好共同推进"一带一路"建设合作规划纲要，同意进一步加强在联合国、亚欧会议、东亚合作、澜沧江—湄公河合作等多边框架内的协调与配合，继续在涉及各自重大利益问题上保持密切、及时和有效沟通，相互予以有力支持。双方还签署了《关于编制共同推进"一带一路"建设合作规划纲要的谅解备忘录》等 31 份合作文件。

5.中国与越南

两国签署的涉及交通运输合作双边条约主要有《中越关于两国间海上运输的协定》(1956 年 12 月)、《中越通商航海条约》(1962 年 12 月)、《中越海运协定》(1992 年 3 月)、《中华人民共和国铁道部和越南社会主义共和国交通运输邮电部国境铁路协定》(1992 年 3 月)、《中越关于货物过境的协定》(1994 年 4 月)、《中越旅游合作协定》(1994 年 4 月)、《中越汽车运输协定》(1994 年 11 月)、《中越关于成立经济、贸易合作委员会的协定》(1994 年 11 月)、《中越关于共同建设河口—老街南溪河界河公路桥的协定》(1999 年 5 月)、《中越关于简化共同建设河口—老街南溪河界河公路桥的人员、建筑材料、施工设备和交通工具经中越河口—老街口岸通过中越边境手续的议定书》(1999 年 5 月)、《中越旅游合作协定》(2000 年 12 月)、《中越南关于共同建设河口—老街红河界河公路大桥的协定》(2006 年 2 月)、《中越关于简化共同建设河口—老街红河界河公路大桥的人员、交通工具、施工设备和建筑材料经河口—老街口岸出入境手续的议定书》(2006 年 2 月)、《中越关于开展"两廊一圈"合作的谅解备忘录》(2006 年 11 月)、《中越关于植物保护和植物检疫的合作协定》(2008 年 5 月)、《中越关于动物检疫及动物卫生的合作协定》(2008 年 5 月)、《中越边境卫生检疫协议》(2008 年 10 月)、《中越陆地边境口岸及其管理制度的协定》(2010 年)、《中越关于指导解决中华人民共和国和越南社会主义共和国海上问题基本原则协议》(2011 年 10 月)、《中越关于修改〈中华人民共和国政府和越南社会主义共和国政府汽车运输协定〉的议定书》(2011 年 10 月)、《中越关于实施〈中华人民共和国政府和越南社会主义共和国政府汽车运输协定〉的议定书》(2011 年 10 月)、《中越关于简化共同建设北仑河第二公路大桥的人员、交通工具、施工设备和建筑材料经东兴—芒街口岸出入境手续的议定书》

(2012年3月)、《中越边境公路交通双边协定》(2012年)。此外,中国和越南还签署了《中越关于在河口—老街实施便运协定的谅解备忘录》和《中越关于在友谊关—友谊出入境站点及昆明—百色—南宁—友谊关—友谊—谅山—河内路线列入协定议定书的谅解备忘录》。

越南在大湄公河次区域及中国—东盟自由贸易区中,拥有着得天独厚的区位优势,正在逐步谋求成为中国与东盟间的海陆空交通枢纽,其在国内法、国际法上进行了诸多准备。除上述与中国的双边协议之外,越南还于2007年分别与老、柬签署了边境过境运输协定等。2008年,越南交通运输部批准下发了经过调整补充后的《2020年国内水路交通运输发展总体规划》,按规划,到2020年,越南船运交通货运量达21000万吨/年,客运量达54000万人次/年。2020年,越国内水路交通运输业至少需要投资733500亿越盾(约合44.5亿美元)。其中,水路交通基础设施投资367800亿越盾(约合22.3亿美元),水路交通运输工具投资363000亿越盾(约合22亿美元),水路航运维修投资2700亿越盾(约合1636万美元)。

从上述大湄公河次区域内部签署的双边交通运输合作条约来看,主要集中在航空、公路、检验检疫等领域。应该说,签订双边运输协定还是目前GMS开展国际运输的基础(目前GMS签署的双边汽车运输协定均仅适用于两国间的运输,还不适用缔约一方运输车辆通过第三国到达缔约另一方以及缔约一方运输车辆通过缔约另一方到达第三国的过境运输)。过境运输应由过境运输涉及的有关国家(包括过境国及被过境国)共同签署的多边运输协定解决。

2.多边交通运输合作公约

多边运输协定是在已存在双边运输协定的基础上,某一个区域的有关国家希望进一步扩大运输合作,实现更加便利的运输,在这种愿望下通过谈判达成。应该说,多边运输协定是双边运输协定发展的高级阶段,是国际交通运输合作发展的必然要求。当然,这需要许多成熟的条件,如多边协定涉及国家的政治、经济、法律制度等方面要易于相互接轨。签订区域多边运输协定主要考虑的是利用多边运输协定的灵活性,应该侧重于解决运输中的便利问题。通过签订区域多边运输协定,开展在税费征收、车辆标准、通关程序等多方面比双边运输协定更为便利。

(1)《便运协定》

目前,在GMS经济合机制中交通运输合作领域最重要的多边公约是我们在第三章中提到的《大湄公河次区域客货跨境运输便利协定》(CBTA,简称《便运协定》)。

《大湄公河次区域客货跨境运输便利协定》正式名称是《柬埔寨王国政府、中华人民共和国政府、老挝人民民主共和国政府、缅甸联邦政府、泰王国政府及越南社会主义共和国政府间客货跨境运输便利协定》。正如该协定正式名称所示,所有大湄公河次区域国家均是该协定的签字国。

《便运协定》是综合性多边法律文件,其中涵盖了有关跨境运输便利化的各个方面。包括:(1)一站式通关;(2)人员的跨境流动(如营运人员的签证);(3)运输通行制度,包括免除海关检验、保证金抵押、护送、动植物检疫;(4)公路车辆将必须具备跨境通行的先决条件;(5)商业通行权利的交换;(6)基础设施,包括公路和桥梁设计标准、公路标识与信号。该协定将在签约国选定的和相互同意的线路和出入点上采用。

《便运协定》的草案是参照联合国亚太经社理事 48/11 号决议,在 1996 年昆明召开的第三次交通论坛会议上提出来的。目的是促进次区域国家间贸易往来,进一步发展经济,为各国之间过境客货运输提供便利,简化和统一有关货物和人员过境运输的法律、规章、制度和程序的要求。

《便运协定》由 10 个大部分、44 个条款所组成,分别是总则、过境便利手续、人员跨境运输、跨境货物运输、陆路运输工具许可证、商业交通权、基础设施、机构设置、其他条款和最后部分。从 44 个条款的安排上,《便运协定》对便利货物及人员跨境运输的相关方面作了比较全面的框架规定。值得特别给予肯定的是,为了次区域国家在交通合作中切实做到相互配合,《便运协定》在符合本国法律的第 37 条款中规定:"必要的时候,缔约各方负责将其各自本国法律与本协定内容相协调一致。"在关于保留的第 38 条款中规定:"本协定不允许保留。"这也是《便运协定》各个附件的特色之处。如上所述,《便运协定》只是框架较完备的协定,执行《便运协定》需要有配套的附件和议定书做支撑,目前,协定有 17 个附件和 3 个议定书。这些附件和议定书草案经与大湄公河次区域国家政府、联合国亚太经社理事会、东盟秘书处、联合国欧洲经济理事会等的密切磋商后,现已完成。

在执行机制方面,GMS 经济合作机制由三个层次构成,分别是第一层次的领导人会议,第二层次的部长级会议,第三层次的高官会、工作组、专题论坛。GMS 经济合作机制的最高决策机构是领导人会议,其日常决策机构是部长级会议,交通、电信、贸易和投资等 9 个专题论坛和工作组具体负责各领域合作政策及确定优先合作项目等,根据《便运协定》第 29 条所设立的"GMS 跨境运输协定联合委员会"(以下简称联委会)就是属于这一层次的一个执行部门。GMS 设立联委会以监督与评估《便运协定》及其附件与议定书的执行情况。联委会的工作目标包括两个:第一,确保《便运协定》及其附件与议定书的有序及有效执行;第二,解决《便运协定》及其附件与议定书在应用与解释过程中所产生的纷争。联委会作为不具备法人资格的常设咨询机构,就《便运协定》及其附件与议定书在 GMS 范围内的执行状况向部长级会议提出建议。联委会委员由《便运协定》第 28 条确定的 6 个缔约国的"国家便利运输委员会"主任组成,此外,联委会将视会议议题邀请亚行代表、其他官员、顾问、观察员参加联委会会议。在休会期间,联委会以书面或其他方式交换 GMS 公路跨境便利运输的相关信息,以积极推动各目标的实现。联委会按照 GMS 公路跨境便利运输各业务领域成立了运输、海关、健康(卫生/动植物检疫)、边防四个分委会,各个分委会在 GMS 联委会的指导下,具体负责讨论各业务领域的执行问题,并向 GMS 联委会提出解决这些问题的建议,同时,四个分委会通过相互参加会议来协调其与大湄公河次区域交通论坛、便利贸易工作组、农业工作组等的活动,以确保与 GMS 论坛或工作组的联系和信息交换。

从 2004 年开始,联委会每三年召一次会议,至今已成功召开 3 次会议,联委会以跨境便利运输合作为纽带,将大湄公河次区域六国联系起来,共同推进大湄公河次区域内公路跨境便利运输合作的进程,对大湄公河次区域公路跨境便利运输合作的推进起到总体部署和协调作用。我国根据《便运协定》第 28 条于 2002 年成立了国家便利运输委员会,负责组织和部署《便运协定》的执行,并负责海关、检验检疫、边防、交通四个分委会的协调工作。参与 GMS 合作的云南和广西也相应成立了省级便利运输委员会。由广西海关、检验检疫、边防、交通、商务等部门负责官员组成的广西便利运输委员会,负责执行《便运协定》的具体工作。广西便利运输委员会办公室设在广西交通运输厅,通过会议形式组织和协调海关、检验检疫、边防、交通等部门的便利运输工作。2008 年,广西交通运输厅于中越边境东兴、友谊关两口岸成立了国际道路运输管理处,专门负责国际道路运输管理业务,同时积极与海关、边防检查、检验检疫等口岸联检部门沟通和协调,共同推动口岸通关效率的提高。

综上,《便运协定》有助于建立中国—东盟国家之间陆路通道的建设和跨境车辆运输便利化的政府间磋商机制,逐步消除中国—东盟交通运输市场壁垒,加大次区域交通运输合作。同时,为了能使扩大大湄公河次区域经济合作得到支持和产生辐射效应,可以考虑开放《便利货物及人员跨境运输协定》,争取更多的东盟国家及其他国家和地区加入《便利货物及人员跨境运输协定》,使《便运协定》成为多国多边协定,以真正实现货物及人员跨境运输便利化。

(2)《中老缅泰澜沧江—湄公河商船通航协定》,为了给船舶在澜沧江—湄公河通航提供法律保障,自 1994 年开始,历经 7 年 6 次事务级会谈后,2000 年 4 月 20 日在缅甸大其力正式签署了中老缅泰四国《澜沧江—湄公河商船通航协定》。该协定规定,协定签署一年后,缔约四国之间实现澜沧江—湄公河商船通航,缔约任何一方的船舶均可按照该协定的规定在中国的思茅港和老挝的琅勃拉邦港之间自由航行,缔约一方的船舶除为向其提供的专门服务支付费用外,不应因仅在缔约另一方领土过境而被收取任何费用。

根据这项协定,缔约四国开放的澜沧江—湄公河通商港口共计 14 个。其中,中国为 4 个:思茅、景洪、勐罕和关累;老挝为 6 个:班赛、班相果、孟莫、万巴伦、会晒和琅勃拉邦;缅甸 2 个:万景和万崩;泰国 2 个:清盛和清孔。

协定还规定,在船舶进出港口、办理海关结关及其他手续、使用泊位装卸货物、使用码头、库场及其他港口设施、物资供应以及收取港口费用方面,缔约各方应相互给予对方船舶最惠国待遇。缔约任何一方的船舶在缔约另一方的港口只能承运该两国间的出境货物和旅客,但如经该缔约另一方允许,亦可承运该缔约方港口与缔约第三方港口之间的货物和旅客。该协定不适用于国内航运,即缔约任何一方的船舶均不得经营其他缔约方国内港口之间的货物和旅客运输。为了人员安全、健康和环境保护,该协定规定,禁止运输诸如有毒化学品、爆炸品和放射性物质等危险品。该协定自签字之日起生效,有效期为 5 年,如在期满前 3 个月缔约任何一方未书面通知要求终止该协定,则该协定的有效期将自动延长 3 年,并依此法顺延。

为有效实施通航协定,四国在该协定签署后即成立了实施协定技术工作组,负责起草 6 个与实施协定有关的技术性规则,对设立四国通航协调机制和正式通航等有关问题提出建议。该工作组由中方牵头,分别于 2000 年 5 月、2000 年 9 月和 2001 年 3 月在中国景洪、昆明和北京召开了 3 次会议,审议和通过了中方起草的 6 个技术性规则。并于 2001 年 3 月 14—15 日在北京召开高官会议,签署了《澜沧江—湄公河商船通航协定的谅解备忘录》,审议和认可了 6 个技术性规则并将其作为谅解备忘录的附件,由四国参加会议的高官们签署;审议通过关于由中方牵头进行航道改善工程环境影响评估和详细勘测的建议;并初步商定四国商船正式通航典礼于 2001 年 6 月 26 日在中国景洪举行。高官会议还决定成立中老缅泰澜沧江—湄公河商船通航联合协调委员会,以协调和处理与实施通航协定有关的事宜。该协调委员会由四国各1名主任委员、1名副主任委员和6名专业委员组成,每年至少召开1次会议,按照字母表次序,中国自委员会成立之日起担任第一任轮值主席,任期为两年。联合协调委员会第一次会议于2001年6月24日在中国景洪举行,主要审议通过该委员会的职责范围和议事规则,为今后更好地协调和处理与实施四国协定有关的事宜提供法律保障。

2009年12月,中、老、缅、泰四国召开的第八次中国—东盟交通部长会议上签署了《澜沧江—湄公河商船通航收费规则(草案)》。

(三)大湄公河次区域的中国—东盟交通运输合作的制度安排

大湄公河次区域的中国—东盟交通运输合作法律渊源是指东盟合作机制中的交通运输合作协议,即次区域内的5个东盟成员国与次区域外的5个成员国间的交通运输协议,以及中国与上述次区域内外的东盟十国间的交通运输合作协定。这是因为,大湄公河次区域存在多层次、多轨制的合作平台,因此,次区域的六国也各自、部分或者共同参加了区域外的一些交通运输条约,次区域六国分别系上述条约的缔约国,但其中的权利义务约定对于缔约国直接具有国际法效力,同时这些条约对次区域中的非缔约国与缔约国今后签署的双边、多边条约亦有间接的法律影响。

1. 东盟合作机制中的交通运输协议

2001年1月在河内举行的第34届东盟部长级会议上,外交部部长们要求缩小原有成员和新成员之间的差距,以便东盟经济一体化发展。大湄公河次区域项目规划合作在这方面发挥着重要的作用。大湄公河次区域与东盟维持着紧密的关系,尤其在计划和实施交通、能源、贸易、投资和禁毒等方面的合作至关重要,密不可分。

(1)推进贸易便利化的各项交通运输协议

考虑到交通产业对发展区域和国际贸易所起的后勤保障作用,东盟迄今已达成数项区域性交通运输协议,主要包括互相承认商用车辆检验证明、发展东盟高速公路网、简化货物转运手续、发展联运、扩大开放航空货运服务等。同时为加强旅游运输服务一体化,东盟各国也开发了一些海、陆、空旅行合作项目。

其中,印尼、马来西亚、菲律宾和文莱四国为执行"东盟东部增长区路线图",一致同意将加强增长区的空中联系作为今后的发展重点,并在 2008 年 1 月份签署了《增加航线的谅解备忘录》。东盟东部增长区民航领域全面开放是四国航空发展的一个重要里程碑,全面开放东盟东部增长区民航领域,开辟更多航线,将促进该地区的旅游业、投资和经济的更快发展。航线合作涉及该区域的 13 个城市,其中,亚庇、古晋、文莱斯市、巴里克板、坤甸市、达沃市和三宝颜开放第五航权。

在交通一体化过程中,东盟各国积极与各方建立伙伴关系,如鼓励货代企业、航空公司、港口、船东协会、货主协会等私有经济组织参与其大量工作,与中国、印度、日本等国实施运输联合方案,与亚行、国际民航组织和国际海运组织等国际性、区域性机构进行合作。东盟正计划使欧盟、韩国、俄罗斯、美国加入其运输联盟。

(2)《东盟多式联运框架协议》

在东盟内部的交通运输法律渊源中,《东盟多式联运框架协议》相对比较重要。这是 2005 年 11 月 17 日在老挝的首都万象召开东盟国家第 11 届交通部长会议时,落实 1992 年 1 月东盟首脑会议通过的《东盟加强经济合作框架协定》而签署的多边条约。该协议共 11 章 42 个条文,涉及的内容主要有定义、多式联运单据、多式联运经营人责任、多式联运经营人责任限制、托运人责任、管辖与权限、多式联运经营人、最后条款等。其制定的目的是为了促进东盟成员国之间国际贸易的扩大及刺激经济的平稳发展;创造高效率的多式联运为国际贸易的发展提供充足的服务;建立一个用户之间的国际运输服务供应商的利益平衡机制,并不影响有关国家法律法规和单式运输业务的控制权。《东盟多式联运框架协议》是东盟一体化倡议的其中项目之一,多式联运项目于 2012 至 2013 年实行,该项目首先由 5 个国家共同执行,包括泰国、柬埔寨、越南、老挝、缅甸,旨在发展五国的多模式交通运输营运合作。虽然我国并非该协议的参与方,鉴于 GMS 次区域交通运输合作的要求,有必要对我国相关交通运输立法进行比较,视情况予以修订,以适应新形势。

2.中国—东盟自由贸易区中的交通运输协议

在 2002 年 11 月初的东盟与中国"10+1"会议上,签署了《中国与东盟全面经济合作框架协议》,正式启动了在未来 10 年内建立中国—东盟自由贸易区的进程,标志着中国与东盟的经济关系进入了一个新的阶段。交通运输是中国—东盟自由贸易区在 WTO 协议的基础上承诺进一步开放的领域,亦属于双方服务贸易的重要组成部分。

大湄公河开发合作被划分作为中国—东盟自由贸易区建设规划的第四个阶段。这个阶段中的整个开发合作进程也会包含其他合作的开展,如服务贸易中的航运可以在此部分体现,而投资合作也可以在这部分交叉进行。虽然之前的湄公河开发已经有多年的历史,但并未包含在中国—东盟自由贸易区框架下,2002 年正式把该经济合作纳入与中国—东盟自由贸易区的框架之下。在自由贸易区项下的大湄公河经济合作更为现实,更为便利,包括交通运输合作在内的许多合作都可以在此项下开展。因此,随着自由贸易区建设的进展,原有的澜沧江—湄公河开发合作也将会被注入新的意义,大湄公河次区域合作是中国—东盟自由贸易区建设的重要内容和实施载体。

除上述 GMS 次区域内部的交通运输沟通、合作机制以及东盟内部的交通运输合作框架,中国作为一方,GMS 成员国老挝、泰国、柬埔寨、越南、缅甸作为东盟一方成员,还共同参与了中国—东盟的交通运输合作机制。

(1)中国—东盟交通运输合作机制的基本框架

中国—东盟交通运输合作机制是保证中国—东盟双方在交通运输领域开展合作的保障机制,这一机制发展至今,形成了一套较为完整、丰富、高效的体系。在双方的合作中发挥了积极的作用,其基本框架如下:

①交通基础设施建设:双方将在公路、桥梁及隧道或地下通道改善项目,沿海和内河港口,航道.铁路以及民用机场的规划、设计、建设等方面积极合作;在中国和东盟国家之间组织交通基础设施建设论坛会和贸易展览会。

②交通运输便利化:双方将加强各种运输方式的合作,发展公路、水路、铁路及民航服务网络,促进交通运输便利化,以适应中国—东盟自由贸易区未来发展的需要。包括积极努力缔结区域性海运合作框架文件,发展澜沧江—湄公河以及其他国际河流的航运,在亚洲公路网、泛亚铁路网和《大湄公河次区域客货便利运输协定》中协调基础设施的技术标准等。

③海上安全与保安:双方将建立海事磋商机制,并与其他东盟机制密切磋商,就实施已经加入的国际海事组织(IMO)有关海上航运安全公约进行合作,根据国内法律.法规和国际法就海上搜救进行合作,在国际海事组织框架内就船舶压载水管理和防止船舶污染海洋环境进行合作,就加入的《港口国管理东京备忘录》开展港口国监督合作,就实施已加入的国际海事组织《国际船舶和港口设施保安规则》通过交流信息,分享经验的方式进行合作等等。

④航空运输:双方将在双边、区域或次区域的基础上,积极扩大航空服务安排与衔接,支持与便利交通与客货流动,以促进中国和东盟的贸易与经济,

促进指定的国家航空公司间的合作安排。

⑤人力资源开发:双方将就共同感兴趣的交通运输领域举办讲习班或研讨会,专题包括港口管理,海上运输保安,航道整治技术,海上及内河运输安全管理.船舶压载水管理以及公路、铁路和民用机场的规划、设计及管理人员培训等等。

⑥信息交流:双方为便利中国—东盟运输服务,将就交通基础设施及行业发展交流信息。信息交流内容包括交通发展政策、法律及法规。铁路、公路、桥梁和隧道、港口,航道技术标准与规范,国际陆路运输、国际海运便利措施。现行港口收费信息,船员上岸规定,在民用航空领域的法律、法规、政策及标准。

(2)中国—东盟交通运输合作机制的具体法律文件

为促进中国与东盟在交通运输领域的合作,加强相互间的沟通与协调,早在2001年第五次中国—东盟领导人会议上,朱镕基总理就建议中国—东盟双方建立交通部长会晤机制并得到了东盟各国的积极响应,双方签署了《中国—东盟交通合作职责范围》。2002年,中国—东盟交通部长会议机制建立,双方签署了《南海各方行动宣言》。2004年11月27日,中国交通部部长张春贤和东盟秘书长王景荣在老挝首都万象举行的东盟峰会上,与东盟十国交通部长签订了《中国—东盟交通合作备忘录》,确定了中国和东盟在交通领域合作的中长期目标,签署《中国—东盟交通合作备忘录》,旨在为2010年建成中国—东盟自由贸易区发挥交通的基础性支撑作用。2006年7月在"环北部湾经济合作高层论坛"上发表了《环北部湾经济合作论坛主席声明》以及《关于加快泛北部湾经济合作的行动建议》。2007年,中国和东盟通过了《中国与东盟航空合作框架》、《中国—东盟港口发展与合作联合声明》(南宁共识)。其后召开的第六次中国—东盟交通部长会议上,共同签署了《中华人民共和国政府与东南亚国家联盟政府海运协定》,在2009年10月24日举行的第12次中国与东盟领导人会议上,中国提出与东盟合作加快基础设施建设,尽快商定《中国—东盟交通合作倡议规划》优先项目,尽早就《中国—东盟海关合作谅解备忘录》达成一致,签署《中国—东盟区域航空运输协定》,构筑互联互通的区域基础设施网络。2010年11月12日,在第九届东盟——中国交通部长会议上签署了《东盟—中国航空运输协议》和《中国—东盟海事磋商机制谅解备忘录》。

目前,根据中国和东盟领导人的倡议,双方已成立实施《东盟互联互通总体规划》的合作委员会,中国交通运输部是成员单位。双方正在实施的《中国—东盟交通合作倡议规划》与将要实施的《东盟互联互通总体规划》具有高度关联性,其中柬埔寨在《中国—东盟交通合作倡议规划》优先项目清单中的储备项目占比最高,这为实施《东盟互联互通总体规划》奠定了良好的基础。

中国—东盟交通运输合作机制为推动中国—东盟自由贸易区交通运输合作奠定了良好的法律基础,提供了坚实的制度保障,标志着一个不断深化的交通运输合作法律体系已经形成。

(四)与大湄公河次区域交通运输合作有关的其他法律渊源

如第三章中所述,GMS经济合作机制专指由亚洲开发银行发起的湄公河次区域合作,它是次区域合作中最重要的国际合作开发机制。此外,广义上的大湄公河次区域合作机制还包括了各层级、不同范围和不同合作宗旨的多重机制。在成员国身份上,次区域中全部的6个国家都是WTO成员方;在GMS成员国中,除了中国外,全部都是东盟自由贸易区成员;GMS成员国又都属于中国—东盟自由贸易区框架内。合作机制的参与方众多,除次区域国家老、缅、泰、柬、越五国和中国的云南省及广西壮族自治区外,还有其他东盟国家;区域外的国家则有印度、日本、澳大利亚、新西兰、北欧国家、德国、英国和法国等发达国家;亚洲开发银行(ADB)、世界银行(WB)、联合国开发计划署(UNDP)、联合国环境规划署(UNEP)、联合国禁毒署(UNIDCP)、联合国亚太经济与社会委员会(UNESCAP)、欧盟(EU)等半官方和非官方的国际组织,都在不同程度上参与了大湄公河次区域的各种合作机制。

1. 与该区域有关的全球性交通运输合作公约

(1)道路交通运输领域

①《阿拉木图行动纲领》

2003年8月,来自世界83个国家和23个国际组织的代表在哈萨克斯坦前首都阿拉木图参加首届联合国过境运输合作部长级会议,指出:在当前世界经济一体化进程不断加快的形势下,无出海口的发展中国家和过境发展中国家应加强相互合作,建立多元化、高效的国际物流体系,利用各种交通优势和潜力,促进国际经济的进一步繁荣和发展。会议通过的宣言指出来自各国的与会代表一致同意,各国政府将继续努力,携手解决无出海口和过境发展中国家所遇到的各种困难。会议通过的行动纲领概括了无出海口和过境发展中国家在经济发展上提出的5个方面的问题和建议,即加强过境运输合作问题,包括铁路、公路、运输管道、航空、内河航运等在内的交通基础设施的发展和运用问题,国际贸易合作问题,有关国际财政支持的问题以及情况分析和信息交流问题,并最终通过了《阿拉木图宣言》和《阿拉木图行动纲领》两个文件以帮助内陆和过境发展中国家解决在过境运输等方面的特别需要。

大湄公河次区域国家中,既包括内陆国又全部是发展中国家,因此《阿拉木图纲领》对该区域的过境交通运输合作有一定的指导意义。

②联合国亚太经社会(UNESCAP)主持的一系列条约

UNESCAP 近年在促进亚太地区的交通运输合作中作用显著,交通运输部长级会议是 UNESCAP 在交通运输领域的最高级别会议,每五年举行一届,从部级层面对亚太交通运输发展、规划及相关区域合作提供指导,审议有关计划的执行情况,制定并通过下一阶段的框架性文件,以应对亚太区域不断变化的交通运输需求,推动亚太交通运输和经济社会的健康与可持续发展。这些框架性文件包括:

《亚洲公路网政府间协议》:它是在联合国亚太经社会主持下拟定的首项条约,该协议及其 3 个附件除对亚洲公路运输网进行整体的规划外,还为道路和路标确定了基本的技术标准,为网络线路的修订规定了谈判机制。自 1959 年起,联合国亚太经社会就着手规划连接亚洲各国公路网络。该协议历经 45 年规划、旨在建立覆盖 32 个亚洲国家并和欧洲公路网衔接,于 2005 年 7 月 4 日正式生效。

这标志着亚洲公路运输合作进入了一个崭新的阶段,同时也进一步推动了这一长达 14.1 万公里的亚洲第一个公路网络的建成。①

目前,共有 32 个成员方同意加入亚洲公路网,27 个成员方已签署该协议,包括中国在内的 10 个国家已批准或核准了协议。

《泛亚铁路网政府间协定》:泛亚铁路(Trans-Asian Railway,TAR)又称"铁丝绸之路",是一个贯通欧亚大陆的货运铁路网络。2006 年 11 月,18 个亚洲国家代表于韩国釜山正式签署《泛亚铁路网政府间协定》,筹划近 50 年的泛亚铁路网计划最终得以落实。中国于 2009 年 3 月 13 日正式批准该协议,成为第八个缔约方(其他缔约方为印度、蒙古国、韩国、俄罗斯、塔吉克斯坦、柬埔寨和泰国)。联合国亚洲及太平洋经济社会委员会(亚太经社会)2009 年 6 月

---

①　由于该公路网中尚有部分路段低于认定的最低标准,升级并完善这一网络成为落实该协议的主要任务。

11 日在泰国首都曼谷宣布《泛亚铁路网政府间协定》正式生效。

按照《泛亚铁路网政府间协定》规划,泛亚铁路包含四线铁路网,分别是连接朝鲜半岛、俄罗斯、中国、蒙古国、哈萨克斯坦等国直达欧洲的北部通道,连接中国南部、缅甸、印度、伊朗、土耳其等国的南部通道,连接俄罗斯、中亚、波斯湾的南北通道,连接中国、东盟及中南半岛的中国—东盟通道。

《泛亚铁路网政府间协定》涵盖亚太地区 28 个国家,铁路总长度达 11.4 万公里。该协定通过选择和确认具有国际重要性的铁路和站点,规划了一张覆盖亚太地区的铁路交通网,并对线路通行能力、车辆负载轨距和运行互通性等相关技术特性提出了指导原则,以促进亚洲地区乃至亚洲通往欧洲的部分重要铁路的连通和便捷。

而连接中国、东盟及中南半岛的中国—东盟通道,由于已进入实际启动阶段,近年来常被视为狭义上的"泛亚铁路"。

这个狭义上的"泛亚铁路"网,从规划上分为东线、中线、西线,都是从云南昆明出发,经过中南半岛,在泰国曼谷汇合后经吉隆坡直达终点新加坡。在具体路线上,东线指的是从昆明—玉溪—蒙自—河口,进入河内—胡志明市—金边—曼谷—吉隆坡,最后进入新加坡。中线指的是从昆明—玉溪—普洱—景洪—磨憨,进入万象—曼谷—吉隆坡,最后进入新加坡。西线指的是从昆明—祥云—瑞丽,经仰光—曼谷—吉隆坡,最后进入新加坡。

③《政府间陆港协定》

2013 年 11 月 4 日,亚洲交通运输部长论坛第二届会议在曼谷举行。期间,亚美尼亚、柬埔寨、中国、印尼、伊朗、老挝、蒙古、缅甸、尼泊尔、韩国、俄罗斯、塔吉克斯坦、泰国和越南等 14 个成员方在泰国曼谷签署了联合国亚太经社会《政府间陆港协定》(ESCAP 决议 69/7 号)(Intergovernmental Agreement on Dry Ports)。《政府间陆港协定》的签署,是参与国家对实现区域一体化多式联运和物流系统的承诺,共同创造贸易物流走廊的繁荣的共同愿景,将对亚洲内陆国家和中国沿边省区的发展产生重要影响,对全球运输与物流供应链体系的进一步完善产生巨大影响,对国际地缘经济格局变革产生直接影响。

《政府间陆港协定》的目的是进一步完善亚太地区交通基础设施网络,充分发挥亚洲公路网和泛亚铁路网的作用,便利和促进亚太地区各国之间的经贸往来。它包括正文和附件两部分,正文内容涉及陆港的定义、确定和发展以及修订程序及其他一般规定,附件规定了陆港的基本条件和各国陆港清单以及陆港发展营运的指导原则。《政府间陆港协定》中,包括中国、俄罗斯、韩国、印度在内的 27 个成员方的 240 个城市(生产和消费中心)被正式确定为国际陆港城市,其中有中国的 17 个城市,主要是长春、二连浩特、哈尔滨、河口、霍尔果斯、珲春、景洪、喀什、昆明、满洲里、南宁、凭祥、瑞丽、绥芬河、乌鲁木齐、义乌、樟木。云南省 4 个被列入国际陆港城市的是昆明、瑞丽、景洪、河口,被列入具有国际重要性的陆港清单的 4 个项目分别是昆明腾俊国际陆港、瑞丽货运中心、景洪勐养国际物流商贸中心、河口口岸交通物流园。

《政府间陆港协定》中明确,与亚洲公路网和泛亚铁路网一道,具有国际重要性的陆港①是建立可持续的国际一体化多式联运交通运输和物流系统的重要基础。对于建设国际陆港城市和国际陆港项目的开发和运营而言,协定制定了一系列的支持性措施和意见。《政府间陆港协定》的通过和签署,标志着亚太地区互联互通的交通基础设施网络已基本构成,为亚太地区多式联运和物流业的发展以及运输便利化提供了良好的基础,将进一步有效促进区域互联互通和经济社会发展。

2012 年 3 月 15 日,联合国亚太经社会(UNESCAP)交通运输部长级会议在泰国曼谷举行,会议审议并通过了《亚洲及太平洋交通运输发展部长宣言》及 2012—2016 年行动计划和国际道路运输便利化倡议框架。

④《国际道路运输公约》(TIR)

联合国 TIR 公约(the United Nations Transports International Routiers Convention),是为简化和协调国际货物道路运输的海关手续,降低货物承运人成本,有效保护货物过境国的海关税费利益,在联合国欧洲经济委员会的牵头下制订的。基于 TIR 公约,国际道路运输货物自启运国海关到目的地国海关的过程中,所有过境国的海关都不对货物进行任何检查,不需要缴纳巨额的过境担保金,不延误时间。TIR 公约是国际货运海关过境的全球标准,旨在通过简化通关程序和效率,加强贸易与国际道路运输的便利化与安全化。

TIR 系统于 2017 年 1 月 5 日正式在中国运行,有望促进中国与周边已采纳该系统的国家的运输和贸易的发展。这些国家包括阿富汗、哈萨克斯坦、吉尔吉斯斯坦、蒙古、俄罗斯和塔吉克斯坦等。对于装运集装箱的公路承运人,

---

① 《政府间陆港协定》中对具有国际重要性的陆港定义是,指与一个或多个运输模式相连接的、作为一个物流中心进行运作的内陆地点,用于装卸和存储在国际贸易过程中移动的货物并对之进行法定检查和实行适用的海关监管和办理海关手续。

如持有 TIR 手册,可以由发运地至目的地,在海关封志下途中不受检查,不支付税收,也可不付押金。

联合国欧洲经济委员会是 TIR 的监管方,TIR 交通系统同时也是一种联运系统,对于运输和贸易均构成一种主要的便利工具。目前,TIR 成员国主要包括欧盟、北非和部分中东国家。中国的加入,将使该公约的缔约国数目增加至 70 个,覆盖五大洲。巴基斯坦与阿富汗在 2016 年 3 月已经申请加入TIR,印度及部分东非国家也表达了加入 TIR 的兴趣。

如果 GMS 次区域各国均能加入并实施这一公约,必将大大提高沿线国家的道路运输及通关效率。当然,GMS 次区域交通运输合作与中国和欧盟、东欧国家的交通运输合作情况不同,此区域各国的经济发展水平存在较大差异,单纯借助 TIR 公约及其他便利运输公约未必能彻底解决跨国运输便利化的问题,平等运输、运输权益的问题不能妥善解决,运输便利仍是一纸空文。

(2)航空运输领域

①芝加哥公约体系:

芝加哥公约体系是指以 1944 年《芝加哥公约》即《国际民用航空公约》(以下通称《芝加哥公约》)为主体,辅以其他相关法律文件而共同构成的国际航空公法的基本法律框架,《芝加哥公约》体系创建并形成了国际航空法中的基本原则、重要法律规则和国际航行标准,是当代国际航空运输业运行和发展的基本法律准则。

特别值得注意的是《芝加哥公约》奠定了国际航空运输的传统双边条约体

制基础,推荐了双边航空运输协定的标准格式——芝加哥样本①,由此 GMS 次区域国家之间的跨国航空管理合作也基本采用了双边运输协定而非多边公约的方式实现。

芝加哥公约体系具体包括以下内容。

《芝加哥公约》:该公约被称为国际航空公法的宪章性文件,它规定了适用于国际空中航行和运输的基本规则,建立了战后国际民用航空的组织机构——国际民航组织(International Civil Aviation Organization,通常简称"ICAO"),并作为该组织的章程,确立了一个多边法律基础。在此基础上,国际航空运输,不论是定期航班还是不定期航班,都可以通过成员国之间的双边协定得以进一步发展。《芝加哥公约》1947 年生效,迄今已有近 200 个国家批准或加入,基本覆盖了全球大部分国家。

《国际航班过境协定》:该协定要求缔约国相互给予定期国际航班不经停飞越他国领土的权利和非商业性经停的权利,即第一种和第二种航空自由权,因此通称"两大自由协定"。目前已有 120 多个国家签署了该文件,是各国寻求在多边基础上相互交换定期国际航班的某些过境和运营权的一种成功尝试。

《国际航空运输协定》:该协定要求缔约国相互给予定期国际航班所有的五项航空自由权,包括:不经停飞越他国领土的权利;非商业性经停的权利;卸下来自航空器国籍国领土的旅客、货物、邮件的权利;装载前往航空器国籍国

---

① 1944 年芝加哥会议在它的最后决议书中向与会各国推荐了一种交换定期国际航班商业权利的双边协定标准格式,以便使这种双边安排能取得一定程度的一致性,即通称的芝加哥样本,涉及空运企业指定程序、资格和授权以及授权拒绝和取消的条件,包括空运企业实际所有权和有效控制权不属于一个缔约国国民的情形,此外,还有一些受《芝加哥公约》《国际航班过境协定》《国际航空运输协定》引发而来的条款,如适航证和许可证的认可、国内法规的适用、协议登记、仲裁条款等。这些标准条款被大批第二次世界大战后缔结的双边航空运输协定所采纳。此后,美英两国于 1946 年签订了《美英航空运输协定》,通称"百慕大协定",采用芝加哥样本中未涉及的有关航空运输的新原则,如双方指定的空运企业有权选择始发地点、目的地点、中间地点和以远地点,运费由相关空运企业通过国际航空运输协会机制设立以及事先不确定的运力等,体现了美英两国代表的两种截然不同的航空政策或航空立法主导思想之间的妥协。由于美英两国控制了当时世界航空运输总量的 2/3 以上,因而此后很多国家在签订双边协定时在遵循芝加哥样本的基础上,也借鉴了一些"百慕大协定"的模式。

领土的旅客、货物、邮件的权利:装卸前往或来自任何其他缔约国领土的旅客、货物、邮件的权利。该协定的参加国不多,1946 年美国宣布退出后,《国际航空运输协定》在国际上并没有什么法律影响力,而它所表述的 5 种航空权利,却被广泛地运用于后来缔结的大批双边航空运输协定中。

《芝加哥公约》的技术附件:国际民航组织根据《芝加哥公约》的规定,拥有一定的立法权,有权通过和修正有关航行安全、正常利用效率的国际标准、建议措施以及程序,这些国际标准和建议措施就被称为《芝加哥公约》的附件,对各缔约国具有约束力。目前,《芝加哥公约》共有 18 个附件。

双边航空运输协定:由于国际航空运输的特殊性,芝加哥公约体系并未形成一个像多边贸易体制那样的多边航空运输体制,而是在确认各国领空主权原则的基础上,明确定期国际航班进入他国领土须经特别许可,这就使得双边谈判和协定成为各国之间航空运输市场准入、航空运营权交换以及确定运力、运价和其他事项的首要方式。目前,据此而达成的双边航空运输协定已多达数千个,成为各国间通航的主要法律依据。

②华沙条约体系

《华沙公约》全称为《统一航空运输某些规则的公约》,是 1929 年 10 月 12 日由德国、英国、法国、瑞典、苏联、巴西、日本、波兰等国家在华沙签订的,因而简称《华沙公约》。它是最早的国际航空私法,华沙条约体系主要是规范航空货物运输过程中,不同国家在航空运输使用凭证和承运人责任方面的有关问题,也是目前为止为世界上大多数国家接受的航空公约,《华沙公约》规定了以航空承运人为一方和以旅客、货物托运人、收货人为另一方的航空运输合同双方的权利、义务关系,确定了国际航空运输的一些基本原则。

具体包括:

《华沙公约》(1929 年)、《海牙议定书》(1955 年)、《瓜达拉哈拉公约》(1961年)、《危地马拉议定书》(1971 年)、《蒙特利尔第一号附加议定书》(1975 年)、《蒙特利尔第二号附加议定书》(1975 年)、《蒙特利尔第三号附加议定书》(1975 年)、《蒙特利尔第四号附加议定书》(1975 年)。这些文件中《华沙公约》是最基本的,随后的各项议定书都是对《华沙公约》的补充或修改。所以这八份文件又被合称为华沙体系。它们彼此内容相关却又各自独立,《华沙公约》的缔约国并不自然成为以后各次议定书的参加国,也不一定受其管辖。其中以《华沙公约》和《海牙议定书》的适用最为广泛,已经为世界大多数国家所认可。

③WTO对国际航空运输自由化的推动

世界贸易组织WTO的宗旨之一就是产生一个完整的、更具有活力和永久性的多边贸易体系,推进全球贸易自由化的进一步发展。相对于关贸总协定而言,WTO这一全新的多边贸易体制将全球贸易体制的管辖范围从单一的货物贸易扩大到服务贸易、知识产权、国际投资这三个重要的经济领域,乌拉圭回合多边贸易谈判相继达成了《服务贸易总协定》(GATs)、《与贸易有关的投资措施协定》(TRIMs)、《与贸易有关的知识产权协定》(TRIPS)。

作为服务贸易的一个重要领域,对于是否要将航空运输服务纳入《服务贸易总协定》的调整范围,各国在历史上曾产生过激烈争论,最终体现在《服务贸易总协定》的航空运输服务附件中,对多边贸易体制所管辖的航空运输服务的范围和原则作了这样的规定:不适用于航空运营权,仅适用于航空运营权的行使直接相关的航空器修理和维护、航空运输服务的销售和营销、计算机订座系统这三项。由此可见,目前WTO对航空运输服务的管理范围还十分有限,但是《服务贸易总协定》的航空运输服务附件第5条中明确规定:WTO的服务贸易理事会应当定期并举行每五年一次审议航空运输部门的发展状况和本附件的实施情况,以考虑本协定在该部门进一步适用的可能性,这就为进一步扩大在航空运输领域的适用埋下了伏笔,提供了逐步将航空运输服务纳入多边贸易体制的渠道。对于芝加哥公约体系下所建立的传统双边条约体制来说,这无疑是种冲击。

(3)WTO体系内的交通运输合作法律渊源:

自2012年12月老挝被批准加入世贸组织,GMS六国均已成为世界贸易组织成员国。中国在加入WTO后,承诺:在道路运输和仓储行业方面,道路货运从入世时起,允许外商设立合营企业从事道路货物运输、汽车维修服务和仓储服务,外资比例不得超过49%;入世后1年内,允许外资控股;入世后3年内允许外商独资经营;合营和独资企业可享受国民待遇。

在水路运输方面,对外商从事挂靠我国港口的班轮和非班轮运输无限制,允许外商设立合营船公司,经营悬挂中国国旗的船舶,外资比例不得超过49%,合营企业可享受国民待遇。允许外商设立合营企业,从事船舶代理服务,外资比例不得超过49%;允许外商设立外资控股的合营企业从事货物装卸和集装箱场站服务;合营企业可享受国民待遇。外商船舶在我国港口可在合理和不歧视的条件下使用以下港口服务:引航、拖带、食品、燃料和淡水供应、垃圾收集和污水处理、驻港船长服务、助航设备服务、船舶营运必需的岸基服务,以及紧急维修服务、锚地、泊位和锚泊服务等。

船舶检验方面,从入世时起,允许外商设立合营检验机构,外资比例不得超过 49%;入世后 2 年内,允许外资控股;入世后 4 年内,允许外商独资经营,合营和独资企业可享受国民待遇。

公路、水运基础设施建设行业方面,允许外商设立外资控股的合营企业;加入世贸组织后 3 年内,允许设立外商独资企业,但只允许承揽下列工程项目:全部由外国投资、赠款或外国投资和赠款建设的工程;我国利用国际金融组织贷款并采取国际招标的工程;外商投资占 50% 以上(含 50%)的中外合资、合作建设的工程,以及外商投资占 50% 以下但国内企业在技术上难以单独完成的中外合资建设的工程;国内建筑企业难以单独完成的国内投资建设的工程,经省级建设行政主管部门批准,允许与国内建筑业企业联合总承包或分包。入世后 3 年内,合营和独资企业可享受国民待遇。

WTO 协定所确立的非歧视待遇原则、自由贸易原则、公平竞争原则、透明度原则等基本原则既是 WTO 运营的规则,也是各成员国履行 WTO 协定义务和行使权力、制定国内法的依据,并且对我们次区域交通运输合作的法律制度建设也具有指导意义。WTO 的法律结构是在 GATT 基础上,历经多次磋商谈判,协定、修改或增补协定,特别是在乌拉圭回合所达成的"一揽子"协定基础上形成的。它集中体现在《乌拉圭回合多边贸易谈判最后文本》中,由《WTO 协定》统领、各独立协定作为附件,形成一个完整体系,这些协定包括《货物贸易多边协定》《服务贸易总协定》和《与贸易有关的知识产权协定》《关于争端解决规则与程序的谅解》《贸易政策审议机制》,以及诸边贸易协议。

在这些多边协定中,《服务贸易总协定》有直接关于航空运输的规则。《服务贸易总协定》本身条款由序言和 6 个部分 29 条组成。前 28 条为框架协议,规定了服务贸易自由化的原则和规则,第 29 条为附件(共有 8 个附件)。主要内容包括范围和定义、一般义务和纪律、具体承诺、逐步自由化、机构条款、最后条款等,其核心是最惠国待遇、国民待遇、市场准入、透明度及支付的款项和转拨的资金的自由流动。

《服务贸易总协定》适用于各成员采取的影响服务贸易的各项政策措施,包括中央政府、地区或地方政府和当局及其授权行使权力的非政府机构所采取的政策措施。《服务贸易总协定》的宗旨是在透明度和逐步自由化的条件下,扩大全球服务贸易,并促进各成员的经济增长和发展中国家成员服务业的发展。协定考虑到各成员服务贸易发展的不平衡,允许各成员对服务贸易进行必要的管理,鼓励发展中国家成员通过提高其国内服务能力、效率和竞争力,更多地参与世界服务贸易。

《服务贸易总协定》规定国际服务贸易具体包括四种方式:(1)跨境交付(Cross-border Supply);(2)境外消费(Consumption Abroad);(3)商业存在(Commercial Presence);(4)自然人流动(Movement of Natural Persons)。《服务贸易总协定》列出服务行业包括以下 12 个部门:商业、通讯、建筑、销售、教育、环境、金融、卫生、旅游、娱乐、运输、其他,具体分为 160 多个分部门。协定规定了各成员必须遵守的普遍义务与原则,磋商和争端解决的措施步骤。航空运输业在乌拉圭回合谈判中被归入第 11 类"服务部门交通运输服务",在多边贸易体制中对航空运输服务自由化进行谈判尚属首次。航空运输服务上的市场准入基本上就是《航空运输服务附录》中定义的交通权,而交通权目前被排除在 GATS 外。但是,根据 WTO 追求的目标,交通权最终肯定会被纳入GATS 管辖,即使在乌拉圭回合中谈判《航空运输服务附录》时,也有过包括交通权的设想。交通权的核心是航权,它从本质上来讲代表着航空运输服务的市场范围,在航权上一共存在 8 种自由权①,而目前在非"开放天空"的双边协议中,仍然以前 4 种自由权为主,第五自由权的使用开始增加。当然市场准入也离不开运力和运价以及商务活动等的开放。

总而言之,WTO 航空运输自由化的焦点最后将集中在市场准入上。在其《空运服务附件》中,针对航空运输界定了交通权:指定期或不定期班机从事来自、前往,限于或越过一成员领土的有偿或受雇的运营和/或运载乘客、货物和邮件的权利。包括服务点、经营的航线、载运种类、提供的运载能力、收取的费用及条件和指定航空公司的标准,包括数量、所有权和控制权的标准。

除 WTO 协定外,还有水陆空各交通领域内的一些国际性公约,一旦GMS 任何一国成为这些公约的签字国,就要承担这些公约中约定的义务。例如《国际民用航空公约》、国际海事组织《1972 年国际集装箱安全公约》及其修

---

① 所谓航权,简单地说,就是指跨国航空运输的权利。航权谈判是在两国政府之间进行的,而不能在两家航空公司之间进行。目前,航权的根据是 1944 年的《国际航班过境协定》和《国际航空运输协定》的规定,主要有 8 种,分别如下:第一航权:领空飞越权;第二航权:技术经停权;第三航权:目的地下客权;第四航权:目的地上客权;第五航权:至第三国运输权/授权国至以运点的运输权;第六航权:桥梁权;第七航权:完全第三国运输权;第八航权:国内运输权。

正案(我国已加入)、有关国际航空运输的一系列公约:《华沙公约》(1929 年)、《海牙议定书》(1955 年)、《瓜达拉哈拉公约》(1961 年)、《危地马拉议定书》(1971 年)、《蒙特利尔第一号附加议定书》(1975 年)、《蒙特利尔第二号附加议定书》(1975 年)、《蒙特利尔第三号附加议定书》(1975 年)、《蒙特利尔第四号附加议定书》(1975 年)[①]、CMR 国际公路货物运输公约等等。

三、大湄公河次区域交通运输合作制度的淤滞因素与化解途径

大湄公河次区域多重合作机制下所形成的错综复杂的交通运输合作法律渊源,在内容与体系上,涵盖了次区域合作对交通运输便利化的要求,交通运输的联系和一体化需求已经越来越形成为共识。但是,因多种因素的存在与影响而使制度的实施缺乏应有的效力与效率。造成这种局面的主要原因是什么? 在充分认识成因的基础上寻求解决的方法,是其不可回避的问题。

(一)大湄公河次区域交通运输合作制度的现状与问题

随着大湄公河次区域的经济发展,必然要对次区域内的交通运输合作提出一体化的要求,前面所梳理出来的庞大的交通运输国际合作制度体系正是为满足这一需求应运而生。然而这些合作制度的执行情况并不乐观,执行力弱化成为主要问题。

1.次区域内主要交通运输合作制度的现状

从大湄公河区域社会经济的现实出发,对次区域交通运输合作制度进行考察,其主要对象是跨境的陆上运输与湄公河上的水上运输活动的制度合作。

2011 年,云南省交通厅曾组织研究团队专门针对《便运协定》的实施状况予以调查评估,发现现实中的《便运协定》的实现情况距离《便运协定》的要求

---

① 这些文件中《华沙公约》是最基本的,随后的各项议定书都是对《华沙公约》的补充或修改。所以这八份文件又被合称为华沙体系。它们彼此内容相关却又各自独立,《华沙公约》的缔约国并不自然成为以后各次议定书的参加国,也不一定受其管辖。其中以《华沙公约》和《海牙议定书》的适用最为广泛,已经为世界大多数国家所认可。

还有不小的差距，主要表现为[①]：

第一，《便运协定》实施中的组织机构有待加强，比如交通部门在道路运输标识方面做得不够完善、海关部门的"一站式"查验制度便捷不够；

第二，缔约各方国内法与协定间的衔接不够顺畅，包括泰国国内尚未完成全部法定程序，中国与越、老、缅、柬等国也未完成相关国内法的修改统一工作；

第三，基础设施有所改善，但目前的很多交通通道建设明显达不到国际标准，因而无法保证交通运输活动的安全与效率；

第四，人员、资金和培训宣传依然存在差距，《便运协定》的人员机构和专项资金，以及培训宣传工作也是中国政府承担较多，其他国家被动响应，这实际会给《便运协定》在实践中推广普及带来隐患；

第五，口岸管理与信息化程度不高，技术标准难以统一实施。这方面，我国基本达到要求，但其他缔约国滞后明显。这反过来会引起《便运协定》在实施监督方面的操作实践困难。

距离云南省交通厅的课题调研已经 6 年时间。时至今日，仍然可以发现：昆曼公路的贸易便利化问题突出，一是昆曼公路硬件建设已基本完善，但软件建设急需提升。昆曼公路沿线特别是老挝段缺乏最基本的加油站、休息区、卫生间等服务功能，缺乏大通关所必需的仓储物流等配套设施。二是昆曼公路运输协定已明确，需要加快推进实施，《便运协定》所致力于的便利化运输问题迟迟不能有效突破。三是没有形成三国共同认可的针对昆曼公路通关的查验标准和通关手续。四是昆曼公路短期效益堪忧。[②] 水路方面，一方面澜沧江—湄公河港口基础设施还处于起步阶段，规模都比较小，而且管理混乱。但是另一方面，通过对比可以很明显地发现中国的关累港、景洪港以及泰国的清盛港在该流域国家的港口建设中，不论是硬件还是软件都处在比较先进的水平。[③] 固然，这些现实问题的形成原因是多方面的，包括资金缺口、国家间合作和分裂等长久问题，甚至也有一些偶然事件带来的负面影响，比如湄公河

---

① 张正华,彭智辉等:《云南实施"大湄公河次区域便利货物与人员跨境运输协定"的对策研究》云南省交通厅项目研究报告,2011 年版。

② 罗蓉嫦:《积极推进昆曼公路贸易便利化》,载《社会主义论坛》2017 年第 3 期。

③ 阮思阳、李宇薇:《澜沧江—湄公河国际水运通道建设研究》,载广西社会科学 2016 年第 6 期。

惨案。

2.执行力弱化成为主要问题

就交通运输法律制度的公益性、跨域性原理及效率、安全、协调功能而论，纵观大湄公河次区域交通运输合作制度的内容与构成，并鉴于交通运输在大湄公河次区域经济合作中的地位，可以清楚的是：一方面，次区域国家在交通运输合作的制度建设上，其态度是积极的，都希望通过制度上的合作来推动本国交通运输业的发展和与海外交通运输活动建立起全方位的联系，并在此基础上构建了多边的、双边的交通运输合作领域中的制度安排，且在重点领域取得成效；而另一方面，虽然涉及次区域内交通运输合作的法律法规数量繁多，但能有效保障次区域经济合作中交通运输秩序的、有效的法律制度还未能真正地建立起来，这从上述的现状中和次区域内多边条约与规则的规模和约定的内容上可以反映出来。由国家层面签署的合作制度，如 WTO 协定所确定的基本原则，《中国—东盟全面经济合作框架协议》框架所约定的基本内容仅能从宏观上对次区域交通运输合作作出原则性的规定，对国内法的制定发挥一定的指导作用，但难以具体化，合作制度的执行力明显为弱势状态。

(二)大湄公河次区域交通运输合作制度的淤滞因素

面对大湄河次区域交通运输合作制度执行力弱势的问题，一方面，中国作为次区域中的大国，在实施"一带一路"倡议的过程中，应当并能够改变这一现状；但是，另一方面，由于过去的历史和现在的国际情势等复杂原因，中国的大国地位和谋求共同发展的良好愿望，不一定能够得到所有国际社会的理解。为此，要想有效地解决大湄公河次区域交通运输合作制度执行力弱势的问题，全面分析问题的原因所在，十分必要。

1.民族文化的多元性

在大湄公河次区域的合作中，文化合作是必不可少的部分。在大湄公河次区域里，居住有藏缅族群、孟高棉族群、壮泰族群等多个民族，各个民族文化的鲜明特征，表现出民族文化的多样性。同时，京族、佬族、泰族、高棉族、缅族分别是越南、老挝、泰国、柬埔寨、缅甸的主体民族，引领着本国文化发展的主流，代表着本国文化发展的基本方向，不仅影响本国其他少数民族的文化，而且还会极大地影响着该地区的社会、经济、政治各个方面，并引起各国间存在着思维方式上的巨大差异，如果不能站在跨文化的角度思考，从对方的文化思维方式的角度考察，就容易造成误解。交通运输活动本来就以跨域活动为主要特征,用统一的制度去规范多民族区域的交通运输行为,其本身就会比其他行为规范有难度。

另外,民族多元也可能带来民族主义问题。民族主义产生于法国大革命,主张各民族都有权利保持和发扬自己民族的语言、历史和文化传统。但由于它定义含糊,常常被填充侵略主义、沙文主义等内容而被认为是和平事业上的障碍。实际上,民族主义基本上与国际关系的发展分不开,甚至可以说是国际关系的产物,而国际关系特别是国际社会和全球体系的发展又对民族主义产生了很大的制约与影响。大湄公河次区域各国都是民族众多的国家,国内民族之间的差异性、发展的不均衡性十分突出,地区民族主义活动一直较为活跃,许多国家的民族政策严重偏向了主体民族。与此同时,跨国文化民族的普遍存在也为国内民族主义的地区化创造了条件,从而影响次区域各国间的关系。近两年我国与缅甸之间关系的曲折波动,一部分原因即在于缅北民族问题的恶化。①

虽然我们与次区域的各国在传统文化上有着历史的渊源,但是,我们对现阶段大湄公河次区域国家的了解并不深入,在我国以和平崛起的大国身份,愿与次区域的各国共谋发展的今天,一定要克服诸如不了解对方实际、隔靴搔痒、大而化之、一厢情愿等问题与倾向。尤其是在规范与制度的合作方面,不同的生活理念、价值判断、风俗习惯,都会从不同的角度影响着制度的实施。

2. 经济发展的非均衡性

大湄公河次区域各国在经济发展水平上的差异,也是影响该地区交通运输制度推进与深化的一个主要因素。

第一,大湄公河次区域中的国家大部分属于欠发达国家,经济基础薄弱,基础设施整体发展不完善,需要大量援助。人均 GDP 是衡量一个国家的经

---

① 缅甸中部向南主要居住着缅甸的主体民族缅族以及高度缅化的孟族、掸族,他们信奉佛教,生活观念比较现代化;而北部山区高地里则主要居住着众多的少数民族,其上层多有信奉天主教和基督教者,而民众多信仰鬼神,生活方式比较传统。自 20 世纪 50 年代缅甸军政府成立之后,在国内民族问题上采取了高压策略,激化了民族矛盾,造成少数民族武装割据的长期内战局面。长期矛盾造成少数民族武装对军方缺乏信任,大大小小的战火往往突如其来,停火遥遥无期。这不仅让缅甸长期处于紧张状态,也殃及了邻居中国。比如:2015 年 2 月,十几万难民涌入云南,起因是缅甸军政府向克钦军阵地发动攻击;2015 年 5 月,两枚缅甸炮弹落入云南爆炸,造成 5 人受伤。这类缅甸炮弹落入中国边界的事件频频发生,影响了边民的安全和正常商业活动,也会影响两国之间的政治互信。

济发展水平最简单、最直接的方法。下面表格中的数据是 2014—2016 年大湄公河次区域各国 GDP 总量(单位:亿美元)与人均 GDP(单位:美元)的比较。

国别 年份	中国		泰国		越南		老挝		缅甸		柬埔寨	
	GDP 总量	人均 GDP	GDP 总量	人均 GDP	GDP 总量	人均 GDP	GDP 总量	人均 GDP	GDP 总量	人均 GDP	GDP 总量	人均 GDP
2014	103565.08	7595	4048.24	5560.66	1858.97	2052.29	116.81	1707.51	631.35	1197.53	165.51	1084.45
2015	113847.63	8016	3735.36	5735	1988.05	2170.88	125.48	1785.09	657.75	1268.68	177.14	1139.69
2016	112182.81	8113	4069.49	5899	2013.26	2173	137.90	1925	663.24	1269	193.98	1230

注:表中数据主要来源于世界经济信息网,中国部分数据源于国家统计局

从表中可以看出,大湄公河次区域的 6 个国家或地区的人均 GDP 都在世界平均水平以下(世界人均 GDP,2014 年为 1.08 万美元,2015 年 1.0138 万美元),这说明,大湄公河次区域都是发展中国家,而且老、柬、缅三国都处于贫穷国家行列。

第二,大湄公河次区域的经济发展水平差距很大。这一点在上面表格中同样可以反映出来。中国与泰国相对较高,其他国家几乎处于贫穷,在经济数据上的表现非常悬殊。

经济基础薄弱带来基础设施整体发展不完善,需要大量援助。比如,老挝国内的公路总长 139871 公里,柏油路仅 3346 公里。中国帮助援建的昆曼通道老挝段是老挝目前最好的路段,但是,如果要增加昆曼通道的贸易量,还需要进一步提高该路段的通行能力,这就需要更大的投入。目前这段公路的利用率较低,未达到预期目标,所以,要再次投资改善路段,意义不大。经济发展的不平衡也使得发展缓慢的国家对大湄公河次区域经济合作缺乏足够的信心,故大湄公河次区域国家依旧通过各种非关税壁垒来保护自身利益,这是影响中国与大湄公河次区域国家之间《客货运输便利化协定》以及《通关便利化协定》等相关协定迟迟难以推进的一个重要因素。当一项经济合作的制度安排不能为其经济利益作出贡献,或不能在近期内有作用的话,它的执行力是可想而知的。大湄公河次区域经济发展水平的不平衡性,是该区域各项经济合作制度缺乏执行力的根本原因。

3. 主权平行下的国家博弈

区域性和次区域国际格局的发展,往往会决定区域发展的方向。就大湄

公河次区域国际关系的格局而言,次区域内国家间为保障各自国家利益而产生的博弈,以及区域外大国在次区域的竞争和干预,成为制约交通运输制度获得实质性进展的关键。

首先,次区域内国家相互间的关系颇为微妙。有学者指出,由于中国经济和政治实力的迅速增强以及中国云南在湄公河流域的地理位置,云南在大湄公河次区域合作中担当一个重要角色顺理成章。中国在中南半岛推进“一带一路”的目的在于,期待能够联通这个区域,带动沿线地区,实现共同发展,最终实现“一带”与“一路”的交汇;同时,通过昆曼通道、泛亚铁路建设、湄公河航道的畅通等推动中国与大湄公河次区域国家间的合作,不断增强中国与大湄公河次区域国家间的经济关系,提高政治互信。然而,随着近年来中国经济的迅速发展以及老挝、泰国与中国的贸易量不断增加,老挝和泰国对昆曼通道的建设却产生了很多疑虑与担忧,中老、中泰间的信任度也受到了影响。尤其对于老挝而言,昆曼通道在老挝境内路段仅 200 多公里,且未与老挝的交通运输大动脉相重合,未经过老挝经济发展的核心区域,在昆曼通道中受益相对较小,当地人民也就有所不满。中国在缅甸的油气管道也因为经济利益和环保问题受到缅甸居民甚至是官员的质疑。

其次,大湄公河次区域各国对主导权相互争夺,以中国和泰国最为激烈。中国和泰国虽然在人口总数和经济总量上存在差异,但是在产业发展水平、劳动力素质以及在次区域内的诉求等方面有诸多的相似之处。在次区域的国际关系格局中,中泰都希望扩大自身的影响力,且都有各自的优势。中国整体实力强大,而泰国由于具有相对发达的经济实力,并且与其他几国同属东盟这一共同体,具有更高的亲缘性,从这个角度而言,泰国并不希望主导权旁落中国。未来 10 年至 20 年内,泰国和中国之间对大湄公河次区域合作主导权的争夺,会延伸到条约法等制度领域中。《大湄公河次区域客货跨境运输协定》谈判持续了 10 多年依旧未果,就是个很好的例子。

最后,域外大国在大湄公河次区域的介入使得局势更加复杂。大湄公河次区域五国所在的中南半岛,是欧亚大陆与太平洋结合处的一部分,由于大湄公河次区域地处大陆心脏地带与边缘海之间,具有重要的地缘倡议价值,因此,长期以来区域外大国一直试图在这个地区扮演重要角色。区域外大国对大湄公河次区域地区的影响,主要表现在美国、日本、印度等域外大国对大湄公河次区域的介入力度空前加大。近年来,日本通过增加援助的形式,不断增加对大湄公河次区域合作的介入。而美国则在“重返亚太”的国际策略下,与多国签订 TPP 协定①,前总统奥巴马曾邀请东盟国家领导人参加 2016 年年初在加利福尼亚州南部的安纳伯格庄园举行的峰会,美国国务卿克里访问老挝、柬埔寨,美国这些介入次区域的重要举措,过去和未来都会给次区域的合作带来影响。

当区域性国际合作在目标上产生不同的理解或各有打算的话,合作制度的协作过程就会费时,即便是有所妥协,其内容或形式上也都会留下迂回的措施。这是客观的,也是合理的,因为从长远看,只有这样,才能获得相对持续的稳定合作,并通过持续稳定的合作取得更新的合作。

4. 大湄公河次区域内合作机制的自身缺陷

关于大湄公河次区域国际合作机制的特点与局限,我国学者从不同的角度进行研究,并形成许多共识的结论。就其局限性而言:一是这一合作机制的松散性。与欧盟、东盟等紧密型合作方式相比,大湄公河次区域的众多合作方式采取了一种松散的合作机制,成员国无论大小,经济实力强弱,一律平等。在合作框架内,没有核心国家,没有领袖国家,一切决策都须经过成员国的充分讨论。"除了国家层面的协调机制外……,有省部级;有地、州、县与毗邻国家省、区、县之间的"②,多种合作机制的松散性其实也是造成《大湄公河次区域客货跨境运输协定》一直无法深化的制度性因素。二是当合作出现问题时,缺乏独立的争端协调机制。在 GMS 合作组织机构的建设方面,各国依赖政府首脑会议、正式的和非正式的部长会议等组织形式开展合作,而没有建立权威的、专门的机构来协调和约束各国在合作各领域的政策。③ 因此,在货运与客运中出现各种纠纷时,大湄公河次区域合作中缺乏独立的争端解决机制,也没有有效的机构对各种现有的机制进行协调。这种机制的缺失,往往会进一步加深国家间的相互不信任。虽然大湄公河次区域国家都是《中国—东盟全面经济合作框架协议》《中国—东盟全面经济合作框架协议争端解决协议》的签订国,从理论上说,以上两个协议可以解决大湄公河次区域合作中出现的纠纷。然而,事实上两个框架协议所适用的范围非常有限,远远不能满足大湄公

---

① 新的特朗普政府虽然宣布退出 TPP 协定,但该协定的影响力依然存在。

② 梁晨:《大湄公河次区域合作相关机制概述》,社会科学文献出版社 2011 年版,第 29 页。

③ 梁晨:《大湄公河次区域合作相关机制概述》,社会科学文献出版社 2011 年版,第 30 页。

河次区域合作的需要。这样的缺陷，也是需要大湄公河次区域各国在未来合作中需要致力解决的。

5.技术标准难能统一

标准在国际合作中起着重要作用，它确保了交往中产品和服务质量的一致性。这对于"一带一路"的建设具有重大意义。第一，统一的标准可以弥合国别差异。目前，已有70多个国家和组织表达了支持和参与，超出了传统的"一带一路"范围，真正形成了具有广泛影响的国际合作框架。各国国情差异显著，发展阶段、风俗习惯、宗教信仰、法律制度各异，这些是"一带一路"的阻碍因素。如果一些制度和标准上的差异不能得到有效统一，会对一些项目的正常开展造成掣肘，影响各国参与"一带一路"建设的热情。第二，标准可以提高交往效率。提高交往效率的一个关键环节就是推动重点领域或流程的规范及标准对接，最大限度降低因制度和标准不同而造成的无谓摩擦和损失。

交通运输涉及运输工具、机械设备、筑路材料、检测仪器等，以及运输服务和交通运输过程中的商业服务。"一带一路"新形势下，各国的交通标准统一可能成为一个重要的议题。虽然刻意追求在"一带一路"的所有沿线国家达到标准一致不太现实，因为沿线国家就有可能陷入无休止的国际谈判和国内博弈之中，但是，大湄公河次区域涉及的国家相对较少，实现交通标准的统一会相对简单，而且与标准统一后带来的巨大收益相比，前期各国的工作付出是值得的。

根据大湄公河次区域便运协定及相关备忘录要求，各国应当对本国路段修或者建，但我国与其他缔约国的路段在技术标准上差距较大，我国的公路都实现了高等级化，比如越南高速路很少，二三级公路居多，而且道路上的附属设施（防眩光设施、安全护栏、避险车道等等）都非常缺乏。我国与越南、老挝、缅甸等国在车辆装备外廓尺寸、质量限值标准都有区别，这很容易在跨国运输中带来途中危险。次区域各国在出入境边防检查、海关、检疫检验等联检部门的标志、标识牌等具体细节上也存在不统一的现象。

所以，我们可以得出结论，我们在次区域内以制度确保交通运输对"一带一路"建设的联通作用，还有较长的时间和心理距离。这样的现状，是多方面制约因素引起的。

（三）大湄公河次区域交通运输合作制度瘀滞的化解途径

承载着大湄公河次区域交通运输法律制度的合作机制是一个多轨制的、

多生性的、充满各类复杂因素的合作制度,在这样的合作机制下所作出的合作制度的安排,势必带有原则性、一般性的特征而影响到制度的有效实施。如何化解这一瘀带? 美国经济学家道格拉斯·诺思(Douglass C. North)的经济制度"路径依赖"理论,为我们提供了分析的工具。因为,事实已雄辩地证明了,无论昨天,还是明天,大湄公河次区域各国都在全方位地追求着本区域通过合作而实现共同发展的目标,在此愿望下,在寻求对现存合作制度与合作机制进行变革的路径选择上,取决于大湄公河次区域交通运输合作机制能否脱离机制变迁时可能带来的路径依赖,最终才能在现存法律现状下真正实现脱胎换骨式的变革。

1. 制度变迁与路径依赖理论

所谓"路径依赖"理论,最初是由美国著名经济学家保罗·萨缪尔森(Paul. A. David)于 1985 年给出证明,布莱恩·阿瑟（W. Brian Arthur）作了进一步的拓展[①]。

美国新制度主义代表的经济学家道格拉斯·诺思则是第一个提出经济制度"路径依赖"理论的学者。[②] 他认为,制度变迁的原因有二:制度的收益递增和网络外部性,经济和社会中存在着显著的交易成本。诺思认为,路径依赖类似于物理学中的"惯性",一旦进入某一路径(无论是"好"的还是"坏"的)就可能对这种路径产生依赖。某一路径的既定方向会在以后发展中得到自我强化。人们过去做出的选择决定了他们现在及未来可能的选择。好的路径会对企业起到正反馈的作用,通过惯性和冲力,产生飞轮效应,企业发展因而进入良性循环;不好的路径会对企业起到负反馈的作用,就如厄运循环,企业可能会被锁定在某种无效率的状态下而导致停滞。而这些选择一旦进入锁定状态,想要脱身就会变得十分困难。[③]

路径依赖理论对于国际合作体制转型来说显然具有现实的意义。

---

① 布莱恩·阿瑟 1994 年出版了《收益递增与经济中的路径信赖性》。在布莱恩·阿瑟:《技术的本质:技术是什么,它是如何进化的》,曹东溟等译,浙江人民出版社 2014 年版"推荐序一"中,北京大学教授汪丁丁《路径信赖性:人口、经济、技术》一文提到了该书。

② 道格拉斯·诺斯在《经济史中的结构与变迁》论文中,用"路径依赖"理论成功地阐释了经济制度演进规律,从而获得了 1993 年的诺贝尔经济学奖。

③ 详细请参阅道格拉斯·诺思著,杨瑞龙译:《理解经济变迁过程》,中国人民大学出版社 2013 年版。

第一，初始的体制选择会提供强化现存体制的刺激和惯性，因为沿着原有的体制变化路径和既定方向往前走，总比另辟路径要来得方便一些。

第二，一种体制形成以后，会形成在现存体制中有既得利益的压力集团。他们力求巩固现有制度，阻碍进一步的变革，哪怕新的体制较之现有更有效。即使由于某种原因接受了进一步制度变革，他们也会力求使变革有利于巩固和扩大其既得利益。于是，初始的制度变革倾向于为后续的制度划定范围。制度变革能否成功就不仅取决于制度变革者的主观愿望和既定的目标模式，而且依赖于一开始所选择的路径。

因此，我们在作出任何一项制度变革的建议和对策时，不仅要考虑对策的直接效果，还要研究长远影响；既要随时研究制度变革是否采取了不正确的路径，如果发现了路径偏差要尽快采取措施加以纠正，以免积重难返，又要避免陷入"路径依赖"的泥沼，果断地摈弃现存机制带来的惯性和既得利益的束缚。

2. 大湄公河次区域交通运输法律合作机制变迁中的路径依赖特征

通过我们前面对于大湄公河次区域交通运输合作的法律制度与机制的历史及现状的叙述及分析，不难看出，迄今为止，在大湄公河次区域多重合作机制中的交通运输合作法律制度的问题与原因是清楚的：历来的合作机制与在此合作机制下形成的制度对今天的合作的不适应性，可以认为具有陷入了较为典型的、低效的"路径依赖"怪圈的特征。各层次的合作机制基本是穿新鞋走老路，合作措施的改善也是停留在修修补补而非彻底的制度变迁层面。

按照传统的"路径依赖"理论，路径依赖是指人们一旦选择了某个体制，由于规模经济（Economies of scale）、学习效应（Learning Effect）、协调效应（Coordination Effect）以及适应性预期（Adaptive Effect）等因素的存在，会导致该体制沿着既定的方向不断得以自我强化。一旦人们做了某种选择，就好比走上了一条不归之路，惯性的力量会使这一选择不断自我强化，并让你轻易走不出去。路径依赖现象的出现有三个关键因素：惯性、自我强化、报酬递增。[1]

诺思在其"制度变迁中的路径依赖"理论中，把前人关于技术演变过程中的自我强化现象的论证推广到制度变迁方面来。他指出，在制度变迁中，同样

---

① 张彦、曹云华：《东亚制度变迁东亚经济合作机制变迁中的路径依赖——基于新制度经济学视角的分析》，载《亚太经济》2014 年第 4 期。

存在着报酬递增和自我强化的机制。这种机制使制度变迁一旦走上了某一条路径,它的既定方向会在往后的发展中得到自我强化。所以,人们过去作出的选择决定了他们现在可能的选择。沿着既定的路径,经济和政治制度的变迁可能进入良性循环的轨道,迅速优化;也可能顺着原来的错误路径往下滑,弄得不好,它们还会被锁定在某种无效率的状态之下。一旦进入了锁定状态,要脱身而出就会变得十分困难。[①]

具体而言,在大湄公河次区域交通运输法律合作机制变迁的历史进程中,"多重性"与"多轨制"发展的特点,主要集中在以亚洲开发银行为核心的"GMS 轨道"机制和以东盟为核心的"亚太轨道"机制。第一个阶段,自1992—2000 年之间,毫无疑问是"GMS 轨道"机制的发展明显且效果突出;第二个阶段,自 2000—2012 年,GMS 轨道与亚太轨道机制并驾齐驱;但是,第三个阶段,自 2012 年之后,则新合作机制层出不穷,多个区域外国家涉足该领域的合作,出现了交通运输合作的多极化。

首先,大湄公河次区域交通运输法律合作机制变迁中有明显的"惯性"作用。

主要体现在两个层面:一方面,大湄公河次区域交通运输法律合作机制长时间围绕着"双轨制"发展。另一方面,无论大湄公河次区域交通运输法律合作机制如何发展和变化,GMS 经济合作一直是机制的核心。从这两个层面来看,大湄公河次区域交通运输合作法律机制变迁过程是存在"惯性"的,而且GMS 经济合作机制在大湄公河次区域交通运输合作法律机制变迁的方向中扮演了极为重要的角色。

其次,大湄公河次区域交通运输合作法律机制变迁中的机制"自我强化"明显。

大湄公河次区域交通运输合作法律机制变迁的过程可以说是一个"自我强化"的过程。无论是前期的一极化还是中期的双轨制乃至后期的多极化,都是 GMS 轨道不断自我强化的过程,而且变迁的过程就包含了"成本递减、学习效应、协作效应和适应性效应"等内容。因此,东亚机制大湄公河次区域交通运输法律合作机制的发展是一个不断自我强化的过程。

---

① [美]道格拉斯.诺斯:《制度、制度变迁与经济绩效》,杭行译,格致出版社 2008年版。

　　最后,大湄公河次区域交通运输法律合作机制变迁符合"报酬递增"的特点。

　　报酬递增的无论是制度的"主导者"还是"追随者",都能够从中获得回报,而且这个回报是不断增加的。事实上,第三个因素是机制变迁中出现路径依赖的关键因素。如果没有这个前提条件,那么国家将会因为"理性"选择而"退出合作"并最终"退出机制"。①

　　毫无疑问,从 GMS 经济合作机制到东盟合作机制、中国—东盟自由贸易区再到多极化的合作机制,该区域的交通运输法律合作取得了显著成果,六国也都获得了丰厚的回报和持续的可期待利益,每一个新的合作机制都给参与国带来了新的收益,即保持了"报酬递增"。

　　鉴于大湄公河次区域交通运输法律合作机制变迁的过程中出现的上述特点,基本上是符合新制度经济学派关于"制度变迁中出现路径依赖效应"的判断标准的。据此,我们可以运用此原理,来具体讨论大湄公河次区域交通运输合作机制与法律制度变迁中出现了较为明显的"路径依赖"问题,并提出相应的措施。

　　从原理上讲,"路径依赖"效应是双向的,正面的影响就是可以持续稳定地推进大湄公河次区域交通运输合作法律制度的深化与循序渐进;负面的影响则是执行力弱、效率低下的瓶颈依然得不到彻底的解决,此前"路径依赖"影响下的交通运输合作制度变迁所带来的边际效应也会逐渐减退。尤其是,随着"一带一路"倡议的实施以及这一区域的地位、作用以及经济合作、政治合作、文化合作等的全面合作呼声的进一步加强,交通运输法律合作作为合作先导的要求也会更高。如何摆脱"路径依赖"的负面影响,在大国平衡的格局中,利用澜湄合作机制和中国的综合国力,推进大湄公河次区域交通运输法律合作的制度变迁,为推进"一带一路"倡议保驾护航,就成了本书末章的焦点。

---

　　①　张彦、曹云华:《东亚制度变迁东亚经济合作机制变迁中的路径依赖——基于新制度经济学视角的分析》,载《亚太经济》2014 年第 4 期。

第五章

展望：大湄公河次区域交通运输合作的新起点——澜湄国家共同体

大湄公河次流域经济合作有着悠久的历史，在众多形形色色的合作机制平台上，交通运输的合作成果与现存问题显而易见："大湄公河次区域始终缺乏该地区国家自己主导的一个机制。"在此章中，运用制度变迁的"路径信赖"原理，提出消除区域内交通运输合作瘀滞的可行性，并加以充分的论证，是本章的任务，也是本书的落脚点。

这里，我们拟从中国的视角，对如何利用好澜湄国家命运共同体的澜湄合作机制，以推进大湄公河次区域交通运输合作的制度变迁，以及相关配套的一系列具体措施建设，提出展望与建议。

一、澜湄合作机制为大湄公河次区域交通运输合作提供新契机

世界经济复苏乏力，全球贸易持续低迷，以孤立主义、保护主义为代表的"逆全球化"思潮抬头。对于中国来说，大湄公河次区域是中国塑造和谐周边、打造与周边国家命运共同体条件最好的区域。随着大湄公河次区域国家的诸多发展对中国的需求越来越大，中国作为这一地区国家最大的贸易伙伴，其对这一地区的投资也是增长最快的。所以中国提出筹建亚洲基础设施投资银行

的倡议后,湄公河国家的反应最积极,他们是最先加入的。因此新形势下的新平台,新机制下的新合作,就呼之欲出,成了大湄公河次区域六国的共同愿望。

2016年是中国交通运输对外开放向纵深发展的一年。为了全面推进配合大国外交、参与全球治理、服务“一带一路”、推动产能合作四大重点工作,中国的交通运输国际合作工作紧密围绕着服务国家对外工作大局和交通运输行业发展这一中心,加快了构建交通运输领域全方位对外开放的新格局。

那么大湄公河次区域的交通运输合作能否借着这一契机,在中国的推动下,争取其基于非经济领域的成本—利益考虑,在经济领域对其他国家做出利益让渡,从而突破数十年来该区域多重合作机制下交通运输合作发展的瓶颈与路径依赖,实现一个质的飞跃,真正完成一场区域一体化的交通运输合作革命?

(一)澜湄合作机制

一般说来,区域一体化进程通常是由本地区的大国所推动的,按照新区域主义的理念,由大国所推动的区域一体化进程有一个明显的优势,那就是大国基于非经济领域的成本—收益考虑,会在经济领域对小国做出利益让渡。也正是由于这种利益让渡,大国在很大程度上可以掌控协议谈判的进程。在大湄公河次区域经济一体化已经达到了一定程度、关税降低及道路联通的边际效应降低的情况下,特别是在GMS经济合作机制几乎不能有效解决中国看重的政治互信、安全合作以及非传统安全合作等方面问题的情况下,应该深化澜湄合作,在GMS经济合作机制之外,由中国主导另外创设一个全新的合作机制。

2015年11月12日,澜沧江—湄公河合作首次外长会在中国云南省景洪市举行,会上,中国、泰国、柬埔寨、老挝、缅甸、越南六国外长一致同意正式启动澜湄合作进程,宣布澜湄合作机制正式建立。

1.成立经过

澜沧江—湄公河合作机制是中国国务院总理李克强在2014年11月第17次中国—东盟领导人会议上提出的重要倡议,旨在进一步深化中国与湄公河国家全方位友好合作,提升次区域整体发展水平,推进地区一体化进程,支持东盟共同体建设。

2015年4月,首次澜沧江—湄公河对话合作外交高官会于北京举行,各方同意建立澜沧江—湄公河对话合作机制。2015年8月,各方举行了第二次高官会。各方就合作目标、原则、重点合作领域、机制建设等达成了一致。

2015年11月12日,在云南景洪举行的澜沧江—湄公河合作首次外长会正式宣布澜湄合作这一新生机制建立。

2016年3月23日,六国国家元首(或政府首脑)在中国海南省三亚市举行澜沧江—湄公河合作(简称澜湄合作)首次领导人会议并发表了《三亚宣言》,认可作为澜湄合作首次外长会成果的澜湄合作初期五个优先领域,即互联互通、产能、跨境经济、水资源和农业减贫合作。各方一致同意采取"推动高层往来和对话合作,增进次区域互信理解,以加强可持续安全"等26项措施,如:鼓励中国的"一带一路"倡议与澜湄合作活动和项目及包括《东盟互联互通总体规划》在内的湄公河国家相关发展规划之间的对接;加强澜湄国家软硬件联通,改善澜湄流域线、公路线和铁路线网络,推进重点基础设施项目,在澜湄地区打造公路、铁路、水路、港口、航空互联互通综合网络;加快电力网络、电信和互联网建设;落实贸易便利化措施,提升贸易投资,促进商务旅行便利化等。

[(1)推动高层往来和对话合作,增进次区域互信理解,以加强可持续安全。(2)鼓励各国议会、政府官员、防务和执法人员、政党和民间团体加强交流合作,增进互信与了解。支持举办澜湄合作政策对话和官员交流互访等活动。(3)根据各成员规定和程序,通过信息交换、能力建设和联合行动协调等加强执法安全合作,支持建立执法合作机构,推进有关合作。(4)加强应对恐怖主义、跨国犯罪、自然灾害等非传统安全威胁的合作,共同应对气候变化,开展人道主义援助,确保粮食、水和能源安全。(5)推动中国—东盟战略伙伴关系发展,加强在东盟与中日韩、东亚峰会、东盟地区论坛等区域合作机制中的合作。(6)鼓励中国的"一带一路"倡议与澜湄合作活动和项目及包括《东盟互联互通总体规划》在内的湄公河国家相关发展规划之间的对接。(7)加强澜湄国家软硬件联通,改善澜湄流域线、公路线和铁路线网络,推进重点基础设施项目,在澜湄地区打造公路、铁路、水路、港口、航空互联互通综合网络。加快电力网络、电信和互联网建设。落实贸易便利化措施,提升贸易投资,促进商务旅行便利化。(8)如本次会议通过的《澜沧江—湄公河国家产能合作联合声明》所述,拓展工程、建材、支撑产业、机械设备、电力、可再生能源等领域产能合作,构建次区域综合产业链,共同应对成员国面临的经济挑战。(9)支持加强经济技术合作,建设边境地区经济合作区、产业区和科技园区。(10)通过各种活动加强澜湄国家水资源可持续管理及利用方面合作,如在中国建立澜湄流域水资源合作中心,作为澜湄国家加强技术交流、能力建设、旱涝灾害管理、信息交

流、联合研究等综合合作的平台。(11)开展农业技术交流与农业能力建设合作,在湄公河国家合作建立更多的农业技术促进中心,建设优质高产农作物推广站(基地),加强渔业、畜牧业和粮食安全合作,提高农业发展水平。(12)落实"东亚减贫合作倡议",在湄公河国家建立减贫合作示范点,交流减贫经验,实施相关项目。(13)强调稳定的金融市场和健全的金融架构对实体经济发展的重要性,支持各国努力加强金融监管能力建设和协调。继续研究并分享经验,以推进双边本币互换和本币结算,深化金融机构合作。(14)作为亚洲基础设施投资银行成员国,支持亚投行高效运营,为弥补基础设施建设领域的融资缺口,向亚投行寻求支持。(15)鼓励可持续与绿色发展,加强环保和自然资源管理,可持续和有效地开发和利用清洁能源,建设区域电力市场,加强清洁能源技术交流与转让。(16)共同推动《区域全面经济伙伴关系协定》谈判,期待谈判于2016年如期完成,促进东亚贸易和投资便利化。(17)加强成员国之间文化交流,支持文化机构和艺术家间的交流合作,探讨建立澜湄人文交流平台的可能性。推动政府建立的文化中心充分发挥作用,开展形式多样的文化交流。(18)提升科技合作和经验分享,深化人力资源开发、教育政策、职业培训合作和教育主管部门及大学间交流。(19)加强公共卫生合作,特别是在传染病疫情监测、联防联控、技术设备、人员培训等领域加强合作,推动建立澜湄热带病监测预警平台,推动传统医药合作。(20)增进旅游交流与合作,改善旅游环境,提升区域旅游便利化水平,建立澜湄旅游城市合作联盟。(21)鼓励媒体、智库、妇女、青年等交流,打造六国智库联盟和媒体论坛,继续举办澜沧江—湄公河青年友好交流项目。(22)每两年举行一次澜湄合作领导人会议,并根据需要举行领导人特别会议或非正式会议,旨在为澜湄合作长远发展进行战略规划。外长会每年举行一次,负责合作政策规划和协调。根据需要举行外交高官会和工作组会,商讨具体领域合作。未来视合作需要不断完善澜湄合作机制建设。(23)欢迎中方设立澜湄合作专项基金、优惠性质贷款和专项贷款,用于推进澜湄合作。欢迎中方承诺未来3年向湄公河国家提供1.8万人年奖学金和5000个来华培训名额,用于支持澜湄国家间加强合作。(24)认可"早期收获项目联合清单",期待有关项目尽早实施,惠及所有成员国。各国领域部门应组建联合工作组,规划落实具体项目。(25)加强各领域人才培训合作,提升澜湄国家能力建设,为澜湄合作的长远发展提供智力支撑。(26)鼓励六国政府部门、地方省区、商业协会、民间组织等加强交流,商讨和开展相关合作。]

目前澜湄合作机制已创建了机制框架,明确了合作原则、目标,确定了政治安全、经济和可持续发展、社会人文三大支柱,以及互联互通、产能、跨境经济、水资源、农业和减贫五个优先合作方向,研究和提出了深化合作的具体举措,通过了"早期收获项目"清单,为澜湄国家全面长期合作奠定了坚实基础。

2. 合作框架与合作意义

根据 2015 年 11 月 12 日发表的《澜沧江—湄公河合作首次外长会联合新闻公报》,各国将本着协商一致、平等互利、统筹协调、尊重《联合国宪章》和国际法原则,致力于深化次区域国家间互信和睦邻友好,推动经济和可持续发展,促进社会人文交往,包括扩大贸易投资,改善互联互通,促进水资源合作,将澜湄合作机制建设成为各方共商、共建、共享的次区域合作平台,并将建立包括领导人会议、外长会、高官会及其他领域工作组在内的多层次合作机制。

澜湄合作是独具特色的次区域合作机制,具有多重的重要意义。

第一,澜湄合作机制是澜沧江—湄公河全流域沿岸国家参与的合作机制,是六国自己的产物,在推进跨境经济合作、水资源合作以及教育、文化、青年、妇女等人文交流方面,具有得天独厚的优势。

第二,这一机制由次区域的六个发展中国家组成,是探索和推进南南合作的有效平台,是世界上首个率先响应联合国发展峰会通过的《2015 年后发展议程》的具体行动。

第三,澜湄合作三大重点领域与东盟共同体建设三大支柱完全契合,与其他区域合作机制相互补充、相互促进,将有力推动东盟共同体建设,促进区域一体化进程,也为中国—东盟合作增添了新内涵。

第四,澜湄合作重在务实,以项目为本,首次外长会期间各方已提出 78 个早期收获项目。这一机制合作更扎实、更具体、更接地气、更顺民意,将尽早拿出看得见摸得到的成果,给各国民众带来实实在在的利益。

3. 澜湄合作机制与其他大湄公河次区域合作机制的关系

澜湄合作机制需准确定位发挥优势,才能在次区域众多的多边机制中脱颖而出。大湄公河次区域原有的多项合作机制发挥了不同的功能,满足了多层次的需求和各方利益。但是传统的大湄公河次区域合作机制主要是关注经贸领域的合作机制,不足以解决近期中国—东盟区域合作过程中产生的新问题,大湄公河次区域经济合作的边际效益正在逐步递减。

相比原有合作机制而言,澜湄合作机制颇具特色,其"3+5"合作模式突出了经济合作之外的目标和方向。不可否认,澜湄合作机制在合作目标、领域、项目等方面与其他机制存在交叉和重叠。如何与 GMS 经济合作机制、新湄公河委员会(MRC)等其他相对成熟、各具特色的合作机制形成相互补充、相互促进的关系,以及如何与次区域内外的国家和国际组织展开有效合作等,这些问题将不可避免。澜湄机制需要不断加强与上述多重合作机制的沟通与协调,建立健全与各种合作机制之间的联动和协调体系,建立和发挥出自身的优势和特点,以增进合作倡议的活力。

澜湄合作机制经过一年多的共同努力,迈出了实质性步伐,并取得重要进展。但是其下一步的发展和完善,还面临着三方面的突出困难:澜湄合作机制与老机制的协调问题、下游湄公河国家对于澜湄合作机制的认可和接受程度、中国对澜湄合作机制的支持力度。

澜湄合作机制将在政治安全、经济和可持续发展、社会人文三大重点领域开展务实合作,全面对接东盟共同体建设三大支柱。澜湄合作将秉持开放包容精神,与大湄公河次区域经济合作(GMS)、东盟—湄公河流域开发合作(AMBDC)和湄公河委员会(MRC)等现有次区域合作机制相互补充,协调发展,共同推进区域一体化进程。

澜湄合作是六国根据共同需求量身定制的新型次区域合作机制。它需要在借鉴现有各种合作机制经验的基础上,推出更接地气的合作举措,造福本地区人民,才能增强合作机制的吸引力,而不是相互竞争与排斥。

(二)澜湄合作机制与"一带一路"倡议有机结合下的区域交通运输合作

本书第一章开宗明义,明确指出了交通运输是"一带一路"倡议下大湄公河次区域合作的先行者,交通运输合作不仅在政治、经济、文化各个领域都对"一带一路"倡议有着重要意义,而且对澜湄地区的经济发展、政治安全乃至文化融合都是有力地促进。湄公河国家地处海上丝绸之路沿线,同我国地缘相近、人文相亲、经济互补,在工业化、基础设施、产业结构升级、农业现代化等方面和我国拥有广泛的合作需求或互补优势,是我国加强各领域合作的天然伙伴,也是我国推进"一带一路"建设和开展国际产能合作的重要对象。

一方面,依托在"一带一路"建设方略下,澜湄合作机制目标明确、动力强劲,发展迅猛。中国的"一带一路"倡议下的区域合作基金、丝路基金和亚投行等为澜湄合作提供了强大的资金后盾,解决了原有机制投入不足的困难。可以说"一带一路"倡议是澜湄合作机制的有力支撑。而另一方面,澜湄合作机制又是"一带一路"倡议的重要平台,澜湄合作机制是一带一路的"探路者"和

"铺路石",将为"一带一路"提供更多的"试验田"。一旦"试验田"成为"模范田""责任田",那么中国周边环境将大为改善,中国两个"百年梦想"就拥有了重要的倡议依托,中国和平崛起的目标就越来越近了。

　　1. 澜湄合作机制对"一带一路"倡议的意义

　　"一带一路"的倡议构想超越了对抗性的地缘政治思维,倾向以和谐、包容的态度加强区域合作,从而促进沿线国家的经济发展和社会稳定。澜湄地区作为东南亚、南亚和东亚的结合部,是"一带"与"一路"的交汇点,也是中国—中南半岛经济走廊与孟中印缅经济走廊建设的先行区。澜湄合作机制的全面启动,必将有效推动"一带一路"项目在澜湄地区落地,有助于打造"一带一路"的"试验田",进一步促进中国西南开放,构筑中国与周边团结互助、平等协商、互利互惠、合作共赢的"命运共同体",因此,它的意义就在于:

　　第一,澜湄合作机制将加快倡议对接。泰国边境经济特区倡议、越南2020工业化倡议、老挝陆联国倡议、缅甸发展倡议、柬埔寨2025工业化倡议等与"一带一路"倡议有很高的契合度,澜湄合作机制将加快彼此倡议对接,为中国—中南半岛经济走廊和孟中印缅经济走廊建设谋篇布局。第二,澜湄合作机制将促进设施联通。在澜湄合作机制的框架下,中老铁路、中泰铁路、中缅陆水联运等项目启动将大力促进中国—中南半岛经济走廊的基础设施联通,打造更多的能源通道和网络链接。第三,澜湄合作机制将推动贸易畅通。澜湄合作机制将积极推动澜湄地区的贸易便利化,在通关、关税、人员往来等方面,释放更多贸易潜能,造福于本地区人民。第四,澜湄合作机制将提升资金融通。资金融通是澜湄合作机制所解决的关键问题。中国拟设立100亿元人民币优惠贷款和100亿美元信贷额度,包括50亿美元优惠出口买方信贷和50亿美元产能合作专项贷款,用于支持澜湄地区基础设施建设和产能合作项目。[①] 第五,澜湄合作机制将扩展民心相通。澜湄地区民心相通拥有地缘和人文优势。未来中国将提供1.8万人年政府奖学金和5000名来华培训名额,并愿探讨在湄公河国家设立职业教育培训中心,使民心相通工程落在实处。[②]

　　总之,"一带一路"倡议是一个对外开放的重要平台,澜湄合作机制将进一

---

　　① 李克强:《在澜沧江—湄公河合作首次领导人会议上的讲话》,2016年3月23日,中国三亚,新华社电。

　　② 李克强:《在澜沧江—湄公河合作首次领导人会议上的讲话》,2016年3月23日,中国三亚,新华社电。

步促进中国西南地区的对外开放,特别是云南作为面向南亚东南亚辐射中心,在澜湄合作机制和"一带一路"建设中起着先导作用。所以说,澜湄合作机制是"一带一路"的"探路者"和"铺路石"。

2. 澜湄合作机制与交通运输合作

一方面,国际合作机制理论告诉我们,国际合作的基础在于国家和地区的利益。作为澜湄合作的倡议者、主导者,中国—东盟自贸区建设十余年,让中国深知经济发展并不能自发解决所有的安全和政治问题,经济合作也无法破解安全难题。随着中国与周边国家经济和总体实力对比的变化以及周边安全与倡议环境的复杂化,中国周边外交出现了经济投入成本和政治收益高度不对称的状况,中国的国家利益使得其必须在原有合作机制之外另起平台。

而另一方面,交通运输合作,作为澜湄区域消除贫困、谋求本国发展的必经之路,作为边境线、河流线、水陆空交通线的血脉,将六方主要经济区、发展资源紧密连接,开展合作的优势十分突出。况且澜湄合作机制是在中国—东盟南海问题激化,中国周边安全环境面临空前挑战的情况下建立的,澜湄合作不仅是经济领域的合作,而且将安全与政治合作置于最重要地位,而在此的交通运输合作就显得尤为重要。澜湄地区作为东南亚、南亚和东亚的结合部,是"一带"与"一路"的交汇点,也是中国—中南半岛经济走廊与孟中印缅经济走廊建设的先行区。澜湄合作机制的全面启动,必将有效推动"一带一路"项目在澜湄地区落地,有助于进一步促进中国西南开放,构筑中国与周边团结互助、平等协商、互利互惠、合作共赢的"命运共同体"。

澜湄合作涉及公路、铁路、航运等综合通道的建设,其中铁路将作为泛亚铁路的一部分,为中国联通东南亚的通道,本身就属于"一带一路"的一部分。加快推进澜湄区域交通基础设施的互联互通和大通道建设,积极开辟多式联运跨境交通走廊,可以不断提升对"一带一路"倡议的支撑力。

此前大湄公河次区域的一系列交通运输合作机制,使得中国基本实现了《大湄公河次区域交通发展倡议规划(2006—2015)》确定的目标,初步形成了该区域九大交通走廊,下一步,中国和相关国家还将就全面实施和修订《大湄公河次区域便利货物及人员跨境运输协定》达成时间表和具体安排,推动该区域互联互通向纵深拓展。在此基础上,以澜湄六国为核心,将上述成果辐射到了东盟:2016 年通过《中国—东盟交通合作倡议规划(修订版)》和《中国—东盟交通运输科技合作倡议》,确定未来 10 年间打造联通中国与东盟各国的"四纵三横"共 7 条主要通道;尤其是在中国—东盟海上通道的建设上,取得了重要突破,为"一带一路"的海上丝绸之路扫除了障碍。

众所周知,功能主义框架下的地区合作策略强调应从经济领域开始,因为经济领域的功能性合作主要以技术性问题为主,争议相对较低,与政治合作相比更易于展开。新功能主义进一步延伸了功能主义的合作路径,指出经济合作具有外溢效应,即功能外溢、政治外溢和地理外溢。交通运输毫无疑问具有上述全部的外溢效应,即:作为功能外溢,交通运输部门的合作会扩散到其他部门,且交通运输部门的合作也会引发其他部门的合作意愿,并能随着合作部门的增加而形成连锁效应;政治外溢是指交通运输合作会逐步扩展和上升为经济乃至政治上的合作,即经济合作的进一步发展有时可能需要超越国家的决策,从而促使国家之间为达成更高目标而实行政治合作和区域集体决策;地理外溢是指随着地区内一定数量国家之间加强交通运输的经济和政治合作,并从中受益,周边其他国家也会越来越希望加入合作阵营,从而深化地区一体化进程,促进区域集体安全和经济繁荣。

二、澜湄合作机制下的新型交通运输合作对中国的重要意义

多元化合作机制是大湄公河次区域交通运输合作的重要特征,其中澜湄合作机制为下一步该区域的交通运输合作提供了全新的平台和更宽广的视野。中国一直致力于推进与周边国家和地区基础设施的互联互通计划。在中国看来,设施联通是货物畅通、资金融通与民心相通的基础工程,但这一目标在 GMS 经济合作机制中受到了诸多质疑与挑战。为了防范中国影响的扩大,日本、印度、美国都在该区域加大了经济外交、环境外交的力度。究竟能否在澜湄合作机制框架下,重建大湄公河次区域的交通运输合作机制,对中国推进"一带一路"倡议意义重大。

(一)从大国外交的角度

以合作共赢为核心,打造周边国家命运共同体是中国新一任领导人习近平提出的最新外交理念,2015 年这一理念的主要成果体现为:

中国和尼泊尔签署协议,准许尼泊尔经由中国港口开展对外贸易。中国对于同尼泊尔的关系官方表述为"世代友好、全面合作的亲密邻邦"。在中国

的西边,巴基斯坦、哈萨克斯坦、阿富汗、吉尔吉斯斯坦均与中国保持稳定的倡议合作关系,其中中巴倡议合作伙伴关系,提升为全天候倡议合作伙伴关系。中国与西边邻国的外交以"一带一路"作为引线,与各国打造命运共同体。同时,中俄关系从全面升级为全方位倡议协作伙伴关系,中国与蒙古同为倡议合作伙伴关系。

而进入2016年,"澜湄合作"成了打造亚洲命运共同体的具体实践。梳理"澜湄合作"的成员国不难发现,老挝、缅甸、越南三国都是中国的陆地邻国,同时这三个国家与中国也都是全面倡议合作伙伴关系。中国提出要提高其参与全球治理的能力,而交通运输行业加入多边条约之多、适用国际规则之广、参与全球议题之深,在各行业中位居前列,在中国参与全球治理工作中扮演着重要角色。鉴于湄公河流域面临的一大问题就是其基础设施互联互通性不够,进而制约了整个共同体的构建与国际产能合作的发展。因此,该合作机制也将为亚投行发挥更大作用提供了契机。

目前澜湄流域的昆曼公路已全线通车,中国与湄公河五国均开展了公路、铁路、光缆通讯等方面的合作。六国可围绕边境线、湄公河流域线、公路线和铁路线等"四线"制定次区域互联互通整体规划,重点推进泛亚铁路升级建设,推进中泰、中老铁路和中缅陆水联运大通道建设,提升电网和光缆联通水平。同时探讨签署次区域运输便利化协定,加强规制联通。大湄公河次区域的交通运输合作作为中国促进邻国间互信合作互利共赢的大国外交倡议的先行军,必将有令人瞩目的表现。

(二)从探索新型南南合作模式的角度

在区域合作的大框架下,根据部分地域的共同特点,进一步细分合作地域,建立次区域合作机制,是国际通行做法。澜湄合作机制是在大湄公河次区域长期未能真正解决交通运输问题的基础建设、制度合作、便利通行基础上,中国政府力图贯彻亲诚惠容的周边外交理念,试图在谋求自身发展的同时带动大湄公河次区域国家共同发展的新一轮尝试。选择在合作基础较好的大湄公河次区域进一步深化合作,有助于提升合作效率,发挥引领和示范作用,推动中国与东盟其他国家深化合作,最终促进区域一体化。

1. 澜湄合作是打造新型南南合作的积极探索

澜湄合作不同于传统上该区域的其他合作机制,是由流域六国共同发起和建立的新型次区域合作平台。六国本着平等协商的精神,致力于维护地区和平稳定,缩小发展差距,携手打造团结互助、平等协商、互惠互利、合作共赢的澜湄国家命运共同体。澜湄合作将成为南南合作一个新范例,也将为落实联合国 2030 年可持续发展议程、构建以合作共赢为核心的新型国际关系作出积极贡献。

2. 澜湄合作是现有地区合作机制的有益补充

澜湄合作不封闭排他,坚持开放包容,有助于打造新的地区经济增长极,给澜湄六国带来切实的实惠,并将辐射到东南亚其他国家,缓解东盟新老成员发展失衡问题。澜湄合作三大支柱与东盟共同体建设三大支柱完全契合,将助力东盟共同体建设,促进区域一体化进程,也将与大湄公河次区域经济合作等既有次区域合作机制相互补充、相互促进、相辅相成、协调发展,发挥各自优势,共同促进次区域发展繁荣。

澜湄合作机制考虑了地区发展的实际要求,并且不局限于经济合作本身,是旨在深化中国与中南半岛国家全方位合作的平台,在中国的大国担当意识下,澜湄合作机制有望成为东盟—中国合作、东南亚陆上国家和中国合作的标志。澜湄合作本身就是中国—东盟合作的一个组成部分。中国—东盟合作已经从"黄金十年"迈向了"钻石十年",现在正在进入一个升级换代的过程,而澜湄合作则标志着中国—东盟合作在进一步深化:澜湄合作机制之外的东盟国家,也可以参与其中并从中获益,例如通过资金入股的方式,参与项目的融资,直接分享项目收益后的分红;通过技术参与方式,参与项目建设,获得项目收益;通过人员参与方式,直接参与项目建设,获得项目收益等等。

在大湄公河次区域交通运输合作问题上,"一带一路"互联互通合作倡议、可持续的交通运输体系等"中国理念"都是"中国方案"和"中国智慧"的闪光点。可以说,"澜湄合作"机制的正式启动标志着澜沧江—湄公河流域国家的合作进入到了一个六国自主全面深化发展新阶段,必将为该区域交通运输合作的全面拓展和深化带来更强劲的动力和更丰富的内涵。

(三)从交通行业产能合作的角度

2016 年底,中国制定了国际产能合作"十三五"规划作为其未来五年推进国际产能合作的行动纲领,将聚焦"一轴两翼"①重点国家和"一带一路"沿线国家,重点圈定交通、能源、通信、工程机械、航空航天、船舶海洋工程等优势产能行业,并进一步完善财税、金融等配套政策,扶持政策将更加精准发力。

交通运输作为中国"十三五"期间在产业布局层面重点推动"走出去"的领域之一②,中国—中东欧物流合作平台、中国—东北亚交通运输合作已经初见成效。湄公河国家是中国与"一带一路"沿线国家开展国际产能合作的重点。推进中国与湄公河国家的交通行业产能合作,有助于实现地区可持续发展和共同繁荣,实现从"共饮一江水"到"命运共同体"的华丽升级。

对柬埔寨、老挝、缅甸、泰国、越南等湄公河国家而言,发展经济是民心所向,是政府施政重点,更是整个地区的主旋律。湄公河各国期盼加强对华合作,承接中国的优质产能,提升工业化和城镇化水平。中国与湄公河五国共同发表的《澜沧江—湄公河国家产能合作联合声明》,明确将产能合作作为湄公河区域合作的优先发展方向。双方一致同意依据相关国家法律框架和发展实际,依托交通互联互通和产业集聚区平台,优先推进产能合作。这显示了澜湄六国通过开展产能合作,实现可持续发展和共同繁荣的强烈愿望,也意味着中国与湄公河国家的产能合作步入了发展新阶段。中国与柬埔寨签署了备忘录,决定在基础设施、加工制造、工程机械、电力建材和通信等领域开展更多合作。老挝也决定将其"八五"规划与中国的"十三五"规划对接,推动"一带一路"建设与该国的"变陆锁国为陆联国"倡议对接。

中国的交通运输行业则可以充分发挥"一带一路"建设与国际产能合作的相互促进作用,以铁路、公路、港口等交通运输基础设施项目带动园区、城市开发的综合一体化开发模式,成为行业"走出去"的新趋势,充分利用境外经济合作区、跨境经济合作区等平台,推动区域性、倡议性大项目数量稳步增长,规模和质量进一步提升。力争在交通基础设施领域确定一批"早期收获项目",创新国际产能合作模式,尝试"建营一体化"新模式。

---

① 以哈萨克斯坦、印尼、马来西亚等周边重点国家为"主轴",以非洲、中东和欧洲中东部重点国家为"西翼",巴西、秘鲁等拉美重点国家为"东翼"。

② "十三五"时期重点推动"走出去"的将是钢铁、有色、建材、化工、轻工、汽车、农业等行业优势富余产能,包括工程机械、航空航天、船舶和海洋工程的优势装备,以及交通、能源、通信等基础设施。

三、澜湄合作的发展成果及展望

尽管澜湄合作机制正式成立仅一年有余,但是其中展现出的勃勃生机与活力,俨然成了打造亚洲命运共同体的"金字招牌",充分体现了"澜湄速度""澜湄效率"。当前,澜湄合作已经进入全面实施新阶段,机制建设、务实合作取得积极进展,展现出勃勃生机和巨大发展潜力。

(一)取得的丰硕成果

目前,"澜湄合作"的 45 个早期收获项目中,过半数已经完成或正在实施;5 个优先领域联合工作组筹建有序推进;澜湄水资源、环境、执法安全 3 个合作中心筹建进展顺利;澜湄合作专项基金已投入使用,六国踊跃提出首批项目申报,标志着澜湄合作的融资支持机制全面铺开;老挝和中国已经先后成立了澜湄合作国家秘书处。一些重大合作项目已经落地,例如柬埔寨金银湾国际旅游度假区重大建设项目——"一带一路"产融结合示范区和"澜湄合作"先行先试实验区等等。

1.完善机制建设,构建合作框架

澜湄合作机制建立了包括领导人会议、外长会、高官会和各领域工作组会等在内的多层次、宽领域合作架构,确立了"3+5 合作框架",即以政治安全、经济和可持续发展、社会人文为三大支柱,优先在互联互通、产能、跨境经济、水资源以及农业和减贫领域开展合作,形成了"领导人引领、全方位覆盖、各部门参与"的合作格局。迄今,六国已召开了一次领导人会议、两次外长会、四次高官会、五次外交工作组会,各优先领域联合工作组纷纷成立。

2.推进务实合作,夯实合作基础

澜湄合作最大的特色就是务实高效、项目为本。发挥地缘毗邻和经济互补的优势,推动六国开展宽领域、深层次的互利合作,推动澜湄地区的整体发展和振兴。

3.打造联动网络,注入强劲动力

互联互通是深化地区合作的重要动力,也是推动地区发展的有效抓手。大力推进中老、中泰铁路建设,开展泛亚铁路升级建设;开展河道整治、港口升级、河运立法与标准化、地理空间框架建设;积极推进空间信息交流合作中心建设和区域信息通信技术与应用培训。基础设施、规章制度、人员交流三位一体的澜湄次区域互联互通大网络建设正在深入推进中。

4.提供金融支撑,保障合作开展

中国总理李克强在首次领导人会议上就提出,中方将设立澜湄合作专项基金,提供3亿美元支持六国提出的中小型合作项目。目前,澜湄合作专项基金已正式启动项目申请,六国踊跃申报项目。同时,中方在首次领导人会议上提出的人民币优惠贷款框架和美元信贷额度正在逐步落实中。这些都为澜湄合作可持续发展提供了有力保障。

5.深耕民心交流,厚植澜湄文化

澜湄六国同饮一江水,命运紧相连。扎实的民意基础是澜湄合作的根本保障。2016年3月,中国为湄公河下游国家旱灾提供了应急补水,开展了"湄公河光明行"活动,以平等相待、真诚互助、亲如一家为特点的澜湄文化正在逐步形成,并滋养和培育澜湄合作健康发展。[①]

(二)中方的工作计划

2017年,澜湄合作将完成所有6个优先领域联合工作组筹建工作,年内在六国外交部设立国家秘书处或协调机构。六国将制定五年行动计划,完成好首次领导人会议和第二次外长会通过的项目和倡议,为明年预定举办的第二次领导人会议做好准备。

中方在澜湄合作机制中下一步的工作重点仍然是要加快交通等基础设施建设,推进互联互通。应该从国家层面优先支持澜湄地区交通基础设施建设项目,将互联互通中国境内段项目作为"澜湄合作"项目纳入国家规划。同时要加速推进中老、中泰、中缅之间的铁路、公路、航道等建设,尽快推进昆曼公路老挝段的高等级化。加大力度推进我国到缅甸皎漂的铁路和公路境外段前期;提升沿边省区机场的国际航空枢纽功能,加密澜湄区域国际航线;加快推进澜沧江—湄公河次区域高等级国际航道疏通整治,打造国际黄金航道。构建昆明—河口—海防、昆明—磨憨—曼谷、昆明—瑞丽—皎漂(仰光)多式联运通道。另外也要推动构建连接澜湄地区的跨国电力网络。湄公河国家普遍缺电,以电力跨境联网为重点,加快推进建设中泰联网输电线路等项目建设,完

---

① 　王毅:《大力推进澜湄合作,构建澜湄国家命运共同体》,http://www.fmprc.gov.cn/web/wjbz_673089/zyjh_673099/t1448115.shtml,外交部网站,6日。

善区域成品油和天然气管网等配套设施,并可向孟加拉国等南亚国家延伸,推进电、油、汽能源网络建设。

应以中方为主角,搭建金融合作平台。积极争取丝路基金、澜湄合作专项基金以及亚投行、亚开行等金融机构支持;支持由地方牵头设立澜湄商业合作银行,设立专业合作基金以及相应运作平台。

另外还要搭建社会人文交流合作平台。在援外贷款、职业教育培训、水资源合作、扶贫减贫、宗教交流等方面搭建企业合作平台。

政府搭台,倡导构建澜湄工商界合作组织,针对不同的合作主题,每年召开一次合作推进会议。建议国家发展改革委积极将主体省区的项目纳入国家盘子,并积极参与项目实施。主体省区要主动与周边国家联系,合作提出一些互利双赢的重大项目,国家在财政、金融、政策等方面给予支持。

(三)澜湄合作机制下交通运输合作的建议和展望

澜湄合作是中国和湄公河国家共商、共建、共享的新型次区域合作机制。未来中国要通过明晰澜湄合作机制在中国—东盟关系中的定位,重点经营中路合作,吸引和带动东路和西路,扎实推进"早期收获",尽快形成示范效应等途径,促使澜湄合作机制在次区域众多的多边交通运输合作机制中脱颖而出。

1.以双边交通运输协定的修改支持多边交通合作公约的落实和实施

澜湄合作机制是大湄公河次区域交通运输合作的崭新尝试,而此前若干次区域合作机制均在便利化问题上遇到阻力,交通基础设施的联通是本区域发展合作的主要驱动力之一,但如果没有运输便利化,基础设施的联通将无法有效发挥其应有作用。澜湄合作机制不能在这个问题上继续钻牛角夹,而是应该转变思路,迂回前进——重新重视双边协定的签署、修改和实施,以双边协定最终促进多边公约的落地。

GMS便运协定的17个附件、3个议定书从谈判到签署、批准、实施,历经近20年却只是停留在早期收获阶段,这不能不说是个经验教训。在澜湄流域六国巨大的政治、经济、文化差异以及尖锐的国家利益平衡面前,仅仅在宏观上、形式上签署多边交通运输公约并非是最好的选择。

GMS经济合作机制下,六国的双边、多边运输权益问题主要是通过《便运协定》加以协商解决。该协定由老挝、泰国、越南三国于1999年率先签署,柬埔寨,中国和缅甸分别于2001年、2002年和2003年加入该协定,2003年12月31日,协定正式生效。2008年1月,我国政府完成了《便运协定》20个附件和议定书的法律程序，但泰国一直未完成国内法律程序，昆曼公路基础建设完成但车辆直达问题却迟迟不能解决。2016 年 12 月 15 日至 16 日，中国、老挝、缅甸、泰国、越南、柬埔寨等大湄公河次区域（GMS）国家便利运输委员会联合委员会（简称联委会）第 5 次会议在泰国清迈召开。会议研究确定了修订和实施《便运协定》的有关安排，并发布会议声明，宣布自 2017 年 3 月 1 日起实施《便运协定》早期收获。启用 GMS 道路运输许可证和机动车暂准入境单证，并争取完成对《便运协定》的全面修订。

澜湄机制下，应着手于以微观、局部带动宏观、全局的交通运输合作思路。从已经签订的双边交通运输协定（例如中越双边汽车运输协定、中老双边汽车运输协定等）入手，将有关的多边交通运输合作公约内容作为修订、完善双边协定的基础，通过推动成员国之间签订和实施多边公约的双边或三边合作文件来实现各方之间的运输权益交换。

值得一提的是，2016 年 12 月 5 日至 9 日联合国亚太经社会交通运输部长级会议在莫斯科召开，通过了《关于亚洲及太平洋可持续交通运输互联互通的部长级宣言草案》及其一系列附件，包括《亚洲及太平洋可持续互联互通区域行动方案第一阶（2017—2021 年）》《交通运输便利化次区域协定范本》《国际道路运输双边协定范本》《多边国际道路运输行车许可证范本》《物流信息系统标准范本》以及《2016—2020 亚洲及太平洋区域道路安全目标和具体目标》。这些规范性文件虽然不是直接针对或作用于大湄公河次区域的交通运输活动，但仍然具有较大的指导价值。

2.积极开展国际河流水资源开发的法律问题研究

澜湄合作因水而生，因水而兴。然而目前的澜湄合作机制交通运输合作却主要集中在陆上交通，这不能不说是个遗憾。其根本原因就在于：作为流经六国的跨国河流，湄公河身上带有所有跨国河流的"原罪"：受河流的自然因素影响，国家间的国际河流开发往往面临着沿岸权、航行权、水资源占有权、优先使用权等障碍。由于涉及国际法、生物多样性保护、环境评价等多个领域，在涉及具体项目开发的讨论上往往意见难以统一，难以与国家利益平衡。

对于湄公河下游国家而言，湄公河委员会是唯一的协调机构，但它的顾问性质决定了其职能的有限，加之作为争议的焦点国——中国并没有列席其中，机构的强制性、合法性完全没有权利基础。围绕着在湄公河上游筑坝带来的河流生态问题、水量减少问题、决定权问题等诸多争议，沿岸各国也是各执一词。

围绕湄公河无序的水资源争夺局面，显而易见，立法是最为直接的手段。

基于澜湄合作机制目前的飞速发展态势,在相对良好的互信基础上,尽管难度很大,但是立法是唯一能够形成对流域国家的行为有效约束的途径。其中各国利益的平衡应该是首要的标准,同时还应该考虑设计争端解决机制,参照多瑙河、莱茵河等成功的国际河流管理、开发范例,就解决湄公河的航运管理、水资源开发等一系列矛盾。

3. 支持涉外法律走出去

随着"一带一路"倡议和澜湄合作机制的深入推进,中国涉外法律法规体系的完善成为当务之急。我们要着重完善对外贸易法律制度,制定外国投资法和对外投资法律法规,构建中国特色援外法律制度,完善外国人服务管理、领事保护等法制建设。

涉外专业服务事关经济信息安全和国际话语权。专业服务机构通常掌握企业核心信息的第一手资料。基于其专业能力和第三方立场,专业机构在全球治理体系中的话语权也正逐步增强。涉外专业服务行业发展滞后,不仅妨碍我国企业走出去,而且导致我国的国际话语权流失,甚至影响国家的经济信息安全。

与澜湄合作中的其他国家相比,中国在经济总量、资金实力、技术水平、建设经验等方面都具有比较明显的优势,在项目中享有较大的话语权。在遵循国际惯例、尊重东道国法律的基础上,负责项目建设的我国政府和企业,完全有可能利用这种优势,优先选择本国专业机构提供涉外服务,带动这些机构进入东道国市场,促成这些机构与东道国相关机构的合作,为我国专业机构在实践中提升涉外服务能力创造条件。鉴此,要深刻认识到涉外专业服务的公共属性和溢出效应,充分利用建设"一带一路"、澜湄合作机制重大项目的有利时机,依托项目扶持涉外专业服务的发展,扶植法律、会计等专业机构不仅要"走出去",更要"走上去"。

澜湄合作还是新生事物,需要更多元的参与、更包容的心态和更持久的努力。澜湄合作从根本上说,要契合各国现实需求,对接彼此发展倡议,真正从六国人民福祉出发,建设澜湄合作走廊。2017 年是中国发展进程中的重要一年,也是澜湄合作全面推进之年。澜沧江—湄公河合作机制与其他合作机制相比,具有务实这一突破点。本次合作机制是在原有合作基础上的一种突破,这种务实性追求的是实实在在的效果。而作为最能带来实际效果,让六国直接感受早期收获的交通运输合作,作为澜湄合作机制的试验田,一定会成为中国的"一带一路"建设的排头兵。

结　　语

理论研究的目的有两个，一是学以致用，用理论研究的成果服务于人类的目的需求[①]；二是学以致知，理论研究是为了理论更加深化、细化、科学化。用这两个目的来衡量，我们既觉得在研究中进步，同时也感到不足。

"一带一路"倡议是我国根据世界经济格局变化及自身经济发展步入"新常态"而作出的倡议部署，中国以积极的姿态融入全球化进程中，开展以"共商、共建、共享"为原则的"开放、包容、均衡与普惠"的合作，最后达到我国发展，世界进步的目的。"一带一路"倡议是一个长期坚持的过程，但实施近四年以来，也已经取得了早期的收获，包括国际共识日益增多、亚洲基础设施投资银行的金融支撑机制开始发挥作用、互联互通网络逐步成型等。与此同时，大湄公河次区域的合作也在不断升级深化以发力融入"一带一路"的建设。

相对于"一带一路"倡议的宏观布局，我们只是把研究的目光放到大湄公河次区域这一局部的地理空间里，希望这样的研究能以小见大。因为大湄公河次区域既是中国的地缘政治的重要组成部分，又是"一路"与"一带"的交汇点，成就了中国西南省区作为"有机衔接的重要门户"与"面向南亚、东南亚的辐射中心"。并且，中国—中南半岛经济走廊与孟中印缅经济走廊的建设很大程度上需要依赖大湄公河次区域的合作成效，区域内的互联互通已经成为大湄公河次区域合作的关键因素。

交通运输的设施建设是国家间互联互通的硬件基础，但是设施建设只是互联互通的必要非充分条件。民族文化多元、主权平行下的国家博弈、经济发展的非均衡性、技术标准难以统一、大湄公河次区域自身机制的缺陷等都使得大湄公河次区域的交通不畅，运输效率不高。仅仅依靠单一的手段当然不能

[①]　这一看法是人类中心主义的，国内外的一些学者并不认为人类的需要是世界的终极目的，如利奥波德，他的《沙乡年鉴》是土地伦理观念的经典作品，国内如蔡守秋，他的《基于生态文明的法理学》阐明了从"主、客二分"到"主、客一体"的范式转变。但对于大多数人而言，人类的需要既是直接的，也是最终的。

解决这些存在的问题,政治的斡旋、文化的交流濡染、宗教的尊重、技术的支持,甚至是经济的援助,都可能形成猎围式来突破交通运输合作中的瓶颈。但大湄公河次区域的合作已经度过了初始阶段,交通运输领域的合作迫切需要向更高级的合作阶段升级。直接的路径就是通过交通法律制度的统一和建构权威的协调机构。而打通这一路径的最好方式就是借助"澜湄机制"的建设,在未来的"澜湄国家共同体"形成过程中得以实现。

对于上述设想,我们的研究在整体上仍然有些无力,理论的复杂性可能让我们的思考结果显得斑驳,甚至于在真实场域中的实效也会打折扣。时至今日,我们依然看到我国与越南之间的关系笼罩着南海主权争端的阴影,中泰高铁的修建还可能有着曲折的变化,缅甸刚稳定的政权也没有给我们足够的信心。但是,我们思考的对象、研究的行动恰恰是"一带一路"建设所需要的,也是大湄公河次区域各国所需要的。